교육과정-수업-평가
어떻게 혁신할 것인가

교육과정–수업–평가
어떻게 혁신할 것인가

발행일	2015년 11월 02일 초판 1쇄 발행
	2019년 11월 29일 초판 12쇄 발행
지은이	이형빈
발행인	방득일
편 집	신윤철, 박현주, 문지영
디자인	강수경
마케팅	김지훈

발행처	맘에드림
주 소	서울시 도봉구 노해로 379 대성빌딩 902호
전 화	02-2269-0425
팩 스	02-2269-0426
e-mail	momdreampub@naver.com

ISBN 978-89-97206-37-7 03370

교육과정-수업-평가
어떻게 혁신할 것인가

이형빈 지음

맘에드림

머리말

학교는 작은 사회이다. 학교는 사회의 모습을 반영하면서도 나름의 독특한 구조와 질서를 형성하고 있다. 학교는 다양한 학생들이 살아가는 사회이자, 미래 사회의 구성원을 길러내는 곳이다. 학교가 어떠한 주체를 길러내느냐에 따라 미래 사회의 모습이 달라질 수 있다. 학교는 기본적으로 국가의 이데올로기를 재생산하는 역할이나 자본이 요구하는 노동력을 길러내는 역할을 하지만, 참된 자아를 실현하고 민주 시민으로 성장하는 인간을 길러내는 역할을 할 수도 있다.

학교는 이처럼 상반된 이념과 구조를 동시에 지니고 있는 사회이다. 학교는 기존의 이데올로기에 종속되어 있는 영역이자 동시에 새로운 가능성의 영역이기도 하다. 시대와 사회의 성격에 따라, 그리고 학교 구성원들의 주체적인 역할에 따라 어느 한 측면이 부각되기 마련이다.

지금은 특히 이처럼 상반된 학교교육의 모습이 서로 상충하는 시기인 것 같다. 신자유주의 교육정책이 본격화되면서 시장 논리가 지배하는 가운데 학교 서열화와 경쟁 교육이 한층 강화되고 있다. 반면 교육자치가 활성화되고 협력 교육의 원리가 확산되면서 혁신학교 운동 등 대안적 실천도 활발히 모색되고 있다.

이 책은 교육과정-수업-평가 영역에서의 다양한 실천에 대한 현장 연구를 담고 있다. 교육과정-수업-평가는 학교교육의 본령이라 볼 수 있는 영역이다. 교육과정-수업-평가는 한편으로는 거시적인 사회구조나 교육 당국의 정책의 영향력 아래 있지만, 다른 한편으로는 교사의 주체적인 실천에 따라 그 양상이 상당 부분 달라질 수도 있다. 그리고 교육과정-수업-평가의 양상에 따라 학생들의 정체성이나 참여 유형이 달라질 수 있다.

이 책은 교육과정사회학의 관점에 따라 거시적 사회구조와 미시적인 교육과정-수업-평가의 관계를 분석하였다. 이를 구체적으로 확인하기 위해 3개 중학교를 대상으로 참여관찰 연구를 수행하였다. 서로 다른 교육과정-수업-평가의 유형 속에서 학생들의 참여 양상은 어떻게 달라지는지, 그 속에서 학생들은 어떠한 성장의 경험을 하고 있는지를 집중적으로 살펴보았다. 이러한 분석을 바탕으로 특히 사회경제적으로 불리한 처지에 있는 학생들도 자신의 존재를 인정받고 배려와 협력의 구조 속에 성장하기 위해서는 교육과정-수업-평가가 어떠한 방향으로 바뀌어야 하는지를 제언하고자 하였다.

이 부족한 책을 펴내기까지 일일이 열거할 수 없을 정도로 많은 분의 도움을 받았다. 그 동안 만났던 수많은 선생님과 학생들이 없었더라면 이 책을 펴내지 못했을 것이다. 이 책에서 제시하고 있는 지식과 성찰도 수많은 분의 집단지성과 실천으로 형성된 사회적 공유물임을 고백한다.

먼저 저자가 교사 시절에 만났던 수많은 학생에게 그리운 마음을 전한다. 교학상장(敎學相長)이라는 말처럼, 우리 학생들은 교사로서 성장할 수 있도록 도움을 준 소중한 존재이다. 또한 그 동안 인연을 맺었던 여러 동료 선생님께 감사를 드린다. 특히 '전국교직원노동조합'과 '전국국어교사모임', '교육공동체 벗'에서의 활동은 참된 교육의 길을 깨닫는 데에 중요한 토양이 되었다.

교직을 떠난 이후 아주 특별한 경험을 할 기회가 있었다. 많은 가르침과 도움을 주신 곽노현, 조희연 두 분 교육감님께 진심으로 감사를 드린다.

학문의 길로 이끌어 주시고 이 책의 토대가 된 박사학위 논문을 지도해 주신 성열관 교수님께 깊은 감사를 드린다. 또한 교육학 연구자로서 여러 경험을 할 기회를 주시고 실천적 연구자로서의 길을 알려 주신 '한국교육연구네트워크'의 많은 선생님께 존경과 감사의 인사를 드린다.

이 책을 펴내는 데에 가장 직접적인 도움을 주신 분들은 참여관찰 연구를 수행할 수 있도록 수업 공개와 인터뷰를 허락해 주신 여러 선생님이다. 다시 한 번 깊은 감사를 드리며, 이 책의 내용이 혹 결례가 되지 않기를 바라는 마음을 전해 드린다. 아울러 부족한 원고를 출판하도록 해 주신 맘에드림 출판사에 감사를 드린다.

언제나 신뢰와 사랑으로 지켜봐 주신 부모님, 지금도 학교 현장에서 참교육을 실천하고 계실 모든 선생님께 이 보잘것없는 책을 부끄러운 마음으로 바친다.

2015년 10월

이 형 빈

차례

3장

4장

교육과정-수업-평가, 어떻게 혁신할 것인가

학교,
무엇이 달라졌는가?

인생의 일 할을 나는 학교에서 배웠지.

아마 그랬을 거야.

매 맞고 침묵하는 법과 시기와 질투를 키우는 법.

그리고 타인과 나를 끊임없이 비교하는 법과

경멸하는 자를 짐짓 존경하는 법.

그중에서도 내가 살아가는 데 가장 도움을 준 것은

이 많은 법들 앞에 내 상상력을 최대한 굴복시키는 법.

— 유하, 〈학교에서 배운 것〉

이 시는 지금은 영화감독으로 유명한 유하 시인의 시이다. 그리고 이 시는 유하 시인이 감독한 영화 〈말죽거리 잔혹사〉의 모티프가 된다. 1970년대 암울했던 유신 독재 시절 서울 강남의 한 사립 남자 고등학교를 배경으로 하는 이 영화에는 온갖 학교 폭력과 체벌, 경쟁과 비리로 얼룩진 학교의 모습이 우울하게 담겨 있다.

이 시에서 화자는 자신이 학교에서 배운 것을 '매 맞고 침묵하는 법', '시기와 질투를 키우는 법', '타인과 나를 비교하는 법', '경멸하는 자를 존경하는 법', '상상력을 최대한 굴복시키는 법'이라고 단언한다. 그 시대의 학교 모습을 생각해 보면 크게 틀린 말은 아닐 것 같다. 그렇다면 지금 학교는 얼마나 달라졌는가? 우리 학생들은 지금 학교에서 무엇을 배우고 있는가?

지금은 분명 겉으로 볼 때는 1970년대 학교에 비해 많은 것이 달라졌다. 〈말죽거리 잔혹사〉에 묘사된 것과 같은 비인간적인 체벌은 사라졌고 학급당 학생 수도 줄어들었으며 교과서 내용도 달라졌다. 그럼에도 학교의 본질은 여전히 바뀌지 않았다는 지적이 많다. 입시 위주의 교육 풍토나 폐쇄적인 학교 질서는 그대로 유지되고 있다는 것이다.

이와 관련해 일본의 사토 마나부 교수는 한국, 일본, 중국, 대만, 싱가포르 학교가 공통적으로 지니고 있는 '동아시아 교육 모델'의 공통적 특징에 주목하고 있다. 그는 '압축적 근대화, 경쟁 교육, 산업주의, 국가주의, 공적 의식의 미성숙' 등을 유사한 역사적 배경을 지닌 동아시아 국가에 나타난 공통적 특징으로 보고, 이제는 이러한 모델이 한계에 부딪혀 학생들이 '배움으로부터 도주'하고 있다고 지적하고 있다.[1] 그 결과 경제협력개발기구

---

1. 佐藤學(2000), 《'學び' から逃走する子どもたち》, 東京 世織書房 ; 손우정 · 김미란 옮김 (2003), 《배움으로부터 도주하는 아이들》, 북코리아.

(OECD)에서도 지적했듯이 한국 등 동아시아 국가 학생들은 전반적으로 학업성취 수준은 매우 높으나 학교에 대한 소속감, 행복도, 만족감, 사회적 소통 능력 등은 매우 낮은 것으로 나타났다.[2]

학교교육에 대한 위기는 1990년대 후반부터 제기된 '교실 붕괴' 담론으로부터 본격적으로 제기되기 시작했다. 그 당시 '교실 붕괴' 담론을 회상해 보면, 학생들이 더 이상 수업 시간에 집중하지 못하고 잠을 자거나, 교사들의 지시에 따르지 않는 모습을 공공연하게 보이기 시작했다는 점이다. 그리고 이는 기성 질서에 대한 학생들의 저항으로 해석되기도 하였다. 하지만 이는 어찌 보면 수명을 다한 낡은 학교교육의 관행이 무너지고 있다는 것, 그래서 본격적으로 새로운 패러다임을 도입해야 한다는 뜻으로 해석될 수도 있었다. 또한 민주화가 우리 사회의 각 분야에서 진행되어 왔지만 여전히 학교 현장에서는 별다른 변화가 이루어지지 않았다는 뜻이기도 하였다.

최근에는 이러한 담론이 '중2병', '잠자는 교실'과 같은 언론의 선정적인 보도나 '교육 불가능' 담론으로 다시 반복되고 있는 듯하다. 이러한 담론에는 학교문화와 청소년문화 사이 충돌을 지적한 논의[3]에서부터 근대 공교육 제도 자체의 한계에 대

---

2. OECD(2012), 《Equity and quality in education : Supporting disadvantaged students and schools》, OECD Publishing.

3. 조용환(2000), 〈'교실 붕괴'의 교육인류학적 분석 : 학교문화와 청소년문화의 갈등을 중심으로〉, 《교육인류학연구》 3(2), pp. 43~66.

한 지적[4]이나 신자유주의 시대에 봉착한 학교교육의 근본적인 문제에 대한 성찰을 제기하는 담론[5]에 이르기까지 다양한 원인 진단이 뒤섞여 있다. 그럼에도 이러한 담론들이 공통적으로 주목하는 현상은 '학교에서 학생들이 배움에 참여하지 않고 있다는 것', '학교가 더 이상 배움의 공간으로서 의미를 상실하고 있다는 것' 등이다.

일부 학생은 겉으로 보기에는 수업에 적극적으로 참여하고 있으나 이는 입시에서 성공하기 위한 것일 뿐 그 속에서 배움의 의미를 찾고 있다고 보기는 어렵다. 상당수 학생은 학교에 다니는 의미를 찾지 못한 채 수업 시간에 잠을 자는 등 수업 참여를 기피하고 있다. 대부분 학생은 경쟁 교육에 시달리면서 '매 맞고 침묵하는 법', '시기와 질투를 키우는 법', '타인과 나를 끊임없이 비교하는 법'과 같은 부정적인 잠재적 교육과정을 경험함으로써 전인적인 성장과 발달을 이루지 못하고 있다.

1995년 5·31 교육개혁안으로부터 시작된 신자유주의 교육정책이 고착화되면서 오히려 학교교육은 더욱 왜곡되었다고 볼 수 있다. 입시 경쟁이 완화될 조짐은 거의 보이지 않는다. 예전에는 가난한 학생도 열심히 공부하면 대학에 가는 것이 어렵지 않았지만, 특수목적고등학교(특목고), 자율형 사립고등학교(자사고)와 같은 귀족 학교가 등장한 이후 부모의 경제력이 자녀의 학업성

---

4. 조한혜정(2000), 《학교를 찾는 아이 아이를 찾는 사회》, 또하나의문화.
5. 오늘의 교육 편집위원회(2011), 《교육 불가능의 시대》, 교육공동체벗.

취에 미치는 영향력이 더욱 커지고 있다. 관료주의가 여전히 완강하게 자리 잡은 가운데, 신자유주의 교육정책으로 인해 교육의 시장화가 더해지면서 오히려 교육이 사회 불평등을 재생산하는 역할을 하고 있다. 교사들은 지쳐 가고 학생들은 배움의 의미를 찾지 못한 채 교실에서 잠을 자며 시간을 때우고 있다.

물론 한국 교육의 낡은 관행을 극복하고 새로운 희망을 찾기 위한 모색도 꾸준히 이루어져 왔다. 전국교직원노동조합(전교조)으로 대표되는 여러 교육운동 진영의 헌신적인 노력이 없었다면 한국의 공교육은 지금 회복할 수 없는 나락에 빠져 있을지도 모른다. 과거의 교육운동이 관료주의와 경쟁 교육으로 대표되는 병폐에 대한 '저항'에 주목했다면, 지금의 교육운동은 새로운 교육의 패러다임을 만들어 가는 '가능성'에도 많은 노력을 기울이고 있다고 볼 수 있다.

대표적인 것이 공교육의 희망으로 떠오르고 있는 혁신학교다. '배움과 돌봄의 책임 교육 공동체'를 모토로 하는 혁신학교에서는 경쟁이 아닌 협력을 우선시한다. 혁신학교에서는 입시와 교과서 위주의 교육을 극복하고 교사의 자율적 전문성을 바탕으로 한 교육과정 재구성, 학생의 참여와 협력을 중심으로 하는 수업, 학생의 성장과 발달을 위한 평가를 추구하고 있다. 기존의 연구에 따르면 일반 학교에 비해 혁신학교에서는 학생들의 학교 만족도와 자아 존중감, 삶의 태도, 학업성취 등에서 의미 있는 성과를 거두고 있다.[6] 많은 사람이 지적하듯이 혁신학교 운동은 기존의 연구 시범학교 등 관이 주도하는 학교교육 개혁과는 달리 교사들의 자발성과 전문성을 기반으로 아래에서부터 학교를 총체적으로 바꾸려는 시도다. 무엇보다 혁신학교는 학생들을 학교의 중심에 놓고, '교육과정-수업-평가'[7]를 바꿈으로써 학생들의 행복과 성장을 추구하고 있다. 이러한 혁신학교 운동은 교육의 새로운 가능성을 개척하는 데 많은 시사점을 주고 있는 것은 분명하다.

물론 혁신학교가 만병통치약은 아닐 것이다. 공교육의 위기를 근본적으로 극복하기 위해서는 사회 양극화와 학벌 사회, 입시 경쟁 체제 등 사회·제도적 여건의 변화가 필요하다. 입시 위주의 경쟁 구조가 존재하는 한 학교는 근본적으로 바뀔 수 없다. 설사 학생들이 학교 안에서 행복하다고 하여 이들의 미래까지 행복해지는 것은 아니다.

마찬가지로 사회제도가 바뀌기 전에는 학교가 바뀌는 것이 불가능하다고 보는 태도도 생산적이지 않다. 입시 제도 등이 근본적으로 바뀌기 전이라도, 단위 학교에서 교사들의 노력으로 바꿀 수 있는 것은 어디까지인지 그 최대치를 실험해 보는 것이 혁신학교 운동일 것이다. 나아가 이러한 혁신학교 운동을 통해 공교

---

6. 이윤미 외(2013), 〈서울교육발전을 위한 학교 혁신 방안 연구 : 혁신학교 운영 성과를 중심으로〉, 서울특별시의회 연구용역 최종 보고서.
   백병부 외(2013), 《경기도 혁신고등학교 성과 분석》, 경기도교육연구원.
7. '교육과정, 수업, 평가'는 그동안 별개의 영역으로 논의되어 왔다. 그러나 이들 영역은 본질적으로 떼려야 뗄 수 없는 관계에 있고, 최근 들어 이들 영역을 통합적으로 보는 시각이 확산되고 있다. 그렇기 때문에 이 책에서는 이들 영역을 '교육과정-수업-평가'로 표기하고자 한다.

육의 강고한 틀에 균열을 내고, 제도 자체의 변화를 선도해 나가는 것이 혁신학교 운동의 궁극적인 목표일 것이다. 역설적이게도 지금은 '교육 불가능의 시대'라는 말과 '혁신 교육의 시대'라는 말이 공존하는 시기다. 혁신학교의 작은 성과에 자족하면서 근본적인 성찰을 외면해서도 안 될 것이며, 근본주의적 사고에 갇혀 일상적인 실천을 방관해서도 안 될 것이다.

이 책은 혁신학교에서 이루어지고 있는 다양한 실천 가운데 교육과정-수업-평가 영역에 대해 살펴보고자 한다. 혁신학교에서 추구하는 혁신의 영역은 크게 교육과정, 수업, 평가, 학교운영, 학생 생활교육, 교육 복지 등 여섯 가지로 볼 수 있다.[8]

이 중에서 학교교육의 본령에 해당하는 영역은 '교육과정-수업-평가'이고, 나머지 영역은 이러한 교육과정이 제대로 운영될 수 있도록 지원하는 영역에 해당한다. 혁신학교로 지정된 학교의 경우 먼저 학교운영의 민주화, 학생 생활교육 등에 주목을 하게 된다. 그리고 그 영역에서 일정한 성과를 이루면 자연스럽게 교육과정-수업-평가 혁신으로 관심사를 돌리는 것이 일반적인 경로다.

이 책은 교육과정-수업-평가의 사회학적 측면에 주목하고자 한다. 많은 교육사회학자가 지적했듯이, 학교의 교육과정에는 이미 사회의 지배 이데올로기가 반영되어 있으며, 일반적인 수업 및 평가는 특정 계급의 학생들에게 유리한 방식으로 이루어지는 경

---

8. 성열관 · 이순철(2011), 《혁신학교》, 살림터.

향이 있다. 그렇다면 혁신학교에서의 교육과정-수업-평가 관행은
일반 학교와 무엇이 다른지 사회학적 관점에서 주목해 볼 필요가
있다. 단순히 외형적으로 볼 때 학생을 중심에 놓고 수업을 하는
것을 넘어, 교육과정-수업-평가 전반이 어떻게 달라지고 있는지,
그 속에 담긴 사회적 성격은 무엇인지, 그 속에서 학생들은 실질
적으로 어떠한 교육적 경험을 하고 있으며, 그 결과 바람직한 발
달과 성장을 도모하고 있는지 등이 이 책에서 밝히고자 하는 과
제다.

이 책에서 특히 관심을 갖는 것은 학교에서 소외되고 있는 학
생들, 예를 들어 배움이 느린 학생이나 사회경제적으로 불리한
처지에 있는 학생들이 어떻게 하면 학교에서 의미 있는 배움의
경험을 하도록 할 것인가 하는 점이다. 이는 단지 교육과정의 난
이도를 쉽게 한다든지, 흥미로운 수업 기법을 도입한다든지 하는
방식으로 해결할 수 있는 문제가 아니다. 교육과정-수업-평가의
유형 자체가 바뀌어야 교실이라는 작은 사회의 질서가 바뀌고,
그럴 때 이들도 자신의 정당한 위치와 역할, 존재 이유를 찾을 수
있다는 것이 이 책 전체를 관통하는 주제다.

이러한 가설을 확인하기 위해 저자는 A중학교, B중학교, C중
학교를 직접 찾아가 참여관찰 연구를 수행하였다. 참여관찰 연
구란 연구자가 현장과 동떨어진 이론에만 치중하는 것이 아니라,
직접 현장에 참여하여 함께 호흡하며 대상의 특징을 관찰하고 이
를 바탕으로 일반적인 이론적 범주를 만들어 가는 연구방법론을

말한다. A중학교는 서울에 소재한 중학교로 일반 학교의 전형적인 특징을 보여 준다. B중학교는 경기도에 소재한 중학교로 2년째 혁신학교를 운영하고 있다. C중학교는 경기도에 소재한 중학교로 5년째 혁신학교를 운영하고 있으며, 그 운영 성과가 각종 언론에 빈번하게 보도된 학교다. 이들 세 학교는 서로 다른 '교육과정-수업-평가'의 유형을 보여 주는 학교라고 판단하여 연구 대상으로 선정하였다. 각각 일반 학교, 혁신학교 초창기, 혁신학교 정착기의 교육과정-수업-평가의 유형을 전형적으로 보여 준다고 할 수 있다.

학교를 방문해 꾸준히 참여관찰 연구를 수행한다는 것은 쉬운 일이 아니다. 여전히 우리나라 학교 풍토에서 외부 관찰자에게 자신의 교실을 흔쾌히 개방하는 교사를 만나기란 쉽지 않다. 그러나 저자는 이들 학교의 도움을 받아 1년 넘는 기간 동안 꾸준히 교실 수업을 관찰하고, 교사 및 학생들과 인터뷰를 할 수 있는 행운을 얻었다. 이 지면을 빌려 흔쾌히 수업을 공개하고 연구를 진행할 수 있도록 도움을 준 선생님들께 다시 한 번 감사의 말씀을 드린다.

이 연구를 수행하기 위해, 특정한 교실에서 1교시부터 6~7교시까지 모든 교사의 수업을 모두 관찰하는 방법을 택했고, 세 학교를 통틀어 150시간이 넘는 수업을 참관할 수 있었다. 일반적인 수업연구는 자신의 수업을 공개하는 특정 교과 교사의 수업만을 몇 차례 방문하는 방식으로 이루어진다. 하지만 이 연구에서는 한 학급을 선정하여 하루 종일 학생들과 함께 생활하며 매 시간 진행되는 수업을 참관함으로써 여러 가지 이점을 얻을 수 있었다. 무엇보다 교사 입장이 아닌 학생 입장에서 수업의 특징을 파악할 수 있었다. 특히 학생들이 어떤 수업에 더 잘 참여하고 어떤 수업에 그렇지 않는지를 확인함으로써 교육과정-수업-평가의 유형을 보다 객관적으로 확인할 수 있었다. 또한 서로 다른 특징을 지닌 세 학교를 비교 분석함으로써 일반 학교와 혁신학교의 교육과정-수업-평가의 차이를 명확히 드러낼 수 있었다. 또한 학생들과 보다 친밀한 관계를 유지하면서 자연스럽게 그들의 생각과 입장을 알아낼 수 있었다.

이러한 참여관찰 연구를 바탕으로 교육과정-수업-평가의 유형과 그 속에 나타난 학생들의 참여 양상을 분석하고, 이로부터 얻을 수 있는 시사점을 얻어 내고자 하였다. 물론 단위 학교에서 교육과정-수업-평가가 바뀐다고 하여 공교육 전체에 근본적인 변화가 일어나는 것은 아니다. 하지만 일정한 구조적 · 제도적 한계 속에서도 교육과정-수업-평가가 변화하면 학생들의 참여를 이끌어 낼 수 있고, 이들이 전인적인 성장과 발달을 하는 데 도움을 줄 수 있을 것이다. 이 책에서는 이를 바탕으로 특히 사회경제적으로 불리한 처지에 있는 학생, 배움이 느린 학생 등 기존의 학교 질서 속에서 소외되어 온 학생들에게 학교가 의미 있는 공간이 되기 위해서는 교육과정-수업-평가가 어떠한 방향으로 바뀌어야 하는지에 대한 실천적 제언을 하고자 한다.

교육과정-수업-평가 패러다임의 혁신

학교 현장에서는 교육과정, 수업, 평가가 별도로 분리된 채 진행되어 온 관행이 있다. 교사는 교육과정 문서는 거의 보지 않고 일반적으로 교과서만 살핀 채 수업을 준비하고, 진도 나가기식 수업을 진행한 후, 학사 일정에 따라 정해진 때가 되면 중간고사와 기말고사를 통해 학생들의 성적을 산출하는 방식의 평가가 이루어져 왔다. 그 결과 교육과정-수업-평가는 유기적인 관계를 형성하지 못한 채 '교과서 중심의 교육과정 →진도 나가기식 수업 → 성적 산출 위주의 평가'가 관행처럼 자리 잡았다.

미국 교육학자 타일러(Tyler)의 전통적인 교육과정-수업-평가 모델 이론에 따르면, 교육목표를 설정하고, 설정된 교육목표를 달성하기 위해 학습경험을 선정하고, 이를 효율적으로 조직하며, 평가를 통해 교육목표가 달성되었는지를 확인하는 순환과정 전

체가 교육과정이다. 이러한 교육과정-수업-평가의 순환과정은 다음과 같은 도표로 정리될 수 있다.[1]

〈표 1〉 타일러의 이론에 따른 '교육과정-수업-평가'의 순환 구조

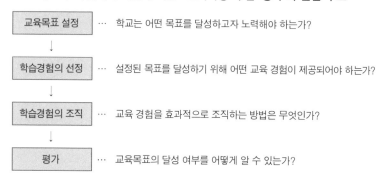

교육목표 설정	…	학교는 어떤 목표를 달성하고자 노력해야 하는가?
학습경험의 선정	…	설정된 목표를 달성하기 위해 어떤 교육 경험이 제공되어야 하는가?
학습경험의 조직	…	교육 경험을 효과적으로 조직하는 방법은 무엇인가?
평가	…	교육목표의 달성 여부를 어떻게 알 수 있는가?

타일러의 모형은 교육과정-수업-평가를 하나의 흐름으로 보고 있다는 점에서 의미가 있다. 무엇보다 이 모형은 '달성해야 할 교육의 목표'를 중심에 놓고, 이 목표를 이루기 위한 과정으로서의 수업, 그리고 목표를 달성했는지 여부를 확인하는 과정으로서의 평가를 중시하고 있다는 점에서 학교교육이 지향해야 할 바를 잘 나타내 주고 있다. 그리고 이 모형은 지금까지도 일반적인 교육과정 설계의 기본적인 모형으로서 학교 현장에 많은 영향을 주고 있다.

타일러의 모형은 흔히 '목표 중심 교육과정론'으로 불린다. 교

---

1. Ralph W. Tyler(1949), 《Basic principles of curriculum and instruction》, Chicago, University of Chicago Press ; 이해명 옮김(1987), 《교육과정과 학습지도의 기본원리》, 교육과학사.

육목표를 선정하는 것을 교육과정 설계의 출발로 보았을 뿐 아니라, 수업과 평가 역시 교육목표가 달성되었느냐의 여부에 따라 그 존재 가치가 달려 있기 때문이다. 그러나 이러한 목표 중심의 교육과정론은 여러 가지 측면에서 비판을 받고 있다. 무엇보다 이 모형은 '명시적·세부적 목표 달성 여부'를 중시하고 있다. 그렇기 때문에 자연스럽게 수업 방식은 주어진 목표를 효율적으로 달성하기 위한 교수-학습 방법론이 채택되며, 이에 따라 '자극-반응' 중심의 행동주의적 수업 전략[2]을 채택하게 된다. 또한 평가에서도 학생들이 명시적·세부적으로 제시된 교육목표[3]를 얼마나 달성했는지 계량적으로 확인하는 측정 방법을 중시하게 된다. 이러한 목표 중심 교육과정론은 근대 산업사회 이후 공장에서 작업 목표를 정하고 이를 실행하기 위해 효율적인 생산 라인을 관리하고 그 결과를 확인하는 시스템과 거의 동일한 것으로, 과학적 관리론에 입각한 산업화 시대의 패러다임이라는 비판을 받고 있다.

이러한 '효율주의 교육과정-행동주의적 수업 전략-과학적 측정 방법'이 결합된 '교육과정-수업-평가'관이 우리 교육에 뿌리 깊은 관념으로 남아 있다. 교육과정이란 사회가 원하는 인간상과 목표를 설정한 일종의 작업 매뉴얼이고, 수업이란 효율적으로

---

2. 예를 들어 지금도 초등학교 교실에서 흔히 볼 수 있는 '스티커'와 같은 보상 체계, 모든 급별 수업에서 일반화되어 있는 세부적인 수업 절차에 따른 교사 중심의 강의식 수업, 학생들의 행동을 '보상과 처벌'에 따라 통제하는 방식 등이 행동주의적 수업 전략이라 할 수 있다.

3. 지금도 학교 현장에서 평가 시기마다 교사들이 작성하도록 의무화되어 있는 '이원목적분류표'가 바로 명시적·세부적 교육목표를 설정하고 학생들이 이에 도달했는지 여부를 확인하는 서류다. 사실상 이러한 서류가 아무런 의미가 없다는 점을 거의 모든 교사가 인식하고 있다.

설계된 작업 공정이 실행되는 과정이며, 평가란 그 성과가 달성 됐는지 여부를 확인하는 과정인 셈이다. 이러한 관념이 입시 위 주의 경쟁 교육과 결합되었을 때 '단편적 지식 위주의 교육과정', '교사 중심의 주입식 수업', '선다형 위주의 일제식 평가'로 나타나 게 된다.

그러나 다양한 교육개혁 운동의 흐름 속에서 새롭게 부각된 교 육과정-수업-평가의 패러다임은 이전과는 다른 양상을 보인다. 기존의 단편적 지식 위주의 교육과정을 넘어 미래 사회에 필요 한 역량을 키우는 것이 필요하다는 인식 아래 학생들의 다양한 역량을 키우는 기회를 제공하는 방식으로 교육과정을 재구성하 기 시작했다. 또한 수업에서도 교사 주도의 일방적인 강의식 방 법에서 탈피하여 학생들의 참여와 협력을 보장하는 방식으로 변 화하고 있다. 이에 따라 평가에 대한 관념도 자연스럽게 변화하 면서, 얼마나 많은 지식을 암기하고 있는지를 확인하는 측정관 에서 탈피하여 지식의 실질적 활용을 강조하는 참평가(authentic assessment)를 중시하게 되었다. 이러한 교육과정-수업-평가 패 러다임의 변화 양상을 셰퍼드(Shepard)는 다음과 같은 그림으로 표현하였다.[4]

---

4. L. A. Shepard(2000), 〈The role of assessment in a learning culture〉, 《Educational Researcher》 29(7), pp. 4~14.

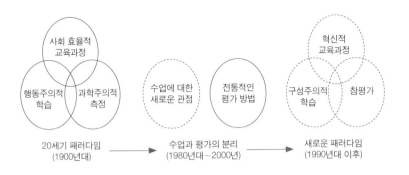

〈그림 1〉 교육과정–수업–평가 패러다임의 변화

위의 그림 가운데 왼쪽 그림은 과거의 학교교육에서 흔히 볼 수 있던 모습이다. '단편적 지식 위주의 교육과정 → 교사 중심의 주입식 수업 → 선다형 위주의 일제식 평가'가 그러하다. 가운데 그림은 요즘 대부분 학교에서 흔히 볼 수 있는 모습이라 할 수 있다. '수업은 바뀌었는데 평가 방식은 그대로인' 모습이다. 이제 상당수 학교에서 수업 시간에 모둠별 활동을 도입하는 등 많은 변화가 이루어지고 있다. 그러나 수행평가, 논술형 평가 등이 도입돼도 여전히 학생을 서열화하는 평가 방식은 크게 달라지지 않았다. 즉 '구성주의적으로 수업을 하되 행동주의적으로 평가를 하는' 모순을 나타내고 있다. 오른쪽 그림은 일부 혁신학교에서 나타나는 모습이다. '교사의 자율적 전문성에 따른 교육과정 재구성 → 학생의 참여와 협력 위주 수업 → 학생의 성장과 발달을 돕는 평가'다. 그리고 오른쪽 그림이 실선이 아닌 파선으로 그려진 이유는 '교육과정-수업-평가'의 경계가 거의 사라지고 하나로 융합되는 단계를 지향하기 때문이다.

현재 한국의 학교에서는 위와 같은 세 가지 패러다임이 공존한다고 볼 수 있다. 여전히 전통적인 패러다임이 많은 영향력을 행사하고 있는 가운데서도 상당수 학교에서는 적어도 수업만큼은 구성주의적인 방식, 즉 학생들이 스스로 지식을 탐구하는 방식으로 바뀌고 있다. 그러나 그러한 수업 방식이 교육과정의 혁신 및 평가의 혁신과 동떨어진 채 이루어지고 있는 것이 일반적이다. 수업 형식은 바뀌었지만 교과서 위주의 진도 나가기, 중간고사·기말고사 같은 일제식 평가는 크게 바뀌지 않은 것이다. 반면 일부 혁신학교에서는 교육과정의 재구성, 평가의 혁신이 이루어지면서 교육과정-수업-평가 전반에 걸쳐 새로운 양상을 보이고 있는 것도 사실이다. 하지만 여전히 교육과정-수업-평가 혁신이 지향해야 할 근본적인 방향성에 대한 고민은 부족해 보인다. 그 방향성을 모색하기 위해서는 교육과정-수업-평가에 대한 거시적이고 사회학적인 접근이 필요하다.

1. 교육과정-수업-평가의 사회학적 이해

(1) 자본주의와 학교 : 재생산의 굴레, 가능성의 영역

교육과정에 대한 사회구조적 차원의 이해가 배제된 채 이루어지는 패러다임의 변화는, 단지 국가의 이데올로기를 효율적으로 재생산하는 차원의 도구적 합리성에 머무를 수 있다. '교육과정 이해 패러다임'을 주창한 파이너(Pinar) 이후 교육과정 연구는 교육과정이 갖는 정치적, 사회적 성격에 주목해 왔다. 특히 애플(Apple), 영(Young), 지루(Giroux) 같은 교육과정사회학자들은 권력과 이데올로기, 헤게모니의 역동적 관계 속에서 교육과정이 어떠한 정치적·사회적 역할을 수행해 왔는지에 대한 다양한 논의를 이어 왔다.

교육사회학에서는 학교교육을 자본주의 계급구조를 재생산하는 도구로 본다. 학생들은 국가가 정한 교육과정을 통해 지배계급의 이데올로기나 통치 방식을 신체적·정신적으로 익히게 된다. 학교교육을 통해 알게 모르게 배우게 되는 '잠재적 교육과정'이나, 기득권 집단의 이해관계에 따라 의도적으로 배제되는 '영 교육과정'은 이러한 교육과정의 정치적 성격을 성찰하는 데 중요한 개념이 된다. 또한 부유층에 절대적으로 유리하게 형성되어 있는 학제나 입시 제도를 통해 부모의 부와 권력이 자녀에게 대물림된다.

이러한 관점에서 볼 때 학교는 자본주의 계급구조를 재생산하는 영역에 불과하다. 특히 보울즈와 진티스(Bowles & Gintis) 같은 학자들은 자본주의 계급구조와 학교의 구조를 일대일로 대응시키는 대응이론을 주장하였다.[5] 이러한 경제결정론에 의하면 학교는 사회의 불평등한 구조를 재생산할 뿐 사회를 변화시킬 가능성은 없는 것이나 마찬가지다. 알튀세르(Althusser) 등의 학자들은 이러한 경제결정론에 반대해 이데올로기적 국가 장치로서의 교육이 경제적 토대에 대해 상대적 자율성을 가지고 있음을 주장했으나[6], 학교교육이 자본주의 계급구조의 굴레에서 벗어나 자율성의 영역을 확장해 갈 수 있는 구체적인 가능성에 대해서는 별다른 분석을 제시하지 못하였다.

이 책이 다루는 주제에 대해 구체적인 방법론을 제시한 것은 영국의 교육과정사회학자인 번스타인(Bernstein)이다. 그는 비판적 교육사회학의 전통에 따라 기본적으로 학교를 자본주의의 계급질서가 재생산되는 장으로 보았다. 그러나 그의 관심사는 좀 더 미시적인 데에 있었다. 그는 경제결정론과는 달리 교육의 상대적 자율성을 인정하고, 거시적 사회구조와 미시적 학교 구조가 연결되는 방식에 대해 사회학적으로 조망하였다. 이에 따라 자

---

5. S. Bowles & H. Gintis(1976), 《Schooling in capiralist America : educational reform and the contradiction of economic life》, New York Basic Books ; 이규환 옮김(1986), 《자본주의와 학교교육》, 사계절.

6. L. Althusser(1970), 《Soutenances d'Amien》 ; 김동수 옮김(1991), 《아미엥에서의 주장》, 솔.

본주의 사회구조가 학교와 교실, 교육과정과 수업, 평가의 미시적인 구조를 통해 재생산되는 맥락과 코드를 분석하였다. 학교가 무엇을 가르치고, 교사는 이를 어떻게 가르치며, 학생을 어떤 방식으로 평가하느냐에 따라 사회의 권력과 통제 방식이 학교 차원에서 새롭게 재맥락화(recontextualized)된다는 것이다.[7]

예를 들어 번스타인은 영국 학교의 일상적인 문화나 규범이 신중간 계층의 자녀에게 절대적으로 유리한 코드로 되어 있어 노동자계급의 자녀를 구조적으로 배제한다고 보았다. 이를 뒤집어서 교실에서의 교육과정-수업-평가 코드를 바꾸면 좀 더 민주적이고 평등한 구조를 만들 수 있다는 것이 번스타인의 관점이다. 학교는 기본적으로 자본주의 계급구조를 재생산하지만, 교사의 교육적 실천에 따라 그것을 새롭게 재맥락화할 수 있다는 것이다.

그의 관점에 따르면, 학교는 기본적으로 자본주의 구조를 재생산하는 '공식적 재맥락화의 장(official recontextualizing field)'이기도 하지만 동시에 교사의 실천에 따라 상대적 자율성이 확보되는 '교육적 재맥락화의 장(pedagogic recontextualizing field)'이기도 하다. 학교는 이러한 공식적 재맥락화의 장과 교육적 재맥락화의 장이 서로 갈등하며 충돌하는 모순적인 공간이며, 교육적 재맥락화의 장의 역량이 강할수록 상대적 자율성의 영역은 보다 확장하게 된다. 따라서 교육 주체로서 교사의 비판적·전문적 실

---

7. B. Bernstein(1975), 《Class, codes and control volume 3 : Towards a theory of educational transmissions》, Second edition, London Routledge & Kegan Paul.

천이 매우 중요한 의미를 갖게 된다. 교실에서의 교육과정-수업-평가를 통해 보다 민주적이고 평등한 구조를 만들어 갈 가능성이 있기 때문이다.

(2) '분리'와 '통제'

번스타인은 기본적으로 학교가 사회의 지배 방식을 재생산한다고 보았으며, 그것은 특정한 코드(code)[8]를 매개로 이루어진다고 했다. 그는 크게 거시적 사회구조의 권력과 통제가 학교의 코드를 통해 재맥락화되는 방식을 '분리(classification)'와 '통제(framing)'라는 범주로 제시하였다.[9]

'분리'란 어떤 대상을 특정한 기준에 따라 나누고 등급화하는 정도를 의미한다. 우리는 어떤 대상을 특정 기준에 따라 나누는 것, 예를 들어 인간을 '남성과 여성', 혹은 '동양인과 서양인'으로 나누는 것에 익숙하다. 그런데 가만히 생각해 보면 인간을 인간 자체로 보는 것이 아니라 자꾸 '남성과 여성'으로 나누려는 습속

---

8. '코드(code)'는 우리말로 번역하기가 쉽지 않은 용어다. 이 책에서는 코드(code)를 '사회의 이데올로기나 이념이 반영되는 특정한 방식이나 유형'의 의미로 사용하고자 한다.

9. '번스타인의 용어인 'classification'과 'framing'은 보통 '분류'와 '구조'로 번역되기도 한다. 'classification'이란 'class(계급, 등급)'라는 어원에서도 알 수 있듯이 대상을 우월한 범주와 열등한 범주로 나눈다는 의미를 갖고, 'framing'이란 'frame(틀)'이라는 어원에서도 알 수 있듯이 어떤 틀 안에 가둔다는 의미를 갖는다. 따라서 이 책에서는 독자들의 이해를 돕기 위해 이 용어를 '분리'와 '통제'로 번역하였다.

에는 이미 남성을 우월한 존재로 바라보는 남성 중심적 시각이 반영되어 있는 것이다. 이와 마찬가지로 '동양인과 서양인'을 나누고 이를 서로 다른 존재로 바라보는 것 자체가 서양 중심적 시각이 반영된 것이다. 이처럼 대상을 특정한 범주로 분리하는 관점에는 이미 사회의 권력 구조에 따라 대상을 등급(class)으로 나누려는 욕망을 드러내는 것이기도 하다.

학교의 경우 학생을 어떤 방식으로 나누는 것에 익숙한지에 따라 그 학교의 분리 코드가 드러난다. 예를 들어 학교에서는 흔히 학생을 '학년', '학급'으로 분리하는데, 여기에는 대상을 연령에 따라 나누고 이를 다시 소집단으로 나누어 효율적으로 관리하려는 방식이 반영되어 있다. 실제로 학년이나 학급 구분이 한국처럼 엄격하지 않은 나라도 있다. 또한 일반적인 교사들의 관념에는 학생들을 '우등생'과 '열등생', '모범생'과 '문제아'로 분리하는 방식이 뿌리 깊다. 이러한 관념에는 학교의 학업적 질서와 생활적 질서에 잘 순응하는 학생(우등생, 모범생)과 그렇지 못한 학생(열등생, 문제아)을 나누는 기준이 작동하고 있다. 그런데 이러한 분리 방식은 곧 '정신노동'과 '육체노동' 같은 우리 사회의 지배적 구조를 반영한 코드이기도 하다. 따라서 이러한 분리가 매우 약하거나 아예 분리에 관심을 두지 않는다면 그만큼 더 평등한 질서를 만들 수 있다.

분리가 사회의 불평등한 권력 구조를 재맥락화하는 코드라면, '통제'는 사회의 통제 구조가 일정한 틀(frame)에 따라 재맥락화되는 코드다. 통제는 사회적 상호작용이나 의사소통이 일정한 틀에 따라 이루어지는 방식을 의미한다. 예를 들어 교직원 회의 시간에 학교장이 맨 앞자리 가운데에 앉아 있고 교감이나 부장교사가 그 옆에 나란히 앉아 있는 것이 관례로 자리 잡은 학교가 있다면 이 학교의 문화에는 '학교장, 교감, 부장교사, 평교사' 사이에 '강한 분리'가 형성되어 있다고 볼 수 있다. 또한 회의 시간에 학교장이 일방적으로 지시 사항을 전달하고 교사들은 아무런 질문이나 문제제기를 하지 않은 채 그저 듣기만 하는 문화가 정착되어 있다면, 이 학교의 교직원 회의 문화에는 '강한 통제'가 형성되어 있다고 볼 수 있다.

학교뿐 아니라 우리의 모든 일상생활 속에는 이러한 분리와 통제 코드가 자리 잡고 있다고 할 수 있다. 그런데 이러한 분리와 통제는 다시 '강한 분리·통제' 코드와 '약한 분리·통제' 코드로 나눌 수 있다. 그리고 그 속에서 사람들은 특정한 정체성을 부여받게 된다. 강한 분리는 '배제의 코드'로, 약한 분리는 '통합의 코드'로 볼 수 있다. 강한 분리 속에서 주체의 위치는 고정적이지만 '약한 분리' 속에서는 주체가 자신의 위치를 자유롭게 이동하며 자신의 정체성을 새롭게 확인할 가능성이 부여된다. 예를 들어 학교에서 '모범생·문제아'의 분리 코드가 강하다면 어떤 학생은 늘 '문제아'로 배제되겠지만, '모범생·문제아'의 분리 코드가 약한 학교에서라면 그 학생은 '문제아'가 아닌 '개성이 강한 학생'으로 인정받을 수 있다.

또한 강한 통제는 '통제의 코드'로, 약한 통제는 '소통의 코드'로 볼 수 있다. 강한 통제 속에서 주체는 자신의 목소리를 드러내기 어렵지만 약한 통제에서는 자신의 목소리를 드러내며 자신의 정체성을 실현할 가능성이 부여된다. 예를 들어 교사들이 자유롭게 발언할 기회가 부여되지 않는 '강한 통제' 속에서는 '벌떡 교사'로 비난받는 교사의 의견이 '약한 통제' 속에서는 자유롭게 수용될 수 있을 것이다.

이러한 분리와 통제의 개념은 교육과정-수업-평가를 사회학적으로 성찰하는 데 도움이 된다. 번스타인은 교육과정에서는 분리의 원리가, 수업과 평가에서는 통제의 원리가 적용된다고 보았다. 예를 들어 중세시대의 문법, 논리, 수사 등 전통적인 자유 교과는 학문과 학문 사이에 강한 분리가 형성되어 있는 교육과정으로 보았다. 반면 수업 및 평가에서는 '가르치는 내용의 선정', '진도 나가는 속도', '정답의 준거'를 결정하는 데에 통제의 원리가 적용된다고 보았다. 교사가 일방적으로 가르치는 내용을 정하고, 학생들의 학습 속도를 무시한 채 빠른 속도로 진도를 나가며, 한 가지 정답만을 인정한다면 강한 통제가 형성되어 있는 것이다.

성열관 교수는 이러한 코드 이론을 확장하여 '교육과정-수업-평가'의 유형을 일관적으로 설명하였다.[10] 여기에서는 교육과정을 횡적 통합과 종적 통합으로 구분하여 교과와 교과 사이 관계,

---

10. 성열관(2012), 〈교수적 실천의 유형학 탐색 : Basil Bernstein의 교육과정 사회학 관점〉, 《교육과정연구》 30(3), pp. 71~96.

교과 내 지식-탐구-실천 관계에 분리의 원리를 적용하였다. 또한 수업에서 교사와 학생 관계에는 통제의 원리를, 학생과 학생 관계에는 분리의 원리를 적용하였으며, 평가에서 학생 등급화의 정도에는 분리의 원리를, 정답의 개방성에는 통제의 원리를 적용하였다.

〈그림 2〉 '분리'와 '통제'에 따른 교육과정-수업-평가의 유형

여기서 'C+'와 'C-'는 각각 '강한 분리'와 '약한 분리'를, 'F+'와 'F-'는 각각 '강한 통제'와 '약한 통제'를 의미한다. 그리고 이러한 '강약'에 따라 서로 다른 유형의 교육과정-수업-평가의 코드가 형성되며, 이 속에서 학생들의 참여 양상은 서로 다른 모습을 보이게 된다.

(3) 억압적 코드와 민주적 코드

억압적 코드 : 배제와 통제

교육과정-수업-평가에서 강한 분리와 통제는 배제와 통제를 특징으로 하는 억압적 코드를 형성한다. 그 구체적인 모습은 다음과 같다.

교육과정에서 횡적 분리가 강하다는 것은 교과와 교과 사이에 별다른 연계성이 형성되지 않았음을 의미한다. 한마디로 '국어 따로, 수학 따로, 음악 따로'인 분절적인 교육과정을 의미한다. 이는 우리에게 매우 익숙한 교과 중심 교육과정이기도 하다. 여기서 분리가 강할수록 중심 교과와 주변부 교과가 나뉘게 된다. 우리나라와 같은 입시 경쟁 체제 속에서는 '국 · 영 · 수'와 같은 이른바 주지 교과가 절대적인 영향력을 행사하게 되고, '음 · 미 · 체'와 같은 예체능 교과는 소홀히 다루어지게 된다. 또한 노동교육과 같은 영역은 기득권층의 이해관계에 따라 아예 배제되어 버린다.

교육과정에서 종적 분리가 강하다는 것은 교과 내에서 지식-탐구-실천과 같은 영역이 유기적으로 연계되지 않은 채 단편적 지식 위주의 교육과정으로 편성되어 있다는 의미다. 이 경우 학생들은 학교에서 배우는 내용이 자신의 일상생활이나 앞으로 살아갈 사회와 어떠한 관련이 있는지 알 수 없게 된다. 또한 배우는 내용을 직접 탐구하거나 이를 실천으로 옮기는 경험을 하지 못하고 그저 단편적인 지식을 암기하는 차원에 머무르게 된다.

수업에서 교사와 학생 사이에 통제가 강하다는 것은 교사는 일방적으로 가르치고 학생은 그것을 수동적으로 수용하는 관계가 형성되었음을 의미한다. 이 경우 수업은 어렵고 배우는 양은 많으며 진도 나가는 속도도 빨라 여기에서 소외되는 학생이 많아지게 된다. 특히 학습부진 학생 등 배움이 느린 학생이나 사교육의 혜택을 받기 어려운 처지에 있는 학생들을 배려할 여지가 거의 없게 된다.

수업에서 학생과 학생 사이에 분리가 강하다는 것은 학생과 학생 사이에 협력과 소통이 거의 일어나지 않는다는 것을 의미한다. 이 경우 학업성취가 높은 학생과 낮은 학생 사이에 분리가 생겨나고, 학생들 사이에는 경쟁이 치열하게 일어난다. 학업성취 수준에 따른 수준별 이동 수업(이른바 우열반 수업)은 학생과 학생 사이에 분리가 가장 강한 형태의 수업에 해당한다.

평가에서 분리가 강하다는 것은 평가의 목적이 학생들 사이의 서열을 정확히 매기는 데 있는 것을 의미한다. 학생들을 1등부터 꼴찌까지 석차를 매기는 형태의 상대평가가 분리가 가장 강한 유형의 평가에 해당한다. 이 경우 평가는 학생들의 서열을 정확히 매겨 이를 상급학교 진학의 도구로 활용하는 데 목적이 있기 때문에 평가의 결과로 학생들에게 의미 있는 정보를 제공하지는 못하게 된다. 또한 학생들 사이 격차를 정확히 측정하는 데에 목적이 있기 때문에 평가의 난도는 높아지고, 단편적 지식의 암기 여부 등 양적으로 측정하기 쉬운 영역에 주로 관심을 갖게 된다.

평가에서 통제가 강하다는 것은 지식의 준거가 명확하여 정답의 개방성이 보장되지 않는 것을 의미한다. 대표적인 유형이 선다형 평가, 단답형 평가다. 흔히 선다형 평가를 '객관식 평가'라고도 부르지만 이는 사실상 주어진 답안 가운데 정답이 아닌 것을 가려내는 능력을 확인하는 것에 불과하다. 구성주의적 지식관에 따르면 지식이란 선험적으로 주어지는 것이 아니라 상황과 맥락에 따라 주체가 새롭게 구성해 가는 것이기 때문이다. 이러한 유형의 평가는 '단편적 지식 위주의 교육과정', '주입식·암기식 수업 방식'과 자연스럽게 연결되며, 또한 이러한 평가 유형이 널리 활용될수록 거꾸로 단편적 지식 위주의 암기식 수업이 강화된다.

이와 같은 강한 분리 및 통제의 코드는 사회학적으로 볼 때 '배제와 통제'의 교실 질서를 형성한다. 강한 분리를 지닌 교육과정은 국가나 자본과 같은 기득권 세력의 이해관계에 따라 선정된 지식 이외의 다른 지식이나 소수자 문화, 비판적 사고 능력, 실천적 태도 등을 배제하게 된다. 강한 통제를 지닌 수업은 교사라는 권위를 학생들에게 일방적으로 강요하며 학생들의 정당한 몫을 통제하게 되고, 강한 분리를 지닌 수업은 공식화된 학업 질서에 적응하지 못하는 학생들을 배제하게 된다. 또한 강한 분리를 지닌 평가는 평가의 결과에 따라 학생들을 서열화하며, 강한 통제를 지닌 평가는 정답으로 인정될 수 없는 견해를 억압하게 된다.

민주적 코드 : 통합과 소통

교육과정-수업-평가에서 약한 분리와 통제는 통합과 소통을 특징으로 하는 민주적 코드를 형성한다. 그 구체적인 모습은 다음과 같다.

교육과정에서 횡적 분리가 약하다는 것은 교과와 교과 사이에 유기적 연계성이 형성되었음을 의미한다. 교과 간 경계가 약하거나 사라지면서 주제나 가치 중심의 통합적 교육과정이 이루어지게 된다. 이 경우 중심 교과나 주변부 교과와 같은 구분은 사라지고 모든 교과가 그 가치를 동등하게 인정받게 되며, 입시 위주의 교육과정을 극복하고 학생들의 전인적인 발달과 성장을 위한 배움이 보장받게 된다. 또한 그 동안 소홀히 다루어졌던 생태, 인권, 노동, 평화와 같은 영역도 정규 교육과정에서 다루어지게 된다.

교육과정에서 종적 분리가 약하다는 것은 교과 내에서 지식-탐구-실천과 같은 영역이 유기적으로 연계되는 것을 의미한다. 교육과정은 학생들의 일상적인 삶과 긴밀한 관련을 맺게 되며, 학생들은 학교에서 배우는 내용을 자신의 삶 속에서 탐구하고 이를 사회적으로 실천하는 활동을 수행하게 된다. 교과와 학생의 삶, 교과와 사회가 통합되면서 학생들은 단편적 지식을 습득하는 것을 넘어 의미 있는 배움을 경험하게 된다.

수업에서 교사와 학생들 사이 통제가 약하다는 것은 교사 위주의 일방적인 수업 방식을 극복하고 학생들의 참여를 적극적으로 보장하는 관계가 형성되는 것을 의미한다. 수업 시간에 다루는 주제나 수업 방식, 배우는 순서나 속도를 정하는 데서도 학생들의 의견을 반영하고, 학생들에게 스스로 학습활동을 수행할 수 있는 기회를 충분히 제공하면서 자신의 의견을 자연스럽게 제시할 수 있도록 하는 것을 의미한다. 이 경우 배움이 느린 학생도 수업에 주체적으로 참여할 가능성이 형성된다.

수업에서 학생과 학생 사이 분리가 약하다는 것은 학생과 학생 사이의 협력과 소통을 보장하는 것을 의미한다. 이 경우 학생 사이에 경쟁이 일어나는 방식을 최대한 지양하고, 다양한 학생이 서로 협력하며 문제를 해결하는 과정을 지향한다. 모둠 활동, 프로젝트 수업 등 이질 집단 속에서의 협력 수업이 대표적인 예다. 이때 소외되는 학생 없이 모든 학생의 질 높은 배움이 이루어질 수 있으며, 협력과 우정과 같은 가치를 내면화할 수 있다.

평가에서 분리가 약하다는 것은 평가의 결과로 학생들의 서열을 매기는 데 별다른 관심을 갖지 않는 것을 의미한다. 학생들이 학습목표에 도달했는지 여부를 확인해 그 결과를 피드백하고 모든 학생이 학습목표에 도달하도록 지원하는 방식의 절대평가가 이에 해당한다. 이는 모든 학생이 목표에 도달할 수 있다는 신념을 전제로 하며, 학생들의 발달과 성장 과정을 확인하는 데 관심을 갖는 평가 방식이다.

평가에서 통제가 약하다는 것은 학생들의 다양한 견해를 존중하고 정답의 개방성을 인정하는 것을 의미한다. 이는 지식의 습득보다는 실제적 활용을 강조하는 참평가의 취지와 부합한다. 수행평가나 논술형 평가의 원래 취지도 여기에 있다. 이러한 유형의 평가는 학생의 참여 중심 수업과 자연스럽게 연결되기 마련이며, 수업과 평가가 분리되지 않는 '과정 중심의 평가'를 지향하게 된다.

이와 같은 약한 분리 및 통제의 코드는 사회학적으로 볼 때 '통합과 소통'의 교실 질서를 형성한다. 약한 분리를 지닌 교육과정은 지식 위주의 분절적 교육과정을 넘어 학생의 삶이나 당대 사회적 현실과 연관된 통합적 교육과정의 모습을 지니게 된다. 약한 통제를 지닌 수업은 학생의 참여를 보장하며, 약한 분리를 지닌 수업은 학생 간 협력을 촉진한다. 또한 약한 분리를 지닌 평가는 학생들을 서열화하지 않고 학생의 성장과 발달을 지향하며, 약한 통제를 지닌 평가는 학생들의 활동이 중심이 된 수업 과정과 자연스럽게 연계되면서 다양한 견해를 보장하게 된다.

2. 교육과정-수업-평가의 유형

여기서는 앞에서 제시한 번스타인의 이론을 바탕으로 단위 학교의 교육과정-수업-평가 유형을 분석하는 틀을 제시하고자 한다. 분석의 범주와 기준은 교육과정의 경우 '교과 내', '교과와 학생', '교과와 교과', '교과와 사회'의 관계를, 수업의 경우 '교사와 학생', '학생과 학생', '교사와 교사'의 관계를, 평가의 경우 '지식과 평가', '학생과 학생', '수업과 평가', '학생과 평가'의 관계를 범주로 설정하여 이를 '분리의 강약' 및 '통제의 강약'이라는 기준에 따라 분석하는 것으로 하였다.

〈표 2〉 교육과정-수업-평가의 유형

구분	범주	강함	약함
교육 과정	[교과 내] 분리	• 단편적인 지식 위주로 교육과정이 편성되어 있다.	• 지식-탐구-표현 과정이 교육과정에 유기적으로 연결되어 있다.
		• 교사는 일방적인 지식 전달을 중시하게 된다.	• 교사는 학생의 주도적인 학습활동 과정을 중시하게 된다.
		• 학생은 교과의 지식을 수동적으로 습득하게 된다.	• 학생은 다양한 방식으로 지식을 탐구하고 그 결과를 표현하게 된다.
	[교과-학생] 분리	• 학생의 경험이나 실생활과는 거리가 먼 교육과정이 편성되어 있다.	• 학생의 경험이나 실생활과 관련된 내용이 교육과정에 편성되어 있다.
		• 교사는 학생의 흥미를 끌 만한 자료를 활용하지만 주된 관심은 교과 내용에 둔다.	• 교사는 학생의 경험이나 실생활에 관심을 갖는다.
		• 학생은 배우는 내용에 별다른 의미를 발견하지 못하게 된다.	• 학생은 배우는 내용에 흥미를 갖고 삶의 가치를 찾게 된다.

		•교과와 교과 사이 통합적 연계가 형성되어 있지 않다.	•교과와 교과 사이 통합적 연계가 형성되어 있다.
교육 과정	[교과-교과] 분리	•교사는 다른 교과에서 배우는 내 용에 대해 거의 알지 못한다.	•교사는 다른 교과 교사와 협력하 며 교육과정을 재구성한다.
		•학생은 각 교과에서 배우는 내용 사이의 관련성을 찾지 못하게 된 다.	•학생은 각 교과에서 배우는 내용 사이의 관련성을 주제 중심으로 인식하게 된다.
	[교과-사회] 분리	•교과의 내용이 사회적 가치나 실 천적 활동과 분리되어 있다.	•교과의 내용이 사회적 가치나 실 천적 활동과 관련성을 맺고 있다.
		•교사의 관심이 교과 내용에 제한 되어 있다.	•교사는 가르치는 내용에 사회적 가치를 반영하기 위해 교육과정 을 재구성한다.
		•학생은 배우는 내용 속에 사회적 가치를 찾지 못하게 된다.	•학생은 사회적 가치에 관심을 갖 고 이를 실천하게 된다.
수업	[교사-학생] 통제	•교사는 일방적으로 강의를 하고 학생은 이를 수동적으로 듣는다.	•교사와 학생 사이에 대화적 관계 가 형성된다.
		•교사의 언어는 독백적, 통제적이다.	•교사의 언어는 대화적, 배려적이다.
		•교사는 빠른 속도로 진도를 나가 는 방식으로 수업을 진행한다.	•교사는 학생들의 학습 과정을 살 피며 스스로 탐구할 수 있는 기회 를 준다.
		•학생은 흥미를 잃거나 진도 속도 를 따라가지 못하고 잠을 자는 등 수업 참여를 기피한다.	•학생은 교사의 설명에 다양한 반 응을 보이고 자기의 의사를 잘 표 현한다.
	[학생-학생] 분리	•동질 집단 속에서 개별 학생 간의 분리가 발생한다.	•이질 집단 속에서의 협력적 관계 가 형성된다.
		•교사는 학생들의 협력을 조성하기 위한 별다른 노력을 하지 않는다.	•교사는 협력적인 과제를 제시하며 학생들의 협력학습을 지원한다.
		•일부 학생만 수업에 참여하고 나 머지 학생은 잠을 자는 등 수업 참 여를 기피한다.	•학생은 다른 학생과의 역동적인 상호작용 속에서 서로 협력한다.
	[교사-교사] 분리	•교사들의 자발적이고 협력적인 학습공동체가 존재하지 않는다.	•교사들의 자발적이고 협력적인 학습공동체가 구축되어 있다.
		•교사는 다른 교사와의 단절감을 느끼게 되고, 수업은 개별 교사의 몫으로 맡겨진다.	•교사는 교과를 넘어 다른 교사들 과 협력하며 수업을 개선하고자 노력한다.

평가	[지식-평가] 통제	•지필 평가의 비중이 높다.	•수행평가나 논술형 평가의 비중이 높다.
		•평가에서 정답의 개방성이 보장되지 않는다.	•평가에서 정답의 개방성이 보장된다.
		•학생은 수업 시간에 배운 내용 그대로 답안을 작성한다.	•학생은 자기의 견해를 자유롭게 표현하며 답안을 작성한다.
	[학생-학생] 분리	•학생의 점수나 석차에 관심을 둔다.	•학생이 학습목표에 얼마나 도달하였는가에 관심을 둔다.
		•학생들 사이의 학업성취 격차가 크다.	•학생들 사이의 학업성취 격차가 작다.
		•학생들은 다른 학생들의 성적이나 석차에 대해 높은 관심을 갖고 서로 비교한다.	•학생들은 다른 학생들의 성적이나 석차에 대해 관심을 별로 두지 않는다.
	[수업-평가] 분리	•정기 고사의 비중이 높다.	•수행평가의 비중이 높다.
		•수업의 과정과 분리된 방식의 수행평가가 이루어진다.	•수업의 과정에서 수행평가가 자연스럽게 이루어진다.
		•평가 결과에 대한 피드백이 거의 이루어지지 않는다.	•평가 결과에 대한 피드백이 일상적으로 이루어진다.
		•학생들은 평가에 대해 부담감을 크게 느낀다.	•학생들은 평가에 대해 상대적으로 부담감을 적게 느낀다.
	[학생-평가] 분리	•교사는 평가의 결과에 관심을 둘 뿐 학생들의 발달과 성장에는 별다른 관심을 두지 않는다.	•교사는 학생들의 발달과 성장에 관심을 두고 모든 학생이 학습목표에 도달하도록 지원한다.
		•학생들은 평가의 결과에 우월감이나 좌절감을 느낀다.	•학생들은 평가의 결과에 성취감과 자신감을 느낀다.

모든 학교의 교육과정-수업-평가의 유형이 이와 같이 이분법적으로 나뉠 수는 없을 것이다. 예를 들어, 혁신학교라 할지라도 모든 영역에서 '약한 분리와 통제'가 보편적으로 나타나지는 않을 것이다. 교육과정 재구성 및 수업 혁신이 활발히 이루어진 학교라 할지라도 평가 영역에서는 여전히 상대평가의 요소가 강하게

남아 있을 수도 있다. 이 경우 교육과정 및 수업에서는 '약한 분리'의 코드가 형성되어 있지만, 평가에서는 여전히 '강한 분리'의 코드가 형성되어 있는 것으로 볼 수 있다. 또한 교사의 전문적 학습공동체가 형성되어 있는 학교라 할지라도 여전히 교사와 학생 사이에는 권위주의적 문화가 남아 있을 수도 있다. 이 경우 교사들 사이에는 '약한 분리'의 코드가 형성되어 있지만, 교사와 학생 사이에는 여전히 '강한 통제'의 코드가 형성되어 있는 것으로 볼 수 있다. 이러한 점에서 〈표 2〉는 단위 학교의 교육과정-수업-평가 코드를 성찰하는 데 유용한 도구가 될 수 있을 것이다.

3. 학교 질서와 학생들의 참여 양상

학교는 다양한 학생들이 존재하는 작은 사회다. 일반적인 사회에도 주류와 비주류, 기득권층과 소외계층, 참여자와 방관자 등이 존재하듯이 학교라는 작은 사회에도 다양한 유형의 학생이 존재하며, 이들은 학교라는 질서에 여러 가지 참여 양상을 보인다.

모든 사회에는 그 사회의 구조와 질서를 유지하기 위한 규범이 존재한다. 번스타인은 학교의 질서를 '도구적 질서(instrumental order)'와 '표현적 질서(expressive order)'로 나누어 설명했다.[11] 도구적 질서란 지식의 습득과 관련된 질서이고, 표현적 질서란 행위의 규범과 관련된 질서다. 다시 말해 도구적 질서는 '학업 질서'를 의미하고, 표현적 질서는 '생활 질서'를 의미한다. 도구적 질서(학업 질서)가 엄격하다는 것은 학생들에게 기대하는 학습량이나 과제의 분량이 많고 교육과정 및 시험의 난도가 높으며 엄숙한 수업 태도를 요구하는 것이다. 표현적 질서(생활 질서)가 엄격하다는 것은 학교의 문화가 폐쇄적이고 학생들의 자유로운 활동이 보장되지 않는다는 의미다.

번스타인은 이러한 학교 질서 속에 나타나는 학생들의 참여 유형을 '전념(commitment)', '무관심(detachment)', '간극(estrange-ment)', '소외(alienation)' 등 네 가지로 구분하였다. 전념은 학교

---

11. B. Bernstein(1996), 《Pedagogy, symbolic control and identity : Theory, research and critique》, London Taylor & Francis.

의 질서에 동의하고 수업에 적극적으로 참여하는 모습을 의미한다. 무관심은 수업에는 형식적으로 참여하지만 여기에서 별다른 의미를 찾지 못하는 모습을 의미한다. 간극은 학교의 질서에 동의하며 수업에 열심히 참여하고자 하나 학업 능력이 부족하고 주목을 받지 못해 자신을 마치 외부 세계에서 온 이방인(stranger)처럼 여기는 모습을 의미한다. 소외는 학교의 질서에도 동의하지 않고 학습 능력도 부족해 수업에서 무기력한 모습을 보이면서 '경계 밖에서 존재하는 사람(alien)'과 같이 지내는 것을 의미한다.

하지만 '무관심', '간극', '소외'와 같은 모습을 보이던 학생도 학교의 질서와 코드가 달라지면 그 참여 양상이 달라질 수 있다. '강한 분리와 통제'를 지닌 학교에서는 학생들이 배제와 통제를 일상적으로 경험하면서 자신의 정체성을 확인하지 못한 채 소외되기 쉽다. 반면에 '약한 분리와 통제'를 지닌 학교에서는 자신의 정체성을 확인하고 학교생활에 적극적으로 참여하면서 자아를 실현할 가능성이 주어진다.

여기서 말하는 참여의 개념은 단지 학교의 질서를 수동적인 차원에서 동의하거나 학교의 질서를 따르는 것이 자신에게 유리하다는 판단에 따라 외형적으로 수업에 동참하는 모습을 보이는 것과는 구분해야 한다. 진정한 의미의 참여는 학교에서 배우는 것이 자신의 삶에 의미가 있다는 것을 깨닫고 학교와 수업의 질서에서 자신의 위치, 역할을 인정받고 이를 통해 의미 있는 발달과 성장을 해 나가는 차원을 의미한다.

이와 관련해 번스타인은 학생이 누려야 할 세 가지 차원의 권리를 말하였다. 첫째는 '개인적으로 향상될 권리', 둘째는 '공동체의 일원으로 포함될 권리', 셋째는 '참여할 권리'다. 이러한 권리는 곧 평등하고 민주적인 사회에 대한 지향점과 맞닿아 있다.

번스타인의 이론을 계승한 학자들은 이와 같이 학교의 질서에 적응하지 못하거나 소외된 학생들을 위해 필요한 것이 '임파워먼트(empowerment)'라고 하였다.[12] 여기서 말하는 임파워먼트란 흔히 '권한 위임'이라고 말하는 개념과는 달리 학생들이 스스로 자신의 역량을 확보하고, 기존의 질서를 비판적으로 성찰하며, 주인으로 성장하도록 하는 역동적인 과정을 말한다. 특히 학교의 질서에 적응하지 못하거나 거부하는 학생들에게 필요한 것은 이들이 다른 학생이나 교사들과 맺는 사회적 관계의 회복이다. 이들에게 필요한 것은 '학교가 나를 위해 존재한다'고 느끼게 하는 정서이자, 자신이 학교 안에서 의미 있는 존재임을 확인하는 자기 정체성 확인이다.

이상에서 제시한 이론적 배경을 바탕으로 여기서는 학교 질서를 '분리 및 통제의 강약'에 따라 '닫힌 학교'와 '열린 학교'로 나누어 보고, 학생들의 참여 유형을 보다 세분화하였다. 그리고 학교의 질서 및 이 속에서 나타나는 학생들의 참여 양상은 다음과 같이 정리될 수 있다.

---

12. M. McFadden & G. Munns(2002), 〈Student engagement and the social relations of pedagogy〉, 《British Journal of Sociology of Education》 23(3), pp. 357~366.

〈표 3〉 학교 질서와 학생들의 참여 양상

범주			닫힌 학교	열린 학교
학교 질서	도구적 질서 (학업 질서)		•강한 분리 　─분절적 교육과정 　─동질 집단에서의 경쟁적 수업 　─서열을 중시하는 상대평가	•약한 분리 　─통합적 교육과정 　─이질 집단에서의 협력적 수업 　─성취를 중시하는 절대평가
			•강한 통제 　─일방적 주입식 수업 　─정답의 개방성이 보장되지 않는 평가	•약한 통제 　─학생 참여 중심의 수업 　─정답의 개방성이 보장되는 평가
	표현적 질서 (생활 질서)		•강한 분리 　─위계와 권위가 명확한 문화 　─소위 모범생·문제아의 구분이 명확함	•약한 분리 　─참여와 협력의 문화 　─소위 모범생·문제아의 구분이 명확지 않음
			•강한 통제 　─상과 벌이 공식화됨 　─학생의 의견이 학교운영에 반영될 여지가 거의 없음	•약한 통제 　─상과 벌이 공식화되지 않음 　─학생의 의견이 학교운영에 폭넓게 반영됨
학생 참여 양상		수용	학교 질서에 대한 수동적 인정	참여 → 학교 질서에 대한 긍정적인 인식과 적극적인 참여 (임파워먼트)
		무관심	학교 질서에 대한 소극적 불만	
		간극	학교 질서에 적응할 능력의 부재	
		소외	학교 질서에 대한 거부, 무기력 혹은 일탈	
		저항	학교 질서를 개선하려는 노력(임파워먼트)	

이형빈(2015), 〈소설과 드라마를 통해 본 학교 질서의 변화와 학생 참여 양상 연구〉, 《열린교육연구》 23(3).

　이러한 관점에서 볼 때, 교육과정-수업-평가를 혁신함으로써 학생들의 참여를 유도한다는 것은 단순히 학생들이 수업에 흥미를 갖도록 유도한다든가 미래의 진로나 직업을 탐색하는 기회를 제공한다는 차원을 넘어선다. 이는 교육과정-수업-평가 속에 관철되는 권력과 지배의 코드를 성찰하고 이를 평등하고 민주적인 구조로 변환함으로써 소외된 학생들도 그 속에서 자신의 '위치'를 확인하고, 자신의 '목소리'를 드러내며, 기존의 질서를 넘어 새로운 질서를 창출하는 데에 '참여'하고, 새로운 미래지향적 '정체성'을 형성하도록 하는 것을 의미한다.

교육과정-수업-평가의 유형을 분석하고 이에 따른 학생들의 참여 양상을 살피는 것은 혁신학교 운동에도 많은 시사점을 줄 것이다. 이러한 철학과 지향점이 배제된 채 단지 교육과정-수업-평가를 외형적으로 변화시키는 것은, 역설적으로 국가 수준의 교육과정을 효율적으로 학생들에게 전달하는 기술적 담론에 포섭되어 학교를 '기존 질서를 효과적으로 재생산하는 공간'으로 만들 수도 있다.[13] 혁신학교 운동은 '배움과 돌봄'을 넘어 '사회 정의'와 결부되어야 한다는 견해 역시 이러한 문제의식과 맞닿아 있다.[14]

이는 혁신학교 운동이 인본주의적이고 학생 중심적인 진보주의적(progressive) 학교의 특징을 포함하되, 그보다 훨씬 높은 수준의 민주주의를 고양하는 단계로 나아가야 함을 의미한다.[15] 애플(Apple)은 이러한 '민주적 학교(democratic school)'가 지녀야 할 요건으로 '문제해결을 위한 개인과 집단의 능력, 비판적 성찰

---

13. 이윤미(2015), 〈교육으로 사회를 변화시킬 수 있는가? : 마이클 애플과 비판적 교육학〉, 《교육비평》 제35호, pp. 151~179.

14. 심성보(2014), 〈더불어 사는 시민 역량 강화를 위한 민주 시민교육〉, 한국교육연구네트워크, 《새로운 사회를 여는 교육자치 혁명》, 살림터.

15. 성열관(2015), 〈마이클 애플의 교육사상과 실천적 쟁점〉, 《교육비평》 제35호, pp. 122~150.

과 분석, 타인의 복지와 공공선에 대한 관심, 소수자의 권리와 존엄성에 대한 관심, 관념으로서가 아닌 삶으로서의 민주주의' 등을 제시했다.[16] 즉 민주적 학교는 학생들이 모든 사람의 삶의 가치가 동등하게 승인되는 사회적 가치를 깨닫고 불평등한 현실을 극복할 수 있는 변화의 주체로 성장하도록 도와야 한다. 그리고 이러한 원리는 단순한 교과 지식으로서가 아니라 교육과정-수업-평가의 일상적인 질서 속에서 실현되어야 한다.

---

16. M. W. Apple & J. A. Beane(1995), 《Democratic Schools》, Alexandria Virginia : Association for Supervision and Curriculum Development.

4. 학생의 성장을 위한 교육과정-수업-평가

(1) 진정한 성취를 위한 교육과정

'쿠레레'로서의 교육과정

교육과정은 영어로 '커리큘럼(curriculum)'이다. 그런데 이 말은 라틴어 '쿠레레(currere)'에서 유래된 말로, 영어의 '코스 (course)'와 어원이 갖다. 교육과정이란 마치 경주장의 트랙처럼 반드시 가야만 하는 '코스'를 의미한다. 즉 학생들이 일정한 기간 동안 학교에서 배워야 하는 것의 목록, 배우는 양과 순서까지 정해 놓은 것을 의미한다. 우리가 흔히 국가 수준 교육과정이니 학교 교육과정이니 할 때의 교육과정이 바로 이러한 의미다. 이를 달리 '계획된 교육과정, 의도된 교육과정'이라고도 한다.

그런데 쿠레레에는 또 다른 의미가 있다. 그 코스를 가는 과정에서 '실질적으로 경험한 내용'이다. '교육과정 재개념화'를 주창했던 파이너(Pinar)[17]와 같은 학자들은 이러한 '쿠레레로서의 교육과정'을 중시한다. 이들은 계획된 교육과정이 수업에서 어떻게 구현되며, 그 속에서 학생들이 실제로 무엇을 배우는지를 비판적으로 이해하는 데 관심을 두고 있다. 이러한 관점에서는 '의도된 계획'으로서의 교육과정보다는 학생들에게 실제로 '실현된 경험'

---

17. Pinar(1975), 《Curriculum theorizing : The reconceptualists》, Berkely, CA McCutchan Publishing Cororation.

으로서의 교육과정을 중시하게 된다.[18]

이러한 관점에 의하면 '의도된 교육과정'과 '실현된 교육과정'은 반드시 일치하지 않을 수도 있다. 만약 학생들이 학교에 출석은 했지만 수업에 적극적으로 참여하지 않거나, 참여하려고 노력하더라도 실제로 배운 것이 거의 없다면 '의도된 교육과정'은 별다른 의미를 갖지 못하게 된다. 혹은 교사가 전혀 의도하지 않았으나 학생들이 '매 맞고 침묵하는 법', '시기와 질투를 키우는 법', '타인과 나를 끊임없이 비교하는 법', '상상력을 최대한 굴복시키는 법'과 같은 부정적인 잠재적 교육과정을 배우게 된다면 학생들의 전인적 성장에 오히려 역행하는 교육과정이 실현될 수도 있다. 따라서 학교에서 실현된 교육과정을 이해하기 위해서는 학생들의 실제 경험 세계를 이해하려는 관점이 필요하다. 쿠레레로서의 교육과정은 이처럼 역동적인 개념이다.

교과를 넘어선 통합교육과정

학생들은 흔히 학교에서 국어, 영어, 수학 등을 배운다고 인식하고 있다. 이는 우리가 그만큼 교과 중심의 교육과정에 익숙해 있다는 증거이기도 하다. 이러한 교과 중심의 교육과정은 그 배경 학문의 본질과 구조를 교육적으로 변용하여 가르치는 것을 기본으로 한다. 이러한 교육과정은 교과를 가치중립적인 것으로 보

---

18. 김영천(2012), 〈교육과정 이론화의 다양한 연구 패러다임들〉, 《교육과정 이론화》, 아카데미프레스.

는 경향이 있으며, 자칫 학생들의 경험이나 흥미 혹은 사회적 가치와 동떨어진 내용으로 구성될 수 있다. 또한 이러한 교과 중심의 교육과정은 교과 사이의 단절을 가져와 '국어 따로, 역사 따로, 도덕 따로' 식의 파편화된 교육과정이 되기 쉬울 뿐더러, 고난도의 단편적 지식을 일방적으로 전수하는 형태의 수업을 유도할 수 있다.

이러한 교과 중심의 교육과정에서 벗어나기 위한 시도는 다양한 방식으로 이루어져 왔다. 그리고 이는 대체로 국가 수준의 획일적 교육과정이나 정해진 교과서에서 벗어나 학생의 실제 경험을 중시하고, 교과와 교과 간 통합을 이루어 교과의 내용이 사회적 가치와 연계를 이룸으로써 학생이 자신의 삶을 주체적으로 꾸려 나갈 수 있는 역량을 키우는 방향으로 나아가고 있다. 이러한 교육과정을 설계하는 데에 핵심적인 것은 교사의 적극적인 교육과정 재구성 역량이다. 이에 따라 교사는 주어진 교육과정을 그대로 이행하는 존재가 아니라 교육과정을 적극적으로 재구성하고 설계하는 실천가라는 인식이 확산되고 있다.

교사의 교육과정 재구성은 크게 보아 모방적 수준, 매개적 수준, 창조적 수준으로 나눌 수 있다.[19] 모방적 수준은 국가나 전문가가 개발한 교육과정을 그대로 이행하는 차원을, 매개적 수준은 이를 교실 상황에 맞게 일부 재구성하는 차원을, 창조적 수준은

---

19. D. Tanner & L. Tanner(1995), 《Curriculum development : Theory into practice》, Columbus, OH Merrill.

교사가 교육과정 개발의 주체로 나서는 차원을 의미한다.

2010년 이후 혁신학교가 확대되면서 교육과정의 재구성 움직임 역시 확산되어 왔다. 혁신학교 교육과정에서 특징적인 것은 교육과정-수업-평가를 하나의 흐름으로 보고, 교사의 전문적 학습공동체를 통해 학교 전체의 교육과정을 새롭게 바꾸려는 움직임이다. 이는 상대적으로 중등학교보다는 초등학교에서 수월하게 이루어져 왔는데, 교과 간 분리가 뚜렷한 중등학교와 달리 초등학교에서는 담임교사가 여러 교과를 동시에 담당하고 있기 때문에 교과 간 연계를 고려한 교육과정 재구성이 상대적으로 용이하기 때문이다. 따라서 초등학교에서는 학생의 발달단계를 고려한 학년 단위의 교육과정 재구성을 통해 학생의 발달과 성장을 지원하기 위한 노력이 활발히 이루어져 왔다.

중등학교에서도 혁신학교를 중심으로 교육과정을 재구성하기 위한 노력이 이어져 왔다. 전통적인 분과형 교과 중심의 교육과정을 뛰어넘어 하나의 통합된 주제를 중심으로 범교과적인 통합 교육과정을 설계하는 것이 대표적인 예다. 중등학교에서 이러한 교육과정 재구성이 활성화되려면 교사 개인의 노력을 넘어 학년 및 교과 차원에서 공동의 연구와 실천이 필요하다. 혁신학교에서는 이를 위해 수업 공개, 교과협의회, 교사 연구 모임 등을 통해 교사들이 스스로 교육과정을 재구성하고 이를 범교과 주제 통합 수업, 프로젝트 수업 등에 적용하려는 시도를 하고 있다. 이러한 시도는 학생들의 성장과 발달을 중심에 놓고 교과별로 분화된 교육과정을 통합해 학생들에게 의미 있는 학습경험을 제시하기 위한 모색이라는 점에서 의미가 있다.

교사의 연계적 전문성과 진정한 성취

이러한 교육과정 재구성에서 필요한 것이 영(Young)이 주장한 '연계적 전문성'이다.[20] 그는 미래의 교육과정에서는 학교 교과 간, 학교 교과와 학교 밖 세계 간의 새로운 관계를 개발하는 것이 필요하다고 주장했다. 이는 교사가 주어진 교과 중심의 교육과정에 안주하지 않고 교실에서의 경험으로부터 비롯된 실천적 전문성을 바탕으로 학생의 삶과 미래지향적 가치를 적극적으로 연계한 교육과정을 개발하는 데 나서야 함을 의미한다. 이 과정에서 필요한 태도가 실천적 상황 속에서 끊임없이 자신의 교육적 행위를 성찰하는 '반성적 실천(reflective practice)'[21]이라 할 수 있다.

이러한 교육과정 재구성의 지향점은 학생들에게 의미 있는 학습경험을 제공해 진정한 배움과 성장할 수 있는 기회를 주기 위한 것이라 할 수 있다. 이는 수업 시간에 제공되는 지식은 학생들의 삶에 의미 있는 것이어야 하며, 학생들은 그것을 배우는 과정을 통해 다양한 탐구 및 실천을 경험할 수 있어야 하는 것을 뜻한다. 이와 관련해 뉴먼(Newmann) 등이 주장하는 '진정한 성취기

---

20. M. F. D. Young(1998), 《The curriculum of the future》, London Falumer ; 한진상·박비주 옮김(2013), 《교육과정의 미래》, 공동체.
21. D. A. Schön(1983), 《The reflective practitioner : How professionals think in action》, New York Basic Books.

준(authentic achievement)'[22]과 관련된 논의에 주목할 필요가 있다. 이들은 '잘 교육받은 인간'이라 평가받는 사람들의 공통적 특징을 귀납적으로 파악해, 학생들이 참된 교육과정을 통해 성취해야 하는 기준을 재개념화했다. 이들이 설정한 구체적인 항목은 다음과 같다.

〈표 4〉 진정한 교육을 통한 성취기준

지식의 구성	기준 1 : 정보의 조직	학생들은 개념이나 문제 혹은 쟁점을 전달하기 위해 복합적인 정보를 조직, 종합, 해석, 설명, 평가해야 한다.
	기준 2 : 대안의 모색	학생들은 개념이나 문제 혹은 쟁점을 전달하기 위해 대안적인 해결책, 전략, 견해, 관점을 모색해야 한다.
학문적 탐구	기준 3 : 내용	학생들은 학문적 탐구와 관련된 아이디어, 이론, 관점을 이해해야 한다.
	기준 4 : 과정	학생들은 학문적 탐구에 특징적인 탐구, 조사, 의사소통의 방법론을 활용할 수 있어야 한다.
	기준 5 : 의사소통	학생들은 글쓰기 등을 통해 자신이 이해한 내용을 설명하고 결론 내릴 수 있어야 한다.
학교를 넘어선 가치	기준 6 : 교실을 넘어선 세계에 대한 문제	학생들은 교실을 넘어서 마주하게 될 세계와 관련된 개념, 문제, 쟁점에 대해 제시할 수 있어야 한다.
	기준 7 : 학교를 넘어선 청중	학생들은 교사, 교실, 학교를 넘어서 청중을 대상으로 자신이 아는 것에 대해 의사소통을 하고 그들을 위한 실천을 수행할 수 있어야 한다.

여기에 제시된 진정한 성취의 세 가지 범주는 '지식의 구성, 학문적 탐구, 사회적 가치 추구'다. 이러한 관점에 의하면 학교의 교육과정은 파편적인 지식을 많이 아는 것보다 이를 스스로 탐구

---

22. M. Newmann and Associates(1996), 《Authentic achievement : Restructuring schools for intellectual quality》, San Francisco Jossey-Bass Publishers, pp. 21~48.

하여 깊이 있는 이해에 도달해야 하며, 이를 바탕으로 사회적으로 유용한 가치를 실현할 수 있어야 한다.

(2) 학생의 참여와 협력이 있는 수업

학교의 모든 교육 활동의 중심에는 수업이 있다. 수업은 계획된 교육과정이 교실이라는 공간 속에서 구체적으로 구현되는 실천의 장이다. 수업은 또한 교사의 가르치는 행위(교수)와 학생의 배우는 행위(학습)로 구성되어 있으며, 교사와 학생, 학생과 학생 사이에 역동적인 상호작용이 이루어지는 장이다.

최근에는 수업의 패러다임이 학생의 참여와 협력, 탐구를 이끌어 내기 위한 방향으로 변화하고 있다. 이러한 수업모델에는 배움의 공동체 모델, 프레네 모델, 협동학습 모델, 프로젝트 수업모델 등이 있다. 이러한 수업 혁신에 영향을 주는 이론으로는 비고츠키(Vygotsky)의 발달이론, 사토 마나부 교수의 배움의 공동체 이론 등을 들 수 있다.

비고츠키는 인간이 도구와 기호를 사용해 다른 사람과 사회적 상호작용을 하면서 고등정신기능을 발달시킨다고 보았다.[23] 아동이 놀이를 통해 대상 세계를 접하며 규칙을 내면화하고 성인이

---

23. L. S. Vygotsky(1978), 《Mind in Society》, Cambridge, MA : Harvard University Press ; 정회욱 옮김(2009), 《마인드 인 소사이어티》, 학이시습.

노동을 통해 대상을 변형하는 창조적 활동을 수행하듯이, 학생은 도구나 기호를 매개로 교사 및 동료 학생과 사회적 상호작용을 수행한다. 이러한 의사소통의 과정은 주체와 매개(도구), 대상이라는 세 가지 요소로 이루어져 있다. 여기서 말하는 도구 중에는 특히 언어의 역할이 중요하다. 이 언어는 다시 의사소통의 도구로서 외적 언어와 사고의 도구로서 내적 언어로 나눌 수 있다. 인간의 고등정신기능의 발달은 먼저 외적 언어를 통해 다른 사람과 의사소통을 하는 사회적 과정을 통해, 그리고 뒤이어 외적 언어가 내적 언어로 내면화되는 가운데 이루어진다.

여기서 비고츠키 이론에서 가장 중요한 개념인 '근접발달영역'이 도출된다. 그는 교육이 발달을 선도한다는 전제 하에 교사나 동료 학생의 도움으로 인간의 의식이 비약적으로 발달할 수 있다는 관점을 제시한다. 근접발달영역이란 '실제적 발달 수준과 잠재적 발달 수준 사이의 거리'로, 여기서 말하는 잠재적 발달 수준은 학생이 자기 스스로는 해결할 수 없지만 교사 혹은 자기보다 능력 있는 또래와의 협력을 통해 문제를 해결할 수 있는 정도를 말한다. 따라서 수업에서 중요한 과제는 교사 및 동료 학생과의 협력을 통한 근접발달영역을 창출하는 것이다.

협력을 중시하는 수업모델에서 주목해야 할 또 하나의 이론은 사토 마나부 교수의 '배움의 공동체' 이론이다.[24] 그의 이론은 듀이(Dewey)의 진보주의 교육철학, 비고츠키의 발달이론, 바흐친

---

24. 佐藤學(2010),《敎育の方法》; 박찬영 옮김(2011),《아이들을 어떻게 가르칠 것인가》, 살림터.

(Bakhtin)의 대화주의 등 다양한 이론적 흐름을 동아시아적 상황에 맞게 종합적으로 적용한 것으로 볼 수 있다. 그는 동아시아 교육 패러다임에 공통적으로 나타나는 학생들의 '배움으로부터의 도주'에 주목하고, '공부'와 '배움'의 의미를 구별하였다. 그는 공부와 배움의 차이를 '만남'과 '대화'의 유무에서 찾는다. 그는 배움을 세 가지 차원의 대화적 실천으로 정의하였다. 첫 번째 차원은 대상 세계(제재, 교육내용)와의 만남과 대화, 두 번째 차원은 교사나 친구와의 만남과 대화, 세 번째 차원은 자기 자신과의 만남과 대화다. 즉 배움은 '세계 만들기', '친구 만들기', '자기 만들기'를 추구하는 대화적 실천이라 할 수 있다. 이러한 대화적 실천으로서의 배움은 대등한 주체 간에 형성되는 상호 관계를 필요로한다. 이 대화적 실천은 '타자의 목소리를 듣는 것'으로부터 시작해 대상 세계, 타자, 자기와의 대화를 통해 새로운 만남을 창출하는 행위다. 이러한 대화적 실천으로서의 배움은 활동으로서의 배움, 협력학습으로서의 배움, 표현하고 공유하는 배움이라는 과제를 지닌다.

특히 한국의 혁신학교 운동에는 '배움의 공동체' 이론에 근거한 수업모델이 많은 영향을 미쳤다. 이 수업모델은 수업을 보는 관점을 '교사가 가르치는 행위'에서 '학생들이 배우는 과정'으로 전환하고, 수업 과정에서 학생들의 협동적인 배움이 이루어지고 있는지를 주목하고 있다. 다음은 '배움의 공동체' 이론을 한국적 맥

락에 적용한 '수업을 보는 관점'이다.[25]

〈표 5〉 '배움의 공동체' 이론에 따른 수업을 보는 관점

범주	수업을 보는 관점
Ⅰ. 학습자의 배움	(1) 학습자는 어디에서 배우고 어디에서 주춤거리고 있는가?
	(2) 교사의 지도에 학생들은 어떻게 배우고 있는가?
	(3) 학생들은 배움의 맥락을 이해하고 있는가?
	(4) 학습과 관련된 의미 있는 모둠 활동이 이루어지고 있는가?
Ⅱ. 교사의 활동	(1) 교사는 학습자 한 명 한 명을 주목하는가?
	(2) 학습자와 '학습자·사물·사건'과의 연결 및 관계는 어떻게 하고 있는가?
Ⅲ. 교실에서의 관계	(1) 교실에서 배움과 상관없는 불필요한 언어와 행동은 없었는가?
	(2) 교실에서 서로 들어 주는 관계가 잘 형성되어 있는가?
	(3) 협동적인 배움이 일어나고 있는가?

이러한 수업 패러다임의 흐름은 크게 보아 교사의 가르침에서 학생의 배움을 강조하는 방향, 일제식 수업 방식에 따른 지식의 전수에서 학생의 참여와 협력을 강조하는 방향으로 전환되어 왔다고 정리할 수 있다.

학생의 참여와 협력을 중시하는 수업모델에는 또한 프레네 교육 모델, 협동학습 모델, 프로젝트 수업모델 등이 있다.[26] 협동학습은 공동의 학습목표를 이루기 위해 이질적인 학생들이 통제된 상호작용에 따라 함께 학습하는 교수 전략이다. 프랑스의 공교육 혁신 모델인 프레네 교육 모델에서는 민주주의와 협력의 가치 아

25. 손우정(2012), 《배움의 공동체》, 해냄.

26. 김현섭(2013), 《수업을 바꾸다》, 한국협동학습센터.

래 개인의 자발성을 키우기 위해 자유 글쓰기, 학교신문 만들기, 아틀리에(atelier) 중심의 노작교육 등 다양한 수업 방법론을 도입하고 있다. 프로젝트 수업은 학생들 스스로 자신의 문제의식에 따라 주제를 선정하고 조사, 연구, 발표에 이르기까지 학습의 전 과정에 참여하는 수업모형이다.

이러한 다양한 수업모델은 교사 중심의 일방적 강의식 수업을 넘어 학생의 참여와 협력을 보장하는 수업이라는 점에서 공통점을 보이고 있다. 이미 학교 현장에서는 학습활동지를 활용한 학생 중심 학습활동, 교실 책상 'ㄷ'자 배치나 모둠 활동을 통한 협력학습, 문제해결을 위한 프로젝트 수업 등 다양한 형태의 수업 방식이 확산되고 있다. 이는 학생들이 주체적으로 참여하며 협력하는 가운데 자기 주도적 학습 능력, 문제해결 능력을 키우고 배려와 협력의 가치를 수업 과정에서 익힘으로써 민주 시민으로 성장하는 것을 목적으로 한다.

(3) 학생의 성장과 발달을 위한 평가

그동안 학교 현장에서 평가란 '시험을 보는 것' 정도로 인식되어 왔다. 그러나 평가는 단지 학생의 학업성취 정도를 확인하는 것이 아니라 '교육과정-수업-평가'로 이어지는 일련의 과정 가운데 하나다. 평가는 일차적으로 학생들의 학업성취 정도를 확인하

여 무엇을 잘하고 무엇을 못하는지를 알아내는 과정이다. 나아
가 평가는 교육목표가 얼마나 달성되었는지를 확인하고 이를 교
육과정 및 수업 개선 자료로 활용하는 과정이기도 하다. 이러한
관점에 의하면 평가란 그 자체로 종결적 의미를 갖는 것이 아니
라 다시금 교육과정과 수업에 의미 있는 정보를 제공하는 피드백
(feedback) 역할을 한다. 이를 그림으로 나타내면 다음과 같다.

<그림 3> 교육과정과 평가의 관계

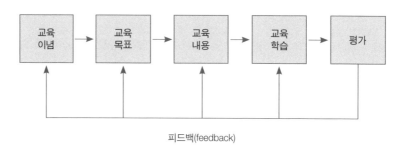

피드백(feedback)

이러한 교육과정-수업-평가의 흐름이 원활하게 이루어진다면
학생들에게 의미 있는 배움이 실현될 수 있다. 교사는 우리 사회
가 지향하는 교육적 인간상을 반영한 교육이념에 따라 교육목표
를 설정하고, 이에 알맞은 교육내용을 선정하여 학생의 참여와
협력을 보장하는 수업을 진행하며, 이를 평가에 반영함으로써 학
생의 발달과 성장을 지향할 수 있게 된다. 이러한 이상적인 교육
과정-수업-평가의 흐름을 표로 나타내면 다음과 같다.

〈표 6〉 교육과정-수업-평가의 이상적 흐름

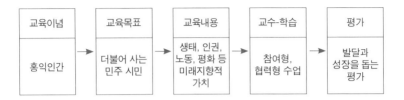

교육이념	교육목표	교육내용	교수-학습	평가
홍익인간	더불어 사는 민주 시민	생태, 인권, 노동, 평화 등 미래지향적 가치	참여형, 협력형 수업	발달과 성장을 돕는 평가

그러나 그동안 학교 현장에서는 이러한 평가의 본래적 의미가 제대로 실현되지 못했다. 그 이유는 무엇보다 대학 입시가 경쟁 체제로 굳어지면서 평가가 학생들을 서열화하는 도구로 자리 잡았기 때문이다. 평가가 학생 서열화의 도구로 전락함에 따라 교육과정과 평가 사이에 전도 현상이 나타나고 있다. 즉 교육목표가 설정되고, 이 목표를 이루기 위해 교육내용이 선정되고, 이에 따라 교수-학습이 진행된 후 자연스럽게 평가가 뒤따르는 것이 아니라, 평가가 교육목표, 교육내용, 교수-학습 방법론까지 역으로 규정하는 현상이 발생하고 있는 것이다. 그 결과 현실적으로 나타나는 교육과정-수업-평가의 모습은 다음과 같다.

〈표 7〉 학교 현장에서의 교육과정-수업-평가의 일반적 모습

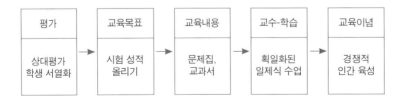

평가	교육목표	교육내용	교수-학습	교육이념
상대평가 학생 서열화	시험 성적 올리기	문제집, 교과서	획일화된 일제식 수업	경쟁적 인간 육성

학교 내신 평가에서도 상당 기간 동안 절대평가보다 상대평가가 유지되어 왔다. 이러한 평가가 관행이 되면서 '발달적 교육관'보다 '선별적 교육관'이 유지되어 왔고, 그 결과 평가 방식에서도 측정과 서열화가 용이한 선다형 일제고사식 평가가 이루어져 왔다.

그러나 최근에는 단편적 지식 암기에서 벗어나 창의적 지성, 미래사회에 필요한 역량 등을 강조하는 교육개혁의 흐름에 따라 변화가 생겨나기 시작했다. 특히 획일화된 일제고사식 지필 평가에서 벗어나 수행평가나 논술형 평가를 강조하고, 이에 따라 선발 중심의 평가관에서 학생의 발달과 성장을 돕는 평가관으로의 전환이 이루어지고 있다.

이러한 평가관에 중요한 영향을 주었던 것이 역설적이게도 정부의 상반된 정책이었다. 2008년부터 국가수준 학업성취도평가가 표집 방식에서 전집 방식으로 전환됨에 따라 이른바 '일제고사 논란'이 벌어졌고, 이에 대한 치열한 논쟁과 성찰이 이루어져 왔다. 특히 대학수학능력시험(수능)이나 국가수준 학업성취도평가와 같은 전국적 차원의 일제고사뿐 아니라 중간고사, 기말고사와 같은 학교 단위의 일제고사에 대한 반성과 문제제기도 이루어져 왔다.

다음으로 현재의 평가관에 영향을 주었던 것은 2011년 '성취평가제'라는 명칭으로 중학교 1학년부터 도입된 절대평가다. 이는 학생들의 석차를 산출하지 않고 교과목별로 학업성취 도달 수준을 평가한 후 학생들이 학업성취 기준에 도달하도록 지원하는 데 그 취지가 있다. 성취평가제는 두 가지 측면에서 학교 현장에 영향을 주었다고 볼 수 있다. 먼저 학교생활기록부에 석차를 기재하지 않게 됨으로써 학생의 서열화에 더 이상 관심을 두지 않아도 된다는 점이다. 또한 교사들이 전통적인 교과서관에서 벗어나 '성취 기준'에 관심을 갖고 교육과정을 재구성하여 이에 따른 평가를 시행하도록 유도한다는 점이다.

그러나 학교 현장에서 평가에 대한 관점을 바꾸는 데는 상당한 시간이 요구된다. 절대평가가 도입되었음에도 여전히 학생의 점수나 등수에 관심을 갖는 관행은 남아 있다. 또한 '성취평가제'를 시행하면서 '절대평가'로서의 가치보다 '성취 기준'에 대한 형식적 집착으로 학교 현장에 여러 가지 혼란과 부담을 준 것도 되짚어 봐야 할 문제다. 또한 획일적인 지필 평가를 벗어나 다양한 방식의 수행평가나 논술형 평가가 도입되었지만, 이것이 교육과정 재구성이나 수업 혁신과 유기적인 연계를 맺지 못한 채 형식적으로 실시되는 경우도 적지 않다.

결국 교육과정-수업의 혁신은 평가의 혁신과 맞물리게 되는 것이다. 평가의 혁신 없는 교육과정-수업 혁신은 '수업은 협력적인 방식으로 진행하였으나 평가는 경쟁적인 방식으로 시행하는' 모순을 낳게 된다. 특히 한국과 같이 평가가 교육과정-수업에 막강한 영향을 미치는 현실에서는 오히려 평가의 혁신이 교육과정-수업의 혁신을 선도한다고 볼 수 있다.

이상의 논의를 바탕으로 평가 패러다임의 변화 양상을 정리하면 다음과 같다.

〈표 8〉 평가 패러다임의 변화

	전통적 평가	대안적 평가
특성	결과 중심의 평가 양적 평가 수업과 평가의 분리 단일한 정답에 근거한 평가 수량화된 지표로 통지 표준화 검사	과정 중심의 평가 질적 평가 수업과 평가의 연계와 통합 정답의 개방성을 보장하는 평가 의사소통적 서술 방식으로 통지 상황·현실 맥락을 염두에 둔 수행평가
활용 목적	교수-학습에 대한 책무성 강조 학생 간 서열화 상급 기관에서의 선발	교수-학습에 대한 피드백(feedback) 학생의 성장과 발달 도모 교사와 학생, 학생과 학생 간 소통
주요 평가 방법	진위형, 연결형 선다형, 단답형	서술형, 논술형 구술형, 면접형, 토론형 실기형, 실습형 연구 보고서, 포트폴리오
평가 제도	정기 고사 상대평가 일제고사 점수·석차 통지	수행평가 절대평가 교사별 평가 발달 과정 서술식 통지

5. 세 학교 이야기

지금까지 언급했던 교육과정-수업-평가의 유형과 이에 따른 학생 참여 양상을 살펴보기 위해 중학교 세 곳을 선정해 참여관찰 연구를 수행하였다. 이 세 학교는 교육과정-수업-평가에서 뚜렷한 차이점을 보였다.

A중학교는 서울 강북 지역에 소재한 중학교로 주위 평판이 좋고 학생들이 선호하는 학교다. 역사도 오래되었고 교사들의 기본적인 자질은 우수한 편이나, 새로운 교육 혁신을 시도하기 위한 공동체적인 노력은 상대적으로 미약하다. 학생들의 사회경제적 여건은 평균적인 수준이나 가정 형편이 어려운 경우도 적잖은 비율로 존재하고 있다. 학교 시설이나 학교문화에 대한 학생들의 만족도는 양호한 편이다. 종합적으로 볼 때 A중학교는 일반적인 학교의 특징을 전형적으로 보여 주는 경우라 할 수 있다.

B중학교는 경기도 K시에 소재한 중학교로 신도시 개발과 함께 설립되어 역사는 비교적 짧다. 주변에 아파트 단지가 조성되어 학생들의 경제적 여건은 평균적인 수준이나 일부 구주택가에 거주하는 학생들의 경우 가정 형편이 어려운 경우도 있다. 그러나 B중학교는 경기도교육청에서 혁신학교로 지정해 혁신학교 프로그램을 2년째 운영하고 있다. 혁신학교에 적극적인 의지를 보이고 있는 교사들이 존재하며, 교사들의 전문적 학습공동체를

바탕으로 학교 혁신을 시도하고 있다. 다만 혁신학교를 운영한 지 2년에 불과해 교육과정-수업-평가 혁신이 정착 단계에 접어들었다고 보기는 어렵다. 종합적으로 볼 때 B중학교는 혁신학교 초기의 특징을 전형적으로 보여 주는 학교 유형이라고 할 수 있다.

C중학교는 경기도 S시에 소재한 학교다. B중학교와 비슷한 역사와 지역적 배경을 지니고 있지만 경기도교육청에서 혁신학교로 지정해 혁신학교 프로그램을 5년째 운영하고 있다. 특히 C중학교는 '배움의 공동체' 원리에 기반을 둔 수업 혁신 사례로 잘 알려진 학교다. 각종 언론에 혁신학교의 대표적인 사례로 보도되는 등 그 성과가 널리 알려져 있어, 전국 각지의 학교 교사들이 이 학교의 혁신 사례를 배우기 위해 방문을 할 정도로 교육과정-수업-평가 혁신이 어느 정도 정착 단계에 접어들었다고 할 수 있다. 종합적으로 볼 때 C중학교는 혁신학교 정착기의 특징을 전형적으로 보여 주는 경우라고 할 수 있다.

〈표 9〉 연구 대상 학교의 현황

	A중학교	B중학교	C중학교
소재지	서울시 강북 지역	경기도 K시	경기도 S시
학급 수	21	25	30
교사 수	33	42	46
특징	일반 학교	혁신학교 지정 2년 차	혁신학교 지정 5년 차

현재 혁신학교 운동은 초등학교 단계에서 가장 널리 확산되어 있다. 혁신학교가 아니더라도 초등학교의 경우 대학 입시나 고등학교 입시에서는 상대적으로 자유로워 석차를 산출하는 관행에서는 상당히 벗어나 있다. 또한 담임교사가 거의 모든 교과 수업을 담당함에 따라 교사의 자율적 전문성에 따른 교육과정 재구성이 일반화되어 있는 추세이다. 하지만 초등학교의 경우 개별 학급 간 보이지 않는 장벽이 존재하며, 교사 간 협력을 통해 교육과정-수업-평가를 전반적으로 변화시키려는 노력은 상대적으로 미약한 편이다.

　반면 고등학교는 일부 지역을 제외하고는 혁신학교 운동이 거의 이루어지지 않고 있다. 고등학교의 경우 대학 입시의 영향력이 절대적이고, 내신 평가에서도 여전히 상대평가가 시행되고 있어 교육과정-수업-평가에서 의미 있는 변화가 이루어지기는 어렵다. 교사의 자율적인 전문성 영역 역시 초등학교나 중학교에 비해 상대적으로 제한되어 있다.

　중학교의 경우 전체적으로 기존의 관행과 새로운 학교 혁신의 분위기가 공존하고 있다고 볼 수 있다. 초등학교에 비해 여전히 획일화된 교육과정-교사 위주의 수업-일제식 평가 관행이 남아 있지만 상당수 학교에서는 교사 간 협력을 통한 교육과정-수업-평가의 변화가 이루어지고 있다. 또한 고등학교에 비해 입시에서 상대적으로 자유롭고 내신 평가에서도 절대평가가 수년째 적용되고 있기 때문에 교육과정-수업-평가의 변화가 상대적으로 용이

하다.

　이러한 점에서 볼 때 교육과정-수업-평가의 다양한 유형을 살펴보기에는 중학교가 적절한 연구 대상이라고 할 수 있다. 따라서 이 책에서는 서로 다른 유형을 보이는 세 중학교를 연구 대상으로 선정해 보았다. 또한 최근 '중2병' 등 중학교의 교육 위기에 대한 사회적 우려가 높아지고 있어, 중학교에서의 교육과정-수업-평가의 변화가 학생들의 참여 양상에 미치는 영향을 분석한다면 이로부터 많은 시사점을 얻을 수 있을 것이라고 판단하였다.

교육과정으로 드러나는 교육의 실제성

흔히 학교에서는 교육부가 고시한 교육과정 문서, 시도 교육청이 펴낸 교육과정 편성 운영 지침에 따라 학교에서 작성한 교육과정 편성 운영 계획 등을 '교육과정'이라고 한다. 그러나 이는 말 그대로 '문서'에 불과하다. 더욱이 우리나라의 학교 교육과정은 국가 수준의 교육과정을 따르도록 되어 있어 문서상으로 나타난 교육과정은 학교마다 별다른 차이가 없다. 중요한 것은 교실 혹은 학생 차원에서 실질적으로 구현되는 교육과정이다. 앞서 이야기했듯이 '쿠레레'로서의 교육과정이야말로 교육과정의 실체라 할 수 있다.

이 책에서는 직접 교실에 들어가 수업을 참여관찰하고, 교사들과 학생들을 대상으로 한 인터뷰를 통해 학교마다 실제로 교육과정이 어떻게 구현되고 있는지를 살펴보고자 하였다. 먼저 각 학교 교사들의 교육과정에 대한 인식을 설문조사를 통해 확인해 보았다. A, B, C중학교 교사들은 교육과정 재구성의 필요성에 대해서는 대체로 인식하고 있으나 이를 적극적으로 실현하고자 하는 의지는 학교마다 차이를 보였다.

<그림 4> 교육과정에 대한 교사들의 인식 1(단위 : %)

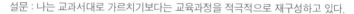

설문 : 나는 교과서대로 가르치기보다는 교육과정을 적극적으로 재구성하고 있다.

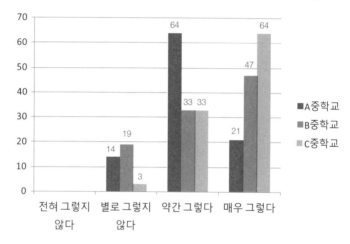

혁신학교 5년 차를 맞이한 C중학교 교사들은 일상적으로 교육과정을 적극적으로 재구성하려는 의지를 보여 주었다. 반면 일반학교인 A중학교 교사들은 기존의 교과서 진도 나가기식 관념에서 크게 벗어나지 않는 모습을 보였고, 혁신학교 2년 차를 맞이한 B중학교 교사들은 교육과정 재구성의 필요성을 공감하여 이를 실천해 나가려는 모습을 보이기 시작했다.

또한 장기간의 수업 참여관찰, 학습활동지 분석, 교사·학생들과의 인터뷰 등을 통해 확인한 A, B, C중학교의 교육과정 특징은 대략 다음과 같다.

〈표 10〉 연구 대상 학교의 교육과정 특징

항목	거의 나타나지 않음	때때로 나타남	일관되게 나타남
[교과 내] 주제-탐구-표현 과정이 유기적으로 연결되어 있다.		A중학교	
		B중학교	
			C중학교
[교과-학생] 학생들의 경험이나 실생활과 관련된 내용이 편성되어 있다.		A중학교	
		B중학교	
			C중학교
[교과-교과] 교과 간 통합적인 연계가 형성되어 있다.	A중학교		
		B중학교	
			C중학교
[교과-사회] 교과 내용이 사회적 가치나 실천적 활동과 관련성을 맺고 있다.	A중학교		
		B중학교	
		C중학교	

1. 주제-탐구-표현으로 이어지는 교과별 교육과정

타일러의 전통적인 목표 중심 교육과정은 '목표→학습→평가'라는 단계를 설정하고 있다.[1] 그리고 이러한 모델은 여전히 우리의 교육과정에도 강한 영향을 미치고 있으며, 입시 위주의 경쟁교육 풍토와 맞물려 '세분화된 학습목표', '지식 위주의 수업', '지식 습득의 양을 확인하는 평가'라는 현상이 일반화되어 있다. 이는 학생들의 처지에서 볼 때는 지식, 탐구, 표현 사이에 강한 분리가 형성돼 실질적으로 대부분의 교육과정이 지식 위주로 편성되는 효과를 낳게 된다.

반면 '배움의 공동체' 주창자인 사토 마나부 교수는 배움이란 '자기와의 만남', '타자와의 만남', '세계와의 만남'이라는 세 종류의 만남이 이루어지는 과정이며, 이러한 만남이 이루어지려면 '활동적 배움', '협력적 배움', '실천적 배움'이 실현되어야 한다고 보았다. 그리고 이러한 배움이 이루어지는 단계를 '주제→탐구→표현'으로 정식화했다.[2] 이는 교과 내 지식, 탐구, 표현 사이에 약한 분리가 형성되는 것을 의미하며, 학생들은 이 속에서 스스로 지식을 탐구하고 그 결과를 다양한 방식으로 표현하는 교육과정을 경험하게 된다. 교사가 단순히 학생들에게 지식을 전달하는

1. Ralph W. Tyler(1949), 《Basic principles of curriculum and instruction》, Chicago University of Chicago Press ; 이해명 옮김(1987), 《교육과정과 학습지도의 기본원리》, 교육과학사.
2. 佐藤學(2010), 《教育の方法》, 박찬영 옮김(2011), 《아이들을 어떻게 가르칠 것인가》, 살림터.

것만을 목표로 하는 것이 아니라, 학생들이 스스로 주제를 탐구하고 그 결과를 표현하여 공유하는 것까지를 교육과정의 목표로 한다면 이는 교과 내 통합이 이루어진 교육과정이라 할 수 있다.

(1) 단편적 지식 위주의 교육과정

A중학교는 B중학교나 C중학교와 달리 혁신학교에 지정되지 않은 일반 학교다. 외견상 혁신학교나 일반 학교가 큰 차이를 보이는 것은 아니나 무엇보다 중요한 차이는 교육과정을 재구성하려는 노력이 학교 전체 차원에서 일상적으로 이루어지고 있느냐의 여부다. A중학교의 경우 대부분 교과의 교육과정은 주어진 교과서의 내용 순서대로 진도를 나가는 방식으로 이루어지고 있다.

수업종이 울리고 역사 교사가 입실을 하였다. 교사는 "지난 시간에 어디까지 했죠?"라는 말로 진도를 확인한 후 오늘 배울 내용은 '붕당정치'임을 알려 주었다. 교사가 칠판에 '선조-광해군-인조-효종-현종-숙종-경종-영조-정조' 하는 식으로 왕들의 연대기를 적었다. 왕조의 시간적 흐름에 따른 전형적인 역사 접근 방식이었다.

교사는 전통적인 방식의 강의식 수업을 이어 갔다. 몇 명 학생은 종이 접기를 하며 딴짓을 했고, 두 명의 학생이 이내 책상에 엎드려 잠을 자기 시작했다. 교사는 설명한 내용에 대해 불특정 학생을 대상으로 질문을 하였다. 몇 명 학생만 짤막하게 답변을 했다.

수업이 진행될수록 책상에 엎드리는 학생이 늘어났다. 10분이 지났을 무렵 4명의 학생이 자기 시작했다. 교사는 강의식 설명을 이어가고 가끔 자문자답식 질문을 던질 뿐 학생들과 적극적인 의사소통은 이어 가지 못하고 있었고, 학생들은 멍한 표정으로 가만히 앉아 있을 따름이었다. 20분이 경과하자 자는 학생의 수는 7명으로 늘어났다.

교사가 영화 〈광해〉의 한 장면을 보여 주었다. 학생들은 대부분 관심을 갖고 영화를 시청했다. 그렇다고 자던 아이들이 일어나지는 않았다. 영화 한 장면을 보고 나서 교사는 조선 시대의 명분론과 실리론을 노무현 정부 당시 이라크 파병 문제와 연결시켜 설명하였다. 이에 대해 몇 명 학생은 알아듣고 흥미를 보였지만 대부분 학생들은 심드렁한 표정이었다.

수업 시간이 마무리될 때쯤 교사는 "자, 거의 끝났습니다. 조금만 참으세요. 194쪽 학습활동을 보겠습니다."라고 말하였다. 교사는 교과서에 나온 문제에 대해 자문자답식으로 답을 확인했다. 수업 종료 종이 울렸다. 시간이 약간 모자라는 듯 교사는 수업을 계속했다. 10명의 학생이 잠을 자고 있었다.

― A중학교 2학년 7반 3교시 역사 수업 참관 일지(2014. 8. 27.)

이 수업에서 교사는 일방적으로 진도를 나가고, 학생들은 이를 수동적으로 듣기만 하는 전통적인 모습을 보였다. 학생들 중 거의 10명이나 책상에 엎드려 잠을 자는 등 무기력한 모습을 보였고, 교사가 칠판에 판서한 내용을 노트에 옮겨 적는 학생도 거의 없을 정도로 수업 참여는 저조했다.

이 수업은 단편적 지식만을 전달하는 교육과정의 양상을 보이고 있었다. 교사는 학생들의 이해를 돕기 위해 관련된 영화 자료도 보여 주고, 교과 내용(조선 후기의 명분론과 실리론)을 우리 시대의 현실(노무현 정부 당시 이라크 파병 문제)과 연결하려는 시도를 보였다. 그러나 이는 단지 교사의 강의를 위한 보조 자료일 뿐이었다. 학생들이 스스로 지식을 탐구하고 당대의 삶과 연계하여 표현하는 활동으로 이어지지는 않았다. 학생들은 가만히 앉아서 교사가 하는 행동을 구경하듯 바라보았고, 간혹 교사의 지시에 따라 필기를 한다든지 교사가 제시하는 영상물을 관람할 뿐이었다. 교육과정은 적극적으로 재구성되지 않았다.

이것은 무엇보다 '진도'에 대한 부담이 컸기 때문이라고 판단된다. 교사는 "지난 시간에 어디까지 했죠?"라는 질문으로 수업을 시작했고, 수업이 마무리될 즈음에는 "조금만 참으세요. 거의 다 끝나 갑니다."라는 말로 학생들을 독려했다. 교사는 수업 내내 빠른 속도로 진도를 나갔으며, 질문을 던진 후에도 학생들에게 답변할 시간적 여유를 주지 않았다. 학생들은 잠을 자거나 멍하니 앉아 있는 등 수업 참여를 기피하고 있었다.

교사가 계획한 의도된 교육과정은 짧은 시간 안에 효율적으로 지식을 전달하는 것이었을지도 모른다. 그러나 파이너 등 교육과정 재개념주의자들이 강조한 '학생들이 실제로 경험한 교육과정' 측면에서 보자면, 학생들은 단편적 지식 위주의 교육과정 속에서 실제로 의미 있게 학습한 내용이 거의 없었다.

(2) 주제-탐구-표현 교육과정

A중학교 국어 – 모둠 활동을 통한 시집 만들기

A중학교에서도 몇몇 교과와 개별 교사 차원에서 교육과정을 재구성하고 이를 반영해 수업을 설계하려는 노력이 보였다. 이러한 교과에서는 교사들의 자발적인 의지에 따라 독서모임이나 수업연구 모임이 진행되기도 했다. 그러나 이러한 특징은 개별 교과나 교사 차원에서 실현되고 있을 뿐, 학교 전체의 시스템이나 문화로 정착되지는 못하고 있었다. 이는 학교 차원에서 교육과정 재구성을 추진하고 있는 B중학교나 C중학교와의 차이점이다.

A중학교 수업을 참관한 결과 대부분 교과에서 진도 나가기식 수업을 진행하고 있었지만, 국어과에서는 대체로 학생 활동 중심의 수업을 진행하고 있었다. 타 교과와 달리 국어과 수업에서는 교사들이 직접 학습활동지를 준비했고, 학생들은 이 학습활동지를 갖고 학습활동을 수행하거나 모둠별 활동을 진행하는 모습이 자주 관찰되었다. 그리고 교사들이 이를 말하기, 글쓰기 등 학생들의 표현활동으로 연결한 후 그 결과를 수행평가에 반영하는 모습이 보였다. 다음은 이와 같은 특징이 잘 드러난 A중학교 국어과 수업 사례이다.

2학년 국어 시간에 학생들이 시집 만들기 활동을 진행하고 있었다. 관련 단원은 '일상에서 찾은 빛깔'이었다. 수업은 '교과서 관련 단원 학습→자작시 쓰기→그림 그리기→작은 시집 만들기'의 흐름으로 이어졌다.

교사는 학생들이 쓴 시를 몇 편 골라 들려주었다. '사랑'을 은유적으로 표현한 글들이었다. "사랑은 글러브, 나의 사랑을 글러브로 꽉 잡고 싶습니다.", "옆에 있을 때 필요한 존재, 친구. 성적표가 나왔을 때 위로가 되는 존재, 친구."와 같은 학생들의 작품을 읽어 주자, 다른 학생들도 흥미 있게 웃으며 들었다.

교사는 학생들의 시를 읽어 주면서 은유법, 도치법, 운율 등 시의 다양한 표현과 발상에 대해 알려 주었다. 학생들이 쓴 시를 바탕으로 시적 표현을 공부하니 다들 흥미로워하는 분위기였다. 학생들의 시에는 학생들의 일상생활이 잘 반영되어 있으면서도 나름대로 재치 있는 발상이 돋보였다.

학생들의 시 발표가 이루어지고 난 후, 교사는 종이를 접어 간단한 시집을 만드는 요령을 알려 주었다. 한 면에는 교과서의 시를 옮겨 적고, 다른 면에는 학생들이 골라 온 시와 자작시를 적는 활동이었다. 학생들은 모둠별로 모여 교사가 나눠 준 색연필을 함께 쓰며 시집 만들기를 하였다. 학생들이 쓴 시를 서로 구경하기도 하고 그림에 대해 의견을 나누면서 함께 공동 작업을 진행하였다.

교사는 이 과정을 두루 살피면서 학생들의 학습활동을 도와주었다. 그리고 수업이 끝날 무렵에는 이 활동이 수행평가에 반영된다는 것을 알려 주었다. 학생들은 모두 수업 시간이 끝날 때까지 열심히 학습활동에 참여했다. 자는 학생은 아무도 없었다.

— A중학교 2학년 7반 4교시 국어 수업 참관 일지(2014. 8. 27.)

한 시간 동안의 수업 관찰을 통해서도 교사가 의도한 교육과정의 흐름을 엿볼 수 있었다. 먼저 교사가 학생들과 함께 교과서에 나온 시를 공부한 후, 학생들이 이와 관련된 새로운 시를 고르고, 직접 시를 창작하고, 자신이 창작한 시를 발표하고, 모둠별로 모여 시집 만들기 과정으로 마무리하는 이 모든 과정이 수행평가에 반영되었다. 교과서 학습, 학생들의 탐구 및 표현활동, 평가활동이 유기적으로 연계되어 있었다.

이 수업은 앞서 제시했던 역사 수업 바로 다음 시간에 진행되었다. 역사 수업 시간에 잠을 자는 등 무기력한 모습을 보였던 학생들이 이 수업 시간에는 한 명도 잠을 자지 않고 모두 적극적으로 참여하는 모습을 보였다. 가장 큰 차이는 수업을 통해 드러나는 교육과정의 양상이었다. 이전 시간이 단편적인 지식을 교사가 일방적으로 전달하는 방식으로 이루어졌다면, 이 시간은 학생들의 적극적인 참여를 유도하면서 주제-탐구-표현 과정이 유기적으로 결합되어 있었다.

B중학교 국어-모둠별 토론식 수업

B중학교는 혁신학교로 지정·운영되면서 적극적으로 교육과정을 재구성하고 있었다. 또한 일상적으로 수업을 공개해 교사들의 전문성을 높이고자 노력하고 있었다. 격주로 수요일을 '수업 공개 및 나눔의 날'로 지정해 그날 오후 공개수업을 열어 모든 교과 교사가 함께 참관한 후 의견을 교환하고 토론하는 시간을 진행하는 것이다. B중학교는 이러한 노력을 바탕으로 학생들의 탐구

와 표현활동을 중심으로 하는 교육과정을 지향했다. 다음은 이와 같은 특징이 잘 드러난 B중학교의 국어과 수업 사례다.

1학년 국어 수업이 진행되었다. 단원은 〈홍길동전〉이고, 학습목표는 '영웅의 조건에 대해 말할 수 있다'로 제시되어 있었다. 이번 수업은 지난 수업에 이어 '홍길동은 과연 영웅인가?'에 대해 찬반 토론이 진행되었다.

교사는 학생들에게 '영웅에게 필요한 것'이 무엇인지 모둠별로 한 가지씩 토의해 적도록 지시하고, 모둠별로 발표를 시켰다. 학생들은 "용기. 어떤 일을 실천하려면 용기가 필요하다.", "힘. 힘이 있어야 사람을 구할 수 있다.", "정의. 영웅이 정의롭지 않으면 남을 해친다."와 같은 내용을 모둠별로 발표하였다. 교사는 학생들의 발표를 정리한 후, 이러한 영웅의 조건을 바탕으로 볼 때 "홍길동은 영웅인지 아닌지"를 학생들이 생각하게 하였다.

이후 교사는 학생들의 의견을 확인하고, 홍길동이 영웅이라고 생각하는 학생과 그렇지 않다고 생각하는 학생을 섞어 모둠을 다시 편성하였다. 그러고는 모둠별로 찬반 토론을 진행했다.

어느 정도 시간이 지나자 교사는 모둠별로 토론한 내용을 발표하게 했다. 학생들은 모둠별로 "홍길동은 영웅이다. 탐관오리의 재물을 가난한 사람들에게 나누어 주었기 때문이다.", "홍길동은 영웅이 아니다. 자신의 목적인 신분 질서 폐지를 이루지 못했기 때문이다." 등의 의견을 발표하였다. 중간에 교사가 개입을 하여 발표된 내용과 다르게 생각하는 학생이 있는지를 확인했다. 학생들은 자유롭게 "아무리 목적이 정당해도 사람을

죽인 것은 정당하지 않다.", "홍길동이 자객을 죽인 것은 정당
방위다.", "홍길동은 도술을 통해 얼마든지 위험을 피할 수 있
었다. 굳이 자객을 죽일 필요는 없었다."는 등 다양한 의견을
제시했다.

　어느 정도 토론이 진행되자 교사는 "누가 영웅이 되는가?"라
는 제목의 영상 자료를 보여 주었다. 유대인을 구하는 독일인,
인종차별에 반대하는 백인, 팔레스타인의 평화를 위해 싸우는
전직 이스라엘 군인 등 여러 인물의 이야기를 담고 있는 영상
자료였다. 영상 자료 시청이 끝나자 교사는 학생들이 토론했던
영웅의 조건과 '우리 시대의 영웅'을 연결하면서 강의를 진행하
였다. "영웅은 힘을 갖고 악당을 물리치는 사람일 수도 있지만,
현실 속의 영웅은 굉장히 평범한 사람일 수 있어요. 여러분들
도 영웅이 될 수 있겠죠? 약간의 용기와 정의만 있다면 여러분
도 모두 영웅이 될 수 있어요."라는 메시지로 수업을 마무리하
였다.

─ B중학교 1학년 7반 국어 수업 참관 일지(2014. 9. 2.)

　이 수업은 '영웅의 조건은 무엇인가?', '홍길동은 영웅인가?'라
는 주제에 대해 학생들이 스스로 탐구하는 과정이 돋보였다. 교
사가 작품의 특징이나 주제 의식을 일방적으로 전달하는 것이 아
니라, 흥미 있는 주제를 학생들이 스스로 탐구하고 토론을 거쳐
사고력을 확장할 수 있도록 교육과정이 설계되어 있었다. 교사는
학생들의 탐구 및 표현활동을 독려하고, 학생들의 발표 내용을
연결하면서 찬반 토론을 이끌고, 그 내용을 우리 시대의 문제로

확장하는 역할을 수행하였다.

이 수업에서 교사가 의도한 교육과정은 여러 가지 요소를 지니고 있었다. 작품에 대한 이해, 주제에 대한 탐구 및 표현, 토론을 매개로 한 경청과 협력, 우리 시대의 문제와 삶의 가치에 대한 성찰 등이 그러했다. 이러한 여러 요소가 한 시간짜리 수업 안에서 자칫 겉돌 수도 있었지만, 교사는 이를 최대한 통합하려는 노력을 보였다.

다음은 이 수업이 끝난 후 수업을 참관했던 교사들이 나눈 대화 내용이다.

> **수업 교사** 이 학급은 요즘 수업 분위기가 매우 소극적으로 변해 모둠 활동을 시켜도 서로 대화를 나누지 않으려는 분위기였어요. 이 수업에서 제시된 목표는 '영웅의 조건을 말할 수 있다'이지만 사실 저는 제 수업을 통해 '삶을 위한 국어교육'을 실천해 보고 싶었어요. 그리고 학생들이 토론을 통해 말문을 열고 서로의 의견을 경청하는 태도를 길러 주고자 했어요.
>
> **참관 교사1(사회과)** 요즘 학생들에게는 말하는 것보다 경청하는 것이 중요하다고 생각해요. 국어과와 마찬가지로 사회과에서도 주장과 근거를 제시하는 교육이 중요해요. 선생님께서 모둠 활동을 이끌어 가는 창의력과 기술이 돋보였어요. 학생들이 열심히 하는 모습이 아주 보기가 좋았습니다.
>
> **참관 교사2(수학과)** 정확한 답을 찾아야 하는 수학과 달리 국어에서는 정확한 답이 없이 토론을 할 수 있다는 것이 흥미로웠어요. 저는 주로 강의식으로 수업을 하지만, 수학 시간에도

가끔씩 협력학습을 시도하면 잘 되는 편이에요.

참관 교사3(국어과) 저도 같은 국어 수업을 담당하고 있지만 선생님처럼 모둠 활동이나 토론 수업을 적극적으로 하지는 못하고 있어요. 저도 선생님처럼 토론 수업을 적극적으로 해 보고 싶습니다. 이 수업 전개는 크게 세 가지로 이루어져 있던 것 같습니다. 영웅의 조건 탐구하기, 홍길동은 영웅인지에 대해 토론하기, 학생의 삶과 연결하기. 하지만 이 과정이 자연스럽게 연결되기에는 한 시간이 부족했던 것 같아요.

수업 교사 인정합니다. 한 시간의 수업 동안 너무 많은 것을 의도한 것은 아니었는지 반성하고 있어요. 그러다 보니 이번 수업에서 해야 할 것이 무엇인지 혼란스럽기도 했습니다.

— B중학교 공개수업 연구 모임(2014. 9. 2.)

이러한 대화를 살펴보면, 교사들이 학생의 탐구 및 표현활동의 중요성을 인식하고 있음을 확인할 수 있다. 또한 수업 교사가 의도한 교육과정은 단지 학생들이 고전소설 작품을 제대로 이해하는 것을 뛰어넘어 '말문을 열고 의견을 경청하는 태도', '학생들의 삶을 위한 교육'을 지향하고 있다는 것을 확인할 수 있다. '영웅의 조건을 이해할 수 있다'는 명시적 수업목표와 함께 '탐구와 토론', '표현과 경청', '삶과의 연계'라는 암시적 수업목표도 이미 설정되어 있었다. 물론 수업 교사가 스스로 인정했듯이 이러한 다양한 교육목표가 혼재되어 다소 혼란스러운 면이 있었지만, 교과 내에서 '주제-탐구-표현'을 유기적으로 연계하려는 지향은 분명히 드러났다. 그럼에도 교사에 따라 혹은 교과의 특성에 따라 아직까지는 이러한 형태의 교육과정과 수업이 일상화되어 있지는 않다는 것 또한 확인할 수 있었다. 예를 들어 '참관 교사2'의 발언을 통해, 수학 교사는 수학 교과를 '정확한 답을 찾아야 하는' 과목으로 인식하고 있어, 학생들의 탐구와 표현활동보다는 지식의 전수를 중시하고 있음을 알 수 있다.

C중학교 국어-문학 감상과 비평

C중학교는 혁신학교 5년 차를 맞아 일상적으로 교육과정을 재구성하고 있었다. 또한 '지식-탐구-표현'이 유기적으로 연계되는 교과 내 통합이 일관되게 관찰되었다. 이는 C중학교가 '배움의 공동체' 원리에 입각한 교육과정을 공동체적으로 추구한 결과로 볼 수 있다. '배움의 공동체' 원리를 적용한 교육과정에서는 전통적인 '목표 → 학습 → 평가'의 교육과정 모델을 탈피해 '주제 → 탐구 → 표현'으로 이어지는 교육과정 흐름을 지향하고 있다.

> 3학년 국어 수업이 진행되었다. 수업 내용은 '감상 방법에 따른 문학 비평문 쓰기'였고, 대상 작품은 김수영의 시 〈풀〉이었다.
>
> 교사는 먼저 학생들이 각자 이 시를 여러 차례 낭송하도록 지시하였다. 다음으로는 학생들에게 배부한 학습활동지에 시를 낭송하면서 떠올린 단어를 5가지 정도 적도록 지시하였다. 한 학생은 "초록, 바람, 시련" 등의 단어가 떠올랐다고 발표하였고, 다른 학생은 "희망, 승리, 도전 정신" 등의 단어가 떠올랐다고 발표하였다. 교사는 학생들이 발표한 단어들이 어떤 연관

성을 갖는지 간단하게 언급을 하였다.

다음으로 교사는 각 연에서 '풀'이 어떤 행동을 하고 있는지 짝과 함께 찾는 과제를 제시하였다. 학생들은 각각 자기의 짝과 열심히 대화를 나누었다. 다음으로 교사는 '풀의 행동이 갖는 의미'가 무엇인지를 모둠을 편성해 파악할 것을 지시하였다. 학생들 사이에는 "이 구절이 이해가 안 돼. 바람보다 빨리 눕고 바람보다 빨리 일어나다니?"와 같은 대화가 오고갔다.

다음으로 교사는 각 모둠에서 나눈 내용을 발표하도록 지시하였다. 한 모둠의 학생은 "1연에서는 바람이 하는 대로 휩쓸려서 소극적으로 누웠다가 2연에서는 자기 힘으로 행동을 해요. 3연에서는 넘어져도 다시 일어나는 모습을 보여요."라고 발표를 했다. 다른 모둠의 학생은 "1연에서 풀은 바람을 맞고 누웠어요. 아파서 울다가 다시 비가 와서 설상가상으로 또 울었어요. 2연에서 풀은 바람이 불기 전에 이를 대비해서 미리 누웠어요. 3연에서는 예상하지 못한 큰 바람이 와서 뿌리째 뽑혀 죽었어요. 시가 이렇게 암담해도 돼요?"라는 발표를 했다.

다음으로 교사는 작가의 의도에 대해 학생들이 모둠별로 토론하고 이를 발표하도록 지시하였다. 학생들은 "사람은 언제 죽을지 모르니 미리 대비해야 한다.", "바람에 쓰러져도 내 힘으로 해결해야 한다." 등 다양한 내용을 발표하였다.

수업이 마무리되었다. 교사는 다음 시간에는 시대적 배경, 시인에 대한 정보를 바탕으로 시를 외재적 관점에서 해석하는 활동을 한다고 예고하였다. 그러고는 학생들이 각자의 해석을 바탕으로 시에 대한 비평문을 작성하게 된다고 안내하였다.

― C중학교 3학년 1반 국어 수업 참관 일지(2014. 4. 16.)

이러한 수업 장면에는 C중학교가 추구하는 교육과정의 지향점이 잘 나타나 있다. 교사가 일방적으로 교과서에 나온 지식을 전달하고 학생들은 이것을 그대로 받아들이는 지식 전달 위주의 교육과정이 아니라, 학생들이 스스로 지식을 탐구하고 이를 표현하는 과정이 자연스럽게 연결되고 있었다. 교사는 이러한 교육과정의 지향점을 한 장의 간단한 학습활동지에 구현하였고, 이 학습활동지를 학생들의 탐구 활동의 매개로 활용하였다.

학생들은 교사가 제시한 과제(시를 낭송하면서 떠올린 단어 적기, '풀'의 행동 찾기, '풀'의 행동이 갖는 의미, 작가의 의도)에 따라 스스로 작품의 의미를 탐구하는 과정을 거쳤다. 교사는 학생들이 탐구한 내용을 서로 공유하면서 더욱 문제의식을 발전시키는 역할을 수행하였다. 그 속에서 학생들은 단편적인 발견('풀'의 행동 찾기)에서 점차 본질적인 문제('풀'의 행동이 갖는 의미, 작가의 의도)를 탐구하는 과정으로 나아갔다. 또한 학생들끼리 서로 협력하며 토론을 하는 가운데 의문이 자연스럽게 해결되기도 하였다. 그리고 이를 발표와 비평문 쓰기 등 표현활동으로 나아가는 과정을 이어 가고 있었다.

2. 교과의 경계를 넘어선 통합

(1) 통합교육과정의 유형

현행 국가 수준 교육과정은 서로 다른 교과 사이에 연계가 없는, 분과형 교육과정이다. 이는 교과 간 '강한 분리'가 있다는 것을 의미한다. 반면에 통합교육과정에서는 교과 간 분리가 약하다. 학생들 입장에서 서로 다른 교과의 학습경험이 관련을 맺으며 통합적 학습이 이루어지도록 하는 교육과정이다.

이러한 통합교육과정의 유형은 교과와 교과 사이 통합성의 정도에 따라 '다(多)학문적 통합', '간(間)학문적 통합', '초(超)학문적 통합'으로 분류될 수 있다.[3]

다학문적 통합은 기본적으로 교과 간 경계는 유지하되 독립 교과 영역 안에서 다른 교과에서 다루는 개념이나 원리를 활용하는 것을 말한다. 간학문적 통합은 교과 간 경계는 유지하지만 통합적 주제를 중심으로 관련 교과의 내용을 재구성하는 것을 말한다. 초학문적 통합은 교과 간 경계를 완전히 극복하여 교육과정을 새롭게 구성하는 것을 말한다.

다학문적 통합은 현재의 학교 교육과정에서 흔히 나타나는 모습이다. 예를 들어 국어 교과에서 조선 후기의 소설 작품을 다룬

---

3. Susan M. Drake(1998), 《Creating Integrated Curriculum》, Corwin ; 박영무 · 허영식 · 유제순 옮김(2009), 《교육과정 통합의 기초》, 교육과학사.

다고 할 경우 이와 관련된 배경지식으로 조선 후기 역사를 국어 수업에서 언급하는 경우다. 반면에 현재의 초·중등교육에서 교과의 경계를 완전히 허무는 초학문적 통합교육과정을 구성하는 것은 사실상 어렵다. 따라서 현재의 초·중등교육에서 교과 간 통합을 모색한다고 했을 경우 이는 보통 간학문적 통합에 해당한다.

통합교육과정은 교과와 교과 사이의 단절을 극복하고 학생들 입장에서 지적, 정서적 흥미를 자극할 수 있는 다양한 학습경험을 제공하게 된다. 또한 교과와 교과 사이의 중복이나 시간적 단절을 피함으로써 보다 효율적인 학습이 이루어지게 하며, 여러 지식을 종합하여 적용할 수 있는 사고 능력과 현실 세계에서 부딪히는 여러 사안에 대한 문제해결 능력을 키울 수 있게 한다.

현재 상당수 학교에서는 분과적 교육과정을 극복하고 교과와 교과 간 연계를 모색하는 통합교육과정을 다양한 방식으로 모색하고 있으며, 그 구체적 사례도 널리 공유되고 있다.[4]

그리고 이는 학교 현장에서 주제통합교육과정, 범교과 프로젝트 수업 등의 명칭으로 불리고 있다. 이러한 실천 사례들을 종합해 보면 대체로 여러 교과가 학교 평화, 민주주의, 인권, 생태, 우정 등 학생들의 삶이나 사회적 문제로부터 도출된 하나의 주제를 중심으로 학습내용을 선정하여 수업을 하는 형태로 진행되고 있다.

이러한 통합교육과정을 구성해 가는 방식에는 크게 두 가지가 있다. 하나는 교과의 내적 필요와 요구에 따라 공통된 주제를 중

---

4. 김정안 외(2013), 《주제 통합 수업》, 맘에드림.

심으로 여러 교과를 통합하는 방식이고, 다른 하나는 학교 교육
과정상의 필요와 요구에 의해 공통된 주제를 설정하고 이에 따라
여러 교과가 자신의 교육과정을 새롭게 재구성하여 연계를 이루
는 방식이다. 전자를 '교과 중심 통합교육과정'이라 부를 수 있다
면 후자를 '주제 중심 통합교육과정'이라 부를 수 있다.

A중학교에서는 이러한 통합교육과정에 대한 모색이 거의 일어
나지 않고 있었다. 다만 개별 교과나 교사 차원에서 다른 교과의
교육과정을 염두에 두고 교과 내 교육과정을 소극적으로 재구성
하는 차원의 통합이 이루어지고 있었다. 반면에 B중학교와 C중
학교에서는 학교 차원에서 통합교육과정에 대한 모색과 실천이
적극적으로 이루어지고 있었다. 아래와 같은 교사 설문조사 결과
에서도 이러한 점을 확인해 볼 수 있다.

〈그림 5〉 통합교육과정에 대한 교사들의 인식 2 (단위 : %)

설문 : 나는 우리 학생들이 타 교과에서 무엇을 배우는지 잘 알고 있다.

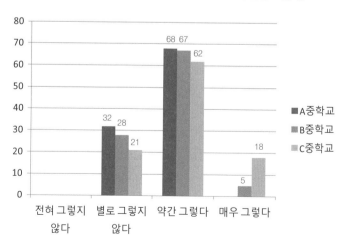

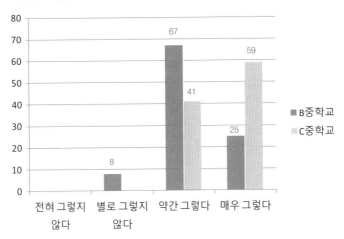

〈그림 6〉 통합교육과정에 대한 교사들의 인식 3 (단위 : %)

설문 : 나는 주제 통합교육과정의 중요성을 알고 이에 적극적으로 참여하고자 한다.

(2) 통합교육과정의 사례

C중학교 교과 중심 통합교육과정 — '실학의 시대를 만나다'

C중학교에서는 다양한 형태의 교과 간 통합이 활발하게 이루어지고 있었다. 개별 교과 차원에서 다른 교과의 학습내용을 염두에 두고 교육과정을 설계하는 다학문적 통합은 물론 하나의 학습목표나 주제를 중심으로 여러 교과가 서로 통합을 이루는 간학문적 통합도 일상적으로 이루어지고 있었다. 간학문적 통합의 경우에도 특정한 시기에 특정한 주제를 중심으로 모든 교과가 함께 참여하는 주제 중심 통합교육과정은 물론이고, 교과의 필요에 따라 상시적으로 하나의 학습 주제를 중심으로 몇 개의 교과가 통

합을 이루는 교과 중심 통합교육과정도 이루어졌다.

〈표 11〉 C중학교 2학년 통합교육과정 세부 운영 계획

■ 주제 : 실학의 시대를 만나다
■ 수업 목표
(1) 고전문학작품을 통해 그 시대를 살았던 사람들의 삶을 이해한다.
(2) 역사적 사실과 맞닿아 있는 주제를 중심으로 한 교과 통합 활동을 통해 우리 삶의 뿌리가 되는 역사를 깨닫는다.
(3) 과거와 현재의 대화를 통해 그 시대를 고민한 지식인의 내면을 들여다보고, 오늘날 현실의 문제에 대한 개혁안을 직접 작성하여 발표한다.
■ 교과별 세부 목표

교과	교육과정 목표	관련 단원	수업
국어	· 박제가의 《북학의》와 박지원의 《양반전》을 감상하고 그 시대 지식인의 모습을 이해한다. · '이 시대의 실학과 나의 삶'에 대한 한 편의 글을 쓴다.	7. 고전과 그 시대 (1) 북학의	문학작품 감상하고 역사적 사실을 이해한 후 '이 시대의 실학과 나의 삶'에 대해 토론과 글쓰기를 하기
역사	· 조선 후기 실학의 등장 배경 및 개혁 사상을 이해한다. · 과거와 현재의 대화를 통해, 오늘의 문제에 대한 개혁안을 작성한다.	IV. 조선 후기의 사회변동	조선 후기 실학을 이해하고, 우리 사회의 문제점을 찾아 그 대안을 제시하기
한문 + 수학	· 한자에 담긴 실학사상과 그 당시에 쓰인 수학의 원리를 이해하고, 현대의 수학과 비교한다.	III. 사물의 이치를 깨달으며	실학 용어와 실학사상에서 나온 한자 성어 및 계산법 이해하기
미술	· 조선 후기 풍속화 감상을 통해 그 시대의 생활상 및 변화를 이해한다. · 우리 시대의 풍속화를 제작한다.	6. 풍속화 감상	조선 후기 풍속화를 감상한 후 이 시대의 풍속화 제작하기
과학	· 홍대용의 천문학 이론과 현대 천문학 이론을 비교하며 이해한다.	5. 태양계	조선 시대 천문학의 특징을 이해하기

교과 중심 통합교육과정은 교과의 내적 필요와 요구에 따라 몇 개의 교과가 모이는 통합 형태다. 특정한 시기에 거의 모든 교과가 참여하는 주제 중심 통합교육과정에 비해 상대적으로 소규모

이나 시기적으로 볼 때는 상시적으로 이루어지는 것이 특징이다. 다음과 같은 C중학교의 '실학의 시대를 만나다' 통합교육과정이 그러한 예다.

여기에 제시된 통합교육과정의 주제인 '실학사상'은 역사 교과에서 전통적으로 다루고 있는 학습내용이다. C중학교에서 이 주제를 중심으로 통합교육과정을 재구성하게 된 것은 국어와 역사 등 각 교과의 내적 필요와 요구에서 비롯된 것이었다.

C중학교에서 이러한 통합교육과정의 필요성을 처음으로 제기한 것은 국어 교사들이었다. 국어 교사들은 교과서에 2학년 1학기 학습내용으로 제시된 박제가의 고전 《북학의》 단원의 수업을 준비하면서, 이 작품을 이해하는 데 필수적인 배경지식인 실학사상을 학생들이 아직 역사 수업 시간에 배우지 못한 사실을 알게 되었다. 그렇다고 하여 국어 수업 시간에 조선 후기 실학사상에 대한 배경지식을 전반적으로 다루기도 어려운 조건이었다. 반면에 C중학교 역사 교사들은 역사 교과 나름의 어려움을 갖고 있었다. 역사 교과서에 제시된 여러 어휘들에 너무 어려운 한자어가 많아 학생들이 이해하기 어렵다는 점이었다. 심지어 국어 교과서에 나오는 어휘 수준보다도 난도가 더 높다고 판단할 정도였다.

이러한 교과 내적 필요와 요구로 인해 C중학교에서는 국어 교사들의 제안에 따라 국어 교과와 역사 교과의 통합교육과정을 모색하게 되었다. 국어 교사들은 조선 후기 고전작품을 배우는 시기를 역사 교과에서 실학사상을 다루는 이후로 조정하였다. 역사 교과서에 나오는 어려운 한자어 어휘 때문에 수업에 어려움을 겪고 있던 교사들은 한문 교사에게 관련된 한자어 학습을 수업 시간에 하도록 요청하였고, 한문 교사도 이러한 요청을 받아들여 '실사구시(實事求是)', '이용후생(利用厚生)' 같은 실학사상이 담긴 한자어를 한문 시간에 다루기로 하였다. 이러한 모색을 지켜보던 수학, 과학, 미술 교과 교사들도 통합교육과정에 동참하였다. 수학 교사들은 조선 후기 실학자들이 개발한 수학적 계산법을 현대 수학의 계산법과 비교하는 활동을, 과학 교사들은 조선 후기 실학자들이 탐구한 천문학의 원리를 현대 과학의 원리와 비교하는 활동을 구상하였다. 미술 교사 역시 미술 교과의 진도를 재조정하여 조선 후기 풍속화를 이해하고 감상하는 활동을 통해 통합교육과정에 동참하였다.

통합교육과정은 단지 동일한 주제를 여러 교과가 함께 다루는 것에 머무르지 않는다. 학생들이 배우는 내용을 바탕으로 탐구활동을 진행하고 이를 구체적인 수행 결과물로 표현하는 활동까지 통합적으로 이루어질 때 통합교육과정의 의미가 살아날 수 있다. C중학교에서는 학생들이 실학을 단지 과거의 역사로 이해하는 것이 아니라 그 시대 지식인들의 고뇌를 이해하고 이를 오늘날의 살아 있는 문제로 인식하는 교육과정을 구상하였다. 국어 교과와 역사 교과에서는 통합적 활동으로 과거의 실학사상과 지식인들의 내면세계를 이해하고 이를 바탕으로 오늘날의 문제점을 발견하고 이에 대한 개선안을 작성하는 학습활동을 진행하였다. 수학 교과와 과학 교과에서도 이와 유사하게 과거의 수학 및 과학의 원리와 현재의 수학 및 과학의 원리와 비교하는 학습활동을 진행하였다. 미술 교과에서도 조선 후기의 풍속화를 감상하고 이를 바탕으로 오늘날의 풍속화를 제작하는 학습활동을 진행하였다.

이러한 유형의 통합교육과정은 개별 교과의 내적 필요와 요구에 따라 교과와 교과가 서로 연계성을 형성하고 이를 바탕으로 통합적 학습활동을 진행함으로써 학생들에게 보다 효율적이면서도 의미 있는 학습경험을 제공한다는 점에서 의미가 있다.

B중학교 주제 중심 통합교육과정 ― '사회적 약자를 배려하며'

교과 중심 통합교육과정과 달리 주제 중심 통합교육과정은 개별 교과의 필요나 요구에서 출발하는 교육과정이 아니라 학교 공동체 전체가 지향하는 주제와 가치를 중심으로 모든 교과가 함께 참여해 교과 간 연계성을 확보하는 교육과정이다. 교과 중심 통합교육과정이 비교적 소수의 교과가 참여해 일상적이고 상시적으로 이루어지는 데 비해 주제 중심 통합교육과정은 특정한 시기에 거의 모든 교과가 참여한다는 점에서 차이가 있다. 따라서 주제 중심 통합교육과정은 교육과정 재구성이 적극적이고 전면적인 차원에서 이루어진 학교 수준의 교육과정이라 할 수 있다.

B중학교에서도 통합교육과정이 운영되었다. B중학교에서는 2014학년도에 처음으로 학교 전체 차원에서 대부분 교과가 참여

하는 주제 중심 통합교육과정을 시도하였다. 먼저 1학기에는 통합교육과정의 필요성을 공감하는 교사 연수를 2차례 진행하였고, 이후 7월 말 여름방학을 맞이해 2학기에 새롭게 도입할 통합교육과정을 설계하는 교육과정 협의회를 진행하였다. 외부 전문가를 초청하여 통합교육과정의 원리 및 방법론에 대한 연수를 진행했고, 연수 강사가 제시한 아래와 같은 통합교육과정 템플릿에 따라 학년별로 모든 교과 교사가 주제와 학습목표, 교과별 세부 계획 및 평가 계획의 얼개를 설계하였다.

〈그림 7〉 B중학교 통합교육과정 설계를 위한 템플릿

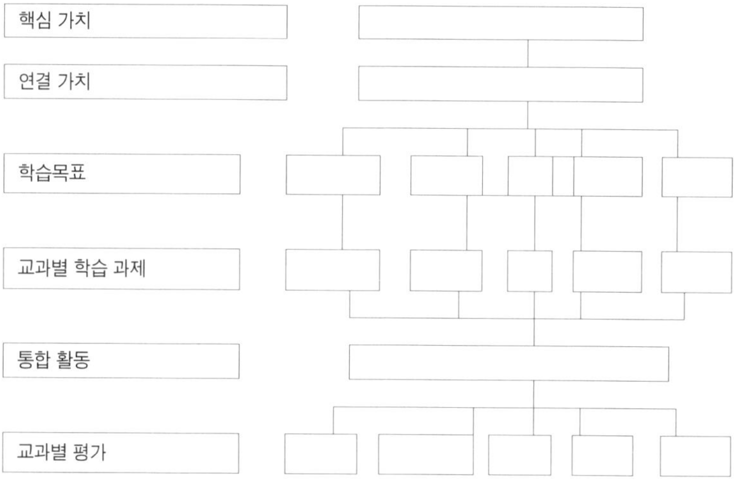

다음 사진은 B중학교 교사들이 학년별로 통합교육과정의 얼개를 작성한 내용이다. B중학교는 2014학년도 2학기에 통합교육과정이 지향할 핵심 가치를 '의리'로 정했다. '의리'는 최근 한 연예

인이 각종 TV 프로그램에서 유행시킨 말로서, 교사들은 학생들이 친근하게 느낄 만한 단어를 활용해 통합교육과정의 핵심 가치를 선정하였다. 그리고 이를 보다 세분화하여 '친구, 가족, 사회, 자연과의 의리'라는 연결 가치를 생성하였다. 이렇게 하여 1학년은 '자연과 공존하는 인간의 삶', 2학년은 '사회적 약자를 배려하는 사회정의', 3학년은 '함께하는 사람들과의 의리'라는 학년 교육과정 목표를 설정하였고, 이는 보다 세분화된 교과별 교육과정 설계의 토대가 되었다.

<그림 8> B중학교의 통합교육과정 템플릿 작성 예

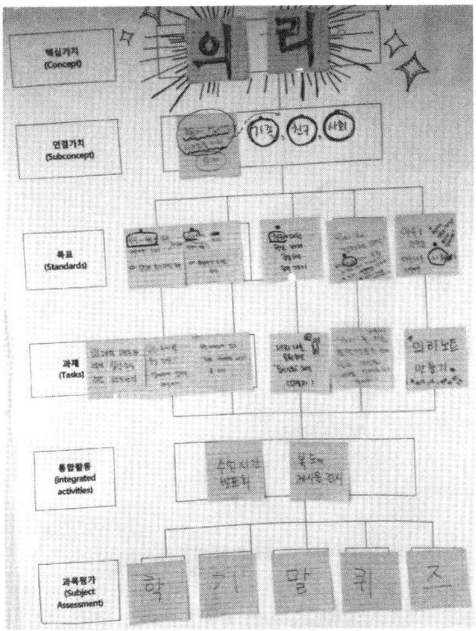

의리-사회적 약자와의 의리 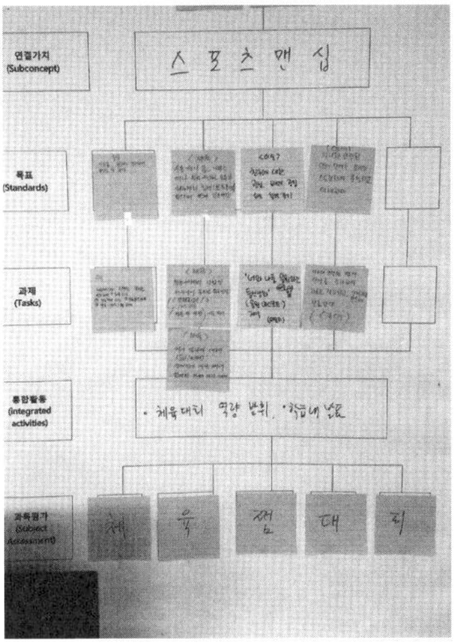   의리-스포츠맨십

B중학교 교사들은 전 교사 교육과정 협의회에서 작성된 통합교육과정 템플릿에 따라 교과별로 세부 교육과정을 설계하였다. 다음

은 B중학교 2학년의 주제 중심 통합교육과정 세부 운영 계획이다.

〈표 12〉 B중학교 2학년 통합교육과정 세부 운영 계획

■ 주제 : 사회적 약자를 배려하며 실천하는 사회정의
■ 목표
(1) 주제 중심 통합교육과정 운영을 통하여 교과 간의 연계성을 갖게 한다.
(2) 참여와 협력을 통한 문제해결식 프로젝트를 진행함으로써 사고력을 신장한다.
(3) 사회 구성원의 의리(사회정의)를 주제로 한 활동을 통해 협력과 배려의 필요성을 안다.
(4) 사회적 약자에 대한 공감과 배려를 통해 사회정의를 실천하는 태도를 갖는다.
■ 교과별 세부 목표

교과	세부 목표
도덕	· 사회정의의 의미와 중요성을 이해하고 불공정한 사회 제도를 해결하기 위한 방법을 이해한다. · 사회적 약자의 인권을 보장하는 자세를 지닌다.
국어	· 논증 방식을 파악하며 주장하는 글을 읽는다. · 근거를 바탕으로 주장하는 글을 쓴다.
과학	· 감각기관의 구조와 기능을 이해한다. · 감각기관의 이상으로 장애를 가진 사람들을 위해, 감각기관을 대신할 수 있는 도구가 어떤 것이 있는지 조사한다.
수학	· 생활 속에서 사회적 약자를 배려한 시설물을 찾는다. · 사회적 약자를 위한 시설물 속에서 수학적 원리를 찾는다.
일본어	· 《오체불만족》의 발췌 글을 읽고 난 후 감상문을 쓴다. · 사회적 약자를 위해 할 수 있는 일을 쓴다.
역사	· 일제강점기 위안부의 역사를 이해한다. · 일본의 망언에 대한 반박 근거를 조사하고, 학생으로서 할 수 있는 일을 찾아 실천한다.
영어	《The Paper Bag Princess》를 읽고 전체 내용을 파악한다. · 본인의 의견을 주장하는 Essay를 작성한다.
기술·가정	· 사회적 약자를 배려하는 마음을 표현할 수 있는 문구, 기호 등을 정하여 이를 파우치에 바느질로 새긴다.

B중학교 2학년에서는 위와 같이 설계된 주제 중심 통합교육과

정을 10~11월에 거쳐 운영하였다. '의리'라는 핵심 가치에서 '사회와의 의리'라는 연결 가치를 추출하고, 이를 '사회적 약자를 배려하며 실천하는 사회정의'라는 학습목표로 연결하였다. 그리고 각 교과에서 이러한 학습목표를 구현하기 위해 세부적인 진도를 조정하고, 새로운 학습 자료를 마련하여 각 교과 수업 시간마다 단일한 주제를 바탕으로 수업을 진행하였다.

교사는 수업을 시작하면서 지난 시간에 배웠던 내용인 '감각기관의 종류'에 대해 다시 언급을 했고, 학생들은 교사의 질문에 답변을 하면서 이를 다시 복습하였다. 그러고 나서 교사는 학생들에게 새로운 학습활동지를 배부하고, 학생들에게 모둠편성을 지시하였다. 학습활동지에는 "1. 감각기관 중 한 곳을 선택하여 어느 부분에 이상이 생기면 어떤 현상이 나타나는지 써 보자. 2. 위에서 생긴 이상으로 인해서 생길 수 있는 불편함은 뭐가 있을까? 어떤 상황에서 어떤 불편함이 생길 수 있는지 구체적으로 써 보자. 3. 위에서 작성한 불편함을 해결할 수 있는 보조 기구를 고안해 보자. 간략하게 그림을 그리고 기구의 사용법이나 장점에 대해서 설명해 보자."라는 과제가 제시되어 있었다.

학생들은 학습활동지에 자신들의 견해를 적고 교사가 나누어 준 도화지와 색연필을 이용해 자기들이 고안한 감각기관 보조 장치의 그림을 그리고 이의 대략적인 원리를 적었다. 교사는 모둠별로 활동한 내용을 발표하도록 지시하였다. 모둠별 발표가 끝나자 교사는 발표 내용을 전반적으로 공유시키면서 과학의 원리로 사회적 약자를 배려하기 위한 도구를 만드는 작업의 의미를 설명하였다. 학생들이 활동한 결과물은 교실 벽에 전시한다는 이야기로 수업을 마쳤다.

— B중학교 2학년 1반 과학 수업 참관 일지(2014. 10. 29.)

이 과학 수업에는 주제 중심 통합교육과정에 따라 사회적 약자인 장애인을 배려하기 위한 도구를 간단하게나마 설계하는 학습활동이 진행되었다. 이전 8차시 동안 인체의 여러 기관에 대해 학습한 내용을 바탕으로 인간의 감각기관에 이상이 생기면 어떠한 어려움이 생길지, 그러한 어려움이 생긴 장애인들을 배려하기 위해서 어떤 과학적 원리에 의해 어떤 보조 도구를 개발할 수 있는지 등에 대해 학생들의 탐구 활동이 진행되었다. 이는 과학적 원리를 사회적 약자를 배려하는 삶이라는 가치와 연결시키는 통합교육과정의 원리가 구현된 수업이라 할 수 있다. 다음은 수업 시간에 학생들이 활동했던 내용을 담은 모습이다.

〈그림 9〉 B중학교 2학년 통합교육과정
과학 교과 학습활동 결과물

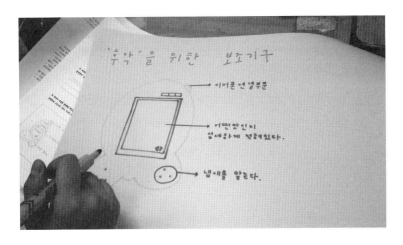

수학 수업 시간에도 이와 유사한 학습활동이 진행되었다. 우리 주변에 있는 장애인 시설을 찾아보고 여기에 담긴 수학적 원리를 탐구하는 학습활동이었다.

교사는 수학 교과서와 함께 도덕 교과서를 들고 입실을 했다. 그리고 "오늘은 내가 도덕을 가르칠 거예요. 어울려요?"라는 말로 수업을 시작했다. 학생들은 의아해 하면서도 웃음을 터뜨렸다. 교사는 "도덕 시간에 사회적 정의에 대해 배웠죠? 오늘은 사회정의를 실현하기 위해, 사회적 약자를 위해 무엇을 할 수 있을지 함께 생각해 보려고 해요. 여러분이 생각하는 사회적 약자가 누구예요?"라고 말하자 학생들은 "장애인, 여성, 외국인 노동자, 노인, 임산부"라고 대답을 했다. 교사는 "오늘은 장애인을 위한 사회적 시설이 무엇이 있는지 찾아볼 거예요."라고 이야기를 하면서, 학생들에게 스마트폰을 꺼내 우리 주변에 어떤 장애인용 시설이 있는지 검색해 보라고 지시하였다.

학생들은 흥미롭게 스마트폰을 검색하며 교사가 지시한 내용을 수행하였다. 교사는 학생들에게 자신들이 검색한 시설에 있는 수학적 원리를 생각해 보라고 했다. "예를 들어, 장애인이나 환자가 타고 다니는 휠체어의 원지름은 30센티미터가 넘어야 해요. 이런 것을 찾아보세요."라고 예시를 들었다.

학생들은 짝과 함께 정보를 검색해 보고 그것을 그림으로 표현하며 그 속에 담긴 수학적 원리, 예를 들어 장애인용 화장실의 크기, 장애인용 비탈계단의 기울기 등을 찾아보는 학습활동을 수행하였다. 교사는 학생들의 활동 내용을 지켜보며 "잘 봐. 여기에는 수학 시간에 배운 기울기가 나와 있어. X축은 11, Y축은 1, 경사도는 11분의 1로 되어 있네."라며 도움을 주었다.

학생들의 활동이 마무리되자 교사는 학생들이 작성한 내용을 칠판에 붙이며 이를 전체적으로 공유하는 시간을 가졌다. 교사가 "여러분은 오늘 어떤 느낌이 들었어요?"라고 묻자 한 학생이 "생각보다 장애인을 위한 편의시설이 많지 않네요."라고 답변을 했다. 교사는 "이번 기회를 통해 여러분이 주변 시설물을 볼 때 장애인을 위한 시설이 얼마나 있는지, 그리고 거기에 어떤 수학적 원리가 있어서 장애인들을 돕고 있는지 생각해 보았으면 좋겠어요."라는 말로 수업을 마쳤다.

― B중학교 2학년 5반 수학 수업 참관 일지(2014. 10. 29.)

저자 통합교육과정을 진행하면서 어려움은 없으셨나요?

교사 사실 수학과에서는 통합교육과정에 참여하지 않았으면
하는 의견이 있었어요. 아무래도 수학은 억지로 끼워 맞추는
듯한 느낌이 있어요. 그래도 학교에서 다 같이 하는 거니까
동참하기로 했죠.

저자 아무래도 수학 교육과정은 지식 위주라 어려움이 있으셨
겠죠.

교사 그래도 용기를 내어 봤어요. 덕분에 도덕 교과서도 들여

다보고 좋았어요.

저자 또 어떤 어려움이 있으셨나요?

교사 시간이 부족해요. 수학적 원리를 다른 교과에 적용하는 활동을 하려면 그냥 진도 나가는 수업에 비해 더 시간이 필요한데 학교 행사도 많아 수업이 빠지는 날도 많고······.

저자 이 수업을 통해 무엇을 가르치시려고 하셨나요?

교사 저도 이번 수업을 준비하면서 우리 주변에 사회적 약자를 위한 시설이 얼마나 있는지 찾아보니까 생각보다 많지 않더라고요. 그리고 이 시설들이 다 수학적으로 규격화되어 있다는 것을 알았어요. 우리 학생들이 주변에서 이런 것을 많이 보고 수학 시간에 배운 것을 확인해 봤으면 좋겠네요.

— B중학교 수학 교사 인터뷰(2014. 10. 29.)

주제 중심 통합교육과정을 운영한다는 것은 교사에게 여러 가지 어려움을 줄 수 있다. 위의 인터뷰에도 나오듯 특히 수학이나 과학 교과의 경우 정해진 주제에 "억지로 끼워 맞추는 듯한 느낌"을 갖기 쉽다. 더욱이 수업 시수도 부족하고 통합교육과정에 대한 경험도 부족하면 모든 교과가 동참하는 것은 결코 쉬운 일이 아니다.

그러나 위의 인터뷰에도 언급되어 있듯이 이러한 주제 중심 통합교육과정을 통해 수학 교사가 "도덕 교과서도 들여다보는" 경험, 수업 시간에 "수학 교과서와 함께 도덕 교과서를 들고 들어가는" 경험을 해 보게 된다. 이는 학생들이 배우는 다른 교과 교육과정을 이해할 수 있는 중요한 계기가 된다. 나아가 수학이나 과학 교과 같은 주지 교과에서도 교과의 내용을 학생들의 삶이나 사회적 가치와 연결해 보는 노력, 교과와 교과의 장벽을 넘는 교육과정 재구성의 경험을 하게 된다. 이러한 경험과 노력이 학생들의 문제해결 능력과 통합적 사고를 신장케 하고, 이들을 지식과 기능과 인성이 조화된 전인적 인간으로 성장시키는 교육과정의 토대가 될 수 있다.

3. 교육과정과 학생들 삶의 통합

(1) 교육과정과 실생활의 관련성

교육과정 재구성에서 고려해야 할 사항 가운데 하나가 교과와 학생들의 삶과의 관련성이다. 이는 교과와 학생 사이의 분리 문제다. 교과와 학생의 분리는 교과에서 배우는 내용이 학생의 경험이나 실생활과 얼마나 유기적인 관련을 형성하고 있는가를 의미한다. 만약 교과와 학생 사이에 강한 분리가 형성되어 있다면 학생들은 배우는 내용에 흥미를 갖지 못하며 교과의 내용이 자신의 삶에 어떠한 의미가 있는지 깨닫지 못하게 된다.

반면에 교과와 학생 사이에 약한 분리가 형성된다는 것은 교과에서 배우는 내용이 학생들에게 의미 있는 것이 되고, 자신의 삶을 꾸려 나가는 역량을 키우는 데 도움이 된다는 것을 의미한다. 교과와 학생의 삶을 연계한다는 것은 소극적인 차원에서는 교과를 가르칠 때 학생의 흥미나 발달단계를 고려한다는 것이고, 적극적인 차원에서는 학생이 실생활에서 경험한 내용을 교과 학습의 소재로 사용하거나 나아가 교과 학습의 결과가 학생의 인격적 성장과 정체성의 형성에 도움을 주어야 한다는 것이다.

(2) 학습 자료의 활용

대부분 교사는 교육과정을 재구성할 때 학생들의 흥미와 경험을 고려한다. 교과서에 나와 있는 자료나 학습활동은 대체로 학생들의 흥미를 이끌어 내기에 부적절한 경우가 많기 때문이다. 이 경우 교사들은 보통 교과의 내용을 학생들에게 쉽게 전달하기 위해 다양한 매체를 활용하거나, 교과서에 제시된 자료 대신 학생들의 흥미를 이끌어 낼 만한 새로운 자료를 제시하는 경우가 많다. 이는 A중학교, B중학교, C중학교에서 모두 나타나는 모습이었다.

저자 수업을 준비할 때 가장 신경을 쓰는 것은 무엇인가요?
교사 그 내용이 학생들에게 얼마나 와 닿을지, 충분히 이해할 수 있는 내용인지 가장 신경 쓰는 것 같아요. 또한 학생들은 집중력이 매우 부족하기 때문에 학생들의 흥미를 집중하게 하는 것이 가장 신경 쓰이는 부분이에요.
저자 학생들의 흥미를 유발하기 위해서 쓰는 방법이 있나요?
교사 학생들이 영어 단어를 쉽게 이해하도록 그림을 통해 기초적인 단어를 익히게 해요. 그리고 교과서 본문에 나온 대화 내용이 나오는 미국 드라마나 팝송을 많이 활용해요.
— A중학교 영어 교사 인터뷰(2014. 9. 11.)

저자 학생들에게 한문 교과가 어떤 의미가 있다고 생각하시나요?
교사 솔직히 우리 학생들에게는 한문이 큰 의미가 없다고 생각해요. 여기 학생들 수준이 높은 편이 아니어서 내가 학생들의 수준에 타협하려고 애써요. 단원을 모두 다 가르치려고 애쓰지 않고 학생들이 받아들일 수 있는 수준에 맞추려고 합니다. 일종의 타협이죠. 예전에는 영상물 위주로 수업을 많이 했어요. 하지만 이제는 그렇게 하면 남는 게 없다고 봐요. 기본적인 능력이 없는 학생들과 수업을 통해 삶을 나누기에는 역부족이에요.

— A중학교 한문 교사 인터뷰(2014. 9. 23.)

A중학교 두 교사의 발언을 살펴보면 교사들이 흔히 부딪히는 어려움을 엿볼 수 있다. 대체로 현행 교과 중심의 교육과정은 학생들의 흥미나 삶과 동떨어진 내용도 많고 난도 역시 높은 편이다. 또한 학업에 흥미를 잃거나 초등학교 때부터 학습부진이 누적된 학생들은 아예 학습 의욕을 상실한 경우도 많다. 그렇기 때문에 교사들은 가급적 학생들이 어려워하는 내용은 생략하거나 다른 내용으로 대체하기도 하고, 교과 내용과 관련된 보조 자료(그림, 미국 드라마, 팝송 등)를 활용하기도 한다. 이는 일종의 소극적 차원에서의 교육과정 재구성이라 할 수 있다. 위의 한문 교사가 말한 "일종의 타협"은 이러한 소극적 차원의 교육과정 재구성 전략이라 할 수 있다. 그러나 "그렇게 하면 남는 게 없어요."라는 한문 교사의 말처럼 그러한 타협적 전략은 학생들의 적극적인 수업 참여를 유도하기에는 한계가 있는 것으로 보인다. 다음과 같은 수업 장면에서 그러한 한계를 엿볼 수 있었다.

A중학교 영어 - 동영상 자료 활용

수업종이 울렸을 때 10명 정도 학생이 책상에 엎드려 있었다. 교사는 "자는 아이들 깨워라."라는 말로 수업을 시작했다. 학생들은 잠시 고개를 들었지만 시간이 흐르자 다시 책상에 엎드리기 시작했다. 10분 정도 지나자 다시 10명 정도의 학생이 잠을 자고 있었다.

교사는 파워포인트를 통해 영어 교과서 본문을 보여 주며 강의 위주의 수업을 이어 갔다. 수업의 진도는 빠른 편이었고, 영어 본문의 난도는 꽤 높아 보였다. 교과서 본문은 카카오 농장에서 저임금으로 일하는 아동들의 이야기였다. 교사는 본문 해석을 끝내자 관련된 영상 자료를 보여 주었다. 그러자 잠을 자던 아이들이 고개를 들고 영상 자료를 보기 시작했다. 몇 명 학생이 영상의 내용에 대해 이런저런 반응을 보였지만, 교사는 학생들의 반응에 대해 별다른 언급을 하지 않았다. 잠시 깨어났던 학생들은 다시금 고개를 숙이고 잠을 청하기 시작했다.

영상 상영이 끝나자 교사는 간단하게 '공정무역'에 대해 언급을 했다. 코코아 가격이 1킬로그램에 500원이라는 이야기가 나오자, 학생들은 그 가격이 너무 싸다면서 잠시 반응을 보인다. 그러자 교사는 "그래. 너무 싸지." 정도만 언급하고 다시금 진도를 나가며 어휘, 문장, 문법 등을 설명했다. 수업이 끝날 때쯤 교사는 "너희들은 한국에서 좋은 부모를 만나 노예로 팔려 갈 일은 없잖아. 너희들은 행복한 줄 알아야 해."라는 말로 수업을 마무리했다.

— A중학교 2학년 영어 수업 참관 일지(2013. 10. 28.)

이러한 수업은 교사 주도의 강의식 수업, 난도가 높은 교육내용, 빠른 속도의 진도 등을 특징으로 하고 있다. 그 속에서 상당수 학생은 엎드려 잠을 자는 등 수업에서 소외됐는데, 이 학생들이 유일하게 고개를 들고 관심을 보인 것은 교사가 잠시 교과 내용과 관련한 영상 자료를 보여 주었을 때였다. 그러나 그 영상 자료가 학생들의 흥미를 유도한 것은 불과 몇 분도 되지 않는 짧은 시간이었다.

학생들이 수업에 실질적으로 참여하기 위해서는 그 자료가 학생들의 삶에 의미 있는 내용으로 연결되어야 하며, 이를 매개로 교사와 학생, 학생과 학생 사이에 소통이 이루어져야 한다. 이 수업에서는 그러한 의미 있는 학습경험은 이루어지지 못했다. 교사는 영상 자료를 학생들의 흥미를 끌기 위한 보조 자료로 제시했을 뿐, 의미 있는 학습경험을 제공해 주지는 못했다. 교과서 본문에 나온 아동 노동 문제를 아동·청소년 노동 문제와 연관된 학생들의 삶과 연결시킬 수도 있었을 것이고, '공정무역'과 관련된 사회적 실천과 연계시킨 학습활동을 진행할 수도 있었을 것이다. 하지만 교사는 "너희는 한국에서 좋은 부모를 만나 노예로 팔려 갈 일 없잖아? 행복한 줄 알아야 해."라는 단편적인 언급을 했을 뿐, 교과의 내용을 학생들의 삶이나 사회 문제와 연결지으려는 노력은 보이지 못했다.

빠른 속도로 수업을 진행하는 데 급급한 것으로 보아 교사는 진도에 대한 부담으로 인해 이러한 교육과정 재구성을 충분히 이루지 못한 것으로 보였다. 적절한 난이도 조정, 교육내용의 생략 및 대체, 학생들의 삶과 연계된 학습과제 설정 등이 충분히 이루어지지 못한 상태에서는 아무리 여러 가지 보조 자료를 제시하더라도 학생들의 수업 참여를 유도하기에는 근본적인 한계가 있다는 점을 알 수 있다.

(3) 학생 삶과 연계된 교육과정

C중학교 과학 — 일상생활을 소재로 한 탐구 활동

교과와 학생들의 삶을 적극적으로 연계시키는 교육과정은 학생들이 경험할 수 있는 실생활을 소재로 한 탐구 활동을 통해서도 구현될 수 있다. C중학교 1학년 과학 교과의 '자유 탐구' 수업은 이러한 교육과정의 특징이 잘 드러난 사례다.

> 이번 시간은 학생들이 각 모둠별로 진행한 '자유 탐구'에 대해 발표하는 시간이었다. 학생들이 생활 속에서 접할 수 있는 과학적 탐구 과제를 스스로 정하고, 모둠별로 선정된 과제에 대해 과학적 탐구 활동을 수행한 후 그 결과를 전체 학생을 대상으로 발표하는 시간이었다.
> 학생들이 준비한 주제는 '탄산음료의 비밀', '책상에 묻은 얼룩 지우기', '색과 온도의 관계', '비가 오는 날 어느 바닥이 위험할까', '못은 어떤 환경에 보관해야 할까', '화장품은 피부에 어

떤 영향을 줄까' 등이었다.

학생들의 발표가 시작되기 전, 교사는 먼저 이 탐구 활동의 의미를 설명해 주었다. "여러분이 발표하는 내용은 과학자들이 학회에서 발표하는 내용과 크게 다르지 않아요. 여러분이 발표한 내용이 맞느냐 틀리느냐가 중요한 것이 아니라, 여러분이 한 탐구 과정의 절차가 제대로 되었는지, 혹시 실험 방법이 잘못된 것은 아닌지를 스스로 깨닫는 것이 더 중요해요. 다른 모둠의 학생들도 발표하는 내용을 잘 경청해 보고 가설의 검증 방법, 실험의 절차 등이 제대로 되었는지 날카로운 질문을 하도록 해요."

첫 번째 모둠의 발표 주제는 "어떤 색깔의 물통에 물을 담아야 처음의 온도를 최대한 유지할 수 있을까?"이었다. 두 명의 학생이 나와 발표를 했다. 발표자는 "저는 밝은 색의 물통에 물을 담아야 한다고 생각했고, 다른 학생은 어두운 색의 물통에 물을 담아야 한다고 생각했어요."라며 두 가지 가설을 설명했다. 그리고 실험의 과정 및 실험 결과를 그래프로 제시하며 설명을 하고는, 이러한 과학적 원리를 적용한 사례로 "건물 옥상을 밝은 색으로 칠해야 빛이 반사되어 실내 온도가 유지될 수 있다."고 제시하였다.

다른 모둠의 학생들은 발표를 흥미롭게 듣고 나서 발표가 끝나자 서로 손을 들고 질문을 하였다. 어떤 학생은 "물통의 색깔이 아니라 그 안에 담긴 용액에 따라 온도가 변한 것일 수도 있잖아?"라는 반론을 제기하였다. 이른바 변인을 제대로 통제하지 않았다는 점을 지적한 것이었다. 교사는 여러 학생의 반론을 정리해 주며 과학적 실험을 할 때 반드시 거쳐야 할 절차와 방법을 설명해 주었다.

　한 모둠의 발표가 끝나자 다른 모둠 학생들도 자신들이 준비한 자유 탐구 주제에 대해 발표를 하였다. 다른 모둠의 발표에 대해서도 학생들의 날카로운 반론과 이에 대한 재반론이 이어졌다. 모든 학생이 흥미를 갖고 열띤 토론이 진행되었다.

　모든 모둠의 발표가 끝나자 이에 대한 학생 상호평가가 진행되었다. 학생들은 교사가 제시한 평가항목에 따라 자신들이 관찰한 내용을 서술식으로 적고 이에 따라 3단 척도의 점수를 부여하였다.

　교사는 "각 모둠별로 무엇을 보강해야 할지 잘 알겠죠? 그 감을 잡는 것이 이번 수업의 목표예요. 자유 탐구를 하다가 실패하는 것은 상관없어요. 실패를 통해 탐구의 방법을 배우는 것이 더 중요해요. 아까 2모둠이 발표한 내용 있죠? 그게 바로 예전에 수업 시간에 배웠던 '샤를의 법칙'이에요."라며 학생들이 발표한 내용을 정리해 주었다.

　어느덧 수업 시간이 끝났다. 몇 명 학생은 "아, 재밌다."라는 감탄사를 내뱉었다.

— C중학교 1학년 2반 과학 수업 참관 일지(2014. 9. 24.)

〈그림 11〉 C중학교 1학년 과학 자유 탐구 학생 발표 자료

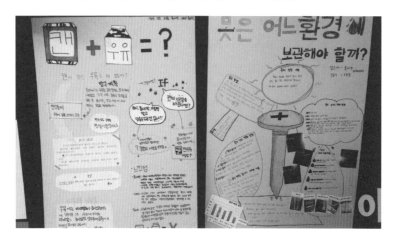

〈표 13〉 C중학교 1학년 과학 자유 탐구 학생 상호평가 양식

모둠 점수 (3점, 2점, 1점)	탐구 계획	탐구 내용과 결론		표현	
	흥미 있는 주제인가?	조사한 내용이 잘 정리되어 쉽게 이해가 되는가?	가설 설정, 실험 수행, 결론 도출의 과정이 체계적이고 합리적인가?	발표자의 목소리와 전달력이 유창한가?	발표 내용이 쉽게 이해되는가? 질문에 적절하게 답변하는가?
모둠 :					
점수 :					

이는 브루너(Brunner)의 '학문 중심 교육과정'[5]을 연상하게 하는 수업 장면이었다. 학문 중심 교육과정에서는 '지식의 구조'를

---

5. J. Bruner(1960), 《The process of education》, New York Vintage ; 이홍우 옮김(2005), 《교육의 과정》, 배영사.

학생들이 스스로 탐구하게 하여 학습 과정을 스스로 체득하게 하고 이를 다른 상황에 전이하는 능력을 기르는 것을 중시한다. 이와 마찬가지로 교사는 학생들이 과학적 지식을 알고 확인하는 것보다 스스로 탐구하는 방법과 절차를 깨닫게 도와주는 것을 더욱 중시한다. "여러분이 발표하는 내용은 과학자들이 학회에서 발표하는 내용과 크게 다르지 않아요."라는 교사의 발언에서 이러한 관점이 잘 나타나 있었다.

하지만 이 수업은 단순히 학문 중심 교육과정에 머무르는 것은 아니었다. 학생들이 스스로 일상생활에서 접할 수 있는 탐구 과제를 선정한다는 점, 그리고 이를 다른 학생들과 협력하여 탐구를 진행하고 그 결과를 함께 공유하는 과정을 거친다는 점에서 경험 중심 교육과정이나 학생 중심 교육과정의 요소도 두루 지니고 있었다. 학생들이 이 수업에 매우 열띤 분위기로 임하면서 적극적으로 질문과 반론을 제기했던 것도 실생활과 연결되는 주제에 대한 흥미, 탐구에서 오는 즐거움, 발표와 토론을 통한 의미 공유가 이루어졌기 때문이다.

저자 선생님께서는 이런 수업을 어떤 생각에서 준비하게 되셨나요?

교사 사실 어느 학교나 과학 수업에서는 실험 실습을 많이 해요. 하지만 보통 교과서에 나온 실험을 기계적으로 따라 하고, 교과서에 설명되어 있는 결과가 실제로 나온다는 것을 확인하는 데에 그치고 있어요. 저는 거기에서 벗어나고 싶었어요. 이전의 과학 교육과정에는 '자유 탐구'가 있었지만 현행 교육과정에는 오히려 그것이 빠졌어요. 저는 학생들이 스스로 탐구 과제를 정하고 이를 직접 실험하는 과정을 경험하게 하고 싶었어요. 특히 학생들이 일상생활에서 쉽게 접할 수 있는 과제를 스스로 고르게 하는 것이 의미가 있다고 보았고요.

저자 학생들의 반응에 대해서는 어떻게 생각하시나요?

교사 학생들은 무척 흥미로워해요. 자기들이 직접 탐구를 하는 거니까요. 모든 학생이 빠짐없이 실험에 참여하고 스스로 발표를 하는 과정에서 많은 것을 배울 수 있으니까요. 저는 또한 다른 모둠 학생들의 발표를 잘 경청하고 이에 대해 적절한 의견을 제시하는 것을 학생들이 배우고 있다고 생각해요.

─C중학교 1학년 과학 교사 인터뷰(2014. 9. 24.)

이 교사는 일반적인 과학 교과에서 흔히 진행하는 실험 실습의 한계를 인식하고 있었다. 그것은 "교과서에 나온 실험을 기계적으로 따라 하고, 교과서에 설명되어 있는 결과가 실제로 나온다는 것을 확인"하는 데 그치기 때문에 정작 학생들의 삶과는 유리되어 있다는 것이다. 그래서 "학생들이 일상생활에서 쉽게 접할 수 있는 과제를 스스로 고르게 하는 것이 의미가 있다"고 보고 이에 대해 직접 실험을 하며 스스로 발표하는 과정에서 많은 것을 배우도록 유도하였다. 이처럼 학생들의 일상생활을 소재로 직접 탐구 활동을 진행하는 교육과정 속에서 학생들은 자신의 삶과 관련된 의미 있는 배움을 경험하게 된다.

C중학교 영어 — 삶의 가치와 연계된 활동

학생들의 경험을 중시하는 교육과정은 흔히 경험 중심 교육과정으로 불린다. 그런데 이는 학생들의 경험을 중시하고 이들의 흥미와 필요를 고려한다는 소박한 차원을 넘어선다. 학생들이 자신의 경험을 전체적인 삶의 조망 속에서 성찰하고 이를 통해 바람직한 성장을 이루도록 돕는 것을 의미한다. 듀이(Dewey)와 같은 경험주의 · 진보주의 교육과정론자들이 추구했던 것은 학생들이 자신의 경험을 교육의 장에서 탐구하고 협력하면서 민주 시민으로 성장하는 과정이다.[6]

흔히 삶의 경험이나 가치관과 연계된 교육은 국어과나 사회과, 도덕과와 같은 교과에서 추구하는 것으로 인식되고 있다. 반면에 영어과나 수학과와 같은 도구 교과나 과학, 기술 · 가정과 같은 이공 계열 교과는 학생들의 삶의 경험이나 가치관과 관련이 먼 교과로 인식되고 있다.

그러나 현행 국가 수준 교육과정에서는 영어나 수학과 같은 교과에서도 학생들의 삶의 경험이나 가치를 함께 연계하도록 되어 있다. 이는 교과에서 학생들의 경험이나 가치를 교수-학습의 자료로 활용하는 것뿐 아니라 교수-학습의 과정에서도 이러한 가치가 실현되어야 함을 의미한다.

---

6. J. Dewey(1938), 《Experience and education》, New York Collier Macmillan ; 엄태동 옮김(2001), 《존 듀이의 경험과 교육》, 원미사.

영어 교과는 영어 의사소통 능력을 길러 주는 것이 중요한 목표이지만 인성 교육과 창의성 교육도 중요하므로, 영어 교육을 통해 인성을 함양하고, 시민 의식, 공동체 의식을 제고하며, 남을 배려하는 모범적인 시민 의식과 창의적 사고력을 배양시킬 수 있도록 한다(〈영어과 교육과정〉, 교육과학기술부 고시 제2011-361호).

학교 수학에서는 인지적 능력의 증진은 물론 수학에 대한 흥미와 호기심, 수학 학습에 대한 자신감과 긍정적인 태도 등 정의적 영역의 개선과 더불어 상대방을 이해하고 배려하는 바람직한 인성을 길러야 한다(〈수학과 교육과정〉, 교육과학기술부 고시 제2011-361호).

C중학교의 영어 교육과정은 영어 의사소통 능력을 향상한다는 주요 목표 외에도 인성 함양, 시민의식, 삶의 가치 등의 목표를 함께 추구하고 있다. C중학교 2학년의 경우 학년 초에 학급 운영과 연계하여 'class motto(급훈)'와 'class rule(학급 규칙)'을 학생들이 함께 결정하는 학습활동을 수행하고 있다. 그리고 이는 해당 학급의 정식 급훈과 규칙으로 활용될 수 있게끔, 학년 초 학년회의 시간에 담임교사들과 공식적으로 협의하게 되어 있다. 3개 차시에 걸쳐 'class motto'와 'class rule' 정하기 활동이 끝난 후에는 2개 차시에 걸쳐 'life motto(인생의 좌우명)'에 대한 학습활동을 수행하는 것이다.

다음은 영어 교과에서 의사소통 능력 향상과 함께 이를 학생들의 삶의 가치 추구와 연계하는 교육과정의 모습이 잘 드러난 수업 장면이다.

이번 시간에는 지난 시간에 이어 'life motto(좌우명)'에 대한 학습이 진행되었다. 교사는 학습활동지에 나와 있는 대로 학생에게 "Who do you respect most?(여러분은 누구를 가장 존경하나요?)"라고 물었다. 학생들은 영어로 답변하기도 하고 한국어로 답변하기도 했다. 한국어로 답변을 했을 경우 교사는 그것을 학생들과 함께 영어 표현으로 바꾸어 주었다. 어떤 학생이 "저는 아빠를 가장 존경해요. 자신의 꿈을 포기하지 않으시니까요."라고 답변을 하자 교사는 학생들과 함께 그 문장을 "I respect my father most. Because he doesn't give up his dreams."라고 바꾸어 주었다. 영어를 배우면서 동시에 자신의 삶에 대해 성찰하는 과정이 자연스럽게 연결되고 있었다.

다음으로는 인생에서 가장 중요한 가치를 찾는 학습활동이 제시되었다. 교사는 학생들에게 제시된 단어 중에서 가장 가치 있다고 생각하는 단어 다섯 가지를 고르라고 지시하였다. 학생들은 'courage, dreams, freedom, justice, love, peace, equality, trust'와 같은 가치를 골랐다. 아름다운 단어들이 교실을 가득 채웠다. 이어 모둠 활동이 시작되었다. 가장 소중하다고 생각하는 가치를 고르고, 그 이유를 먼저 한글로 적은 후, 그것을 모둠별로 공유하는 활동, 그리고 이를 다시 영어 표현으로 바꾸는 활동이 진행되었다. 모든 학생이 활발하게 모둠 활동에 참여하였다. 교사의 동기 부여, 적절한 과제, 짜임새 있는 학습활동이 조화를 이루고 있었다. 학생들의 발표에 대해 교사는 긍정적인 피드백을 자주 제공하였다. 그리고 학생들이 이러한 가치를 왜 선택했는지 함께 질문하고 이를 모든 학생과 공유하도록 하였다.

- C중학교 2학년 2반 영어 수업 참관 일지(2014. 3. 18.)

이 영어 수업은 앞에서 살펴보았던 A중학교 영어 수업과는 사뭇 다른 양상을 지니고 있었다. A중학교 영어 수업의 경우 교과서에 제시된 본문을 교사가 일방적으로 해석해 나가는 전통적인 방식을 취하고 있으며, 간혹 학생들의 흥미를 유발하기 위해 제시되는 영상물 등 보조 자료도 학생들의 경험이나 삶, 학습활동과 유기적으로 연계되지 않았다. 반면 C중학교 영어 수업의 경우 교사가 교육과정을 전면적으로 재구성하여 별도로 준비된 학습활동지를 중심으로 수업을 진행하였다. 학년 초에는 학생이 스스로 학급의 급훈과 모든 학생이 함께 실천해야 할 규칙을 정하는 활동을 하고, 이를 학급운영과 자연스럽게 연결 지었다. 또한 자신이 가장 존경하는 인물의 특성 찾기, 인생의 좌우명 정하기를 통해 자신의 삶을 성찰하는 시간을 가졌다.

이러한 학습활동 속에서 잠을 자거나 딴짓을 하는 학생은 거의 발견할 수 없었다. 거의 모든 학생이 흥미를 갖고 적극적으로 수업에 참여하였고, 학생과 학생 사이에 대화와 협력이 지속적으로 이루어졌다. 이러한 대화와 협력 속에서 학생들은 타인을 배려하는 가치를 자연스럽게 익힐 수 있었다. 또한 교사는 영어 실력이 뒤처지는 학생들도 배려하는 차원에서, 영어에 자신이 없는 학생

〈그림 12〉 C중학교 2학년 영어 교과 학습활동지

2. Think of the greatest person in the world and answer the question.

> A : Who do you respect most?
> B : I respect _____ most.
> A : Why?
> B : Because (s)he_____.

3. Think of your most important value and answer the question.

Korean	핵심가치- 이유 -
English	A : What is the most important value in your life? B : I think _____ is most important because_____ _____.

● 예) 훌륭한 사람들의 모범과 인생의 핵심 가치

He dedicated his life to helping poor people.

He loved peace and tried to avoid any violence.

She was adventurous and courageous.

핵심가치	뜻
adventure	모험심
balance	균형
courage	용기
dreams	꿈
enthusiasm	열정
family	가정
freedom	자유
health	건강
justice	정의
kindness	친절
leadership	리더쉽
love	사랑
peace	평화
honesty	정직
religion	종교
wealth	부
wisdom	지혜
respect	존중
gratitude	감사
equality	평등
trust	신뢰
hard work	노력(열심)

들은 한국어로 발표를 하게 한 후 이를 영어로 바꾸어 주는 식으로 피드백을 제공하였다. 그렇기 때문에 이 수업에서 내용이 어려워 소외되는 학생은 거의 발견되지 않았다.

4. 교육과정과 사회적 실천의 통합

(1) 삶의 방식으로서 민주주의

교과의 지식은 학교 밖 세계와 연계되고 통합을 이룰 때 비로소 학생들에게 의미 있는 경험으로 연결될 수 있다. 학생들은 자신이 교과를 통해 배운 지식을 바탕으로 이를 실천에 옮길 때 민주 시민으로 성장할 수 있다. 이는 교과와 사회 사이의 분리의 문제다.

교과와 사회의 분리는 교과의 지식이 사회적 실천과 얼마나 유기적인 관계를 맺고 있는가를 의미한다. 교과와 사회 사이에 강한 분리가 형성된다는 것은 교과의 지식이 사회적 가치나 학생의 실천과 별다른 관련을 맺지 못한 상태를 의미한다. 예컨대 교과 내용에서 민주주의를 소재로 다루더라도 이것이 학생의 삶 속에서 체험되는 민주주의가 아니라 단지 얄팍한 지식으로만 머무르는 경우를 의미한다.

반면에 교과와 사회 사이에 약한 분리가 형성된다는 것은 단순한 지식 습득을 넘어 이를 교실 밖 세상에 대한 관심과 실천으로 연결시키는 교육과정을 의미한다. 예컨대 민주주의를 얄팍한 지식으로서 접하는 것이 아니라 학습과 실천을 통해 '삶의 방식으로서 민주주의'를 접하는 것을 의미한다. 이는 제1장에서 언급했듯 '진정한 교육을 위한 성취 기준'에서 말하는 '지식의 구성, 학문적 탐구, 학교를 넘어선 가치'가 유기적으로 통합되는 단계를 의미한다.

C중학교에서는 이렇게 학생들이 자신이 배운 내용을 사회적 실천으로 연결하는 교육과정을 종종 관찰할 수 있었다.

> 저자 선생님께서는 '배움의 공동체' 수업이 가치 지향이 약하다는 일부 비판에 대해서 어떻게 생각하시는지요?
>
> 교사 그것은 피상적인 관찰이라고 생각해요. 우리 학교의 교육과정은 '대상과의 만남, 타자와의 만남, 자기와의 만남'으로 이어지는 과정을 중시합니다. 흔히 도구 교과라고 말하는 영어나 수학에서도 이러한 교육과정이 이루어지고 있어요.
>
> 저자 그렇다면 이 학교의 교육과정이 궁극적으로 지향해야 하는 것은 무엇이라고 생각하십니까?
>
> 교사 저는 우리 학교의 교육과정이 마을공동체와 함께하는 교육으로 나아가야 한다고 봐요. 한 아이를 키우기 위해서는 온 마을이 필요하다는 이야기도 있잖아요. 학교 안에서 머무르는 것이 아니라 학교 밖 마을로, 세상으로 나아가는 교육과정을 지향하고 싶어요. 그리고 이미 그중 일부를 실현하고 있다고 생각하고요.
>
> — C중학교 교사 인터뷰(2014. 9. 15.)

위에 언급한 교사의 발언은 혁신학교를 둘러싼 담론이 간혹 '돌봄'만 보이고 '정의'가 보이지 않는다는 비판에 대한 반론이라 할 수 있다. C중학교 교사들은 자신들의 일상적인 교육과정을 통해 학생들이 스스로 지식을 탐구하고 서로 협력하는 과정을 통해 다른 학생들과 의미 있는 관계를 형성하기를 원하고 있다. 나아가 그 과정을 통해 자기 자신의 삶을 성찰하고 학교 밖 세상을 향한 가치 추구와 실천으로 이어지기를 바라고 있다. 이러한 모습은 A중학교와 B중학교 교사들에게서도 나타나는 의식이기도 하다. 그러나 아래 설문 결과에서도 확인할 수 있듯이 C중학교 교사들은 교과와 사회적 가치를 통합하려는 보다 적극적인 의지를 가지고 있었다.

〈그림 13〉 교육과정에 대한 교사들의 인식 4 (단위 : %)

설문 : 나는 내 수업에 사회적 문제나 가치를 반영하려고 노력하고 있다.

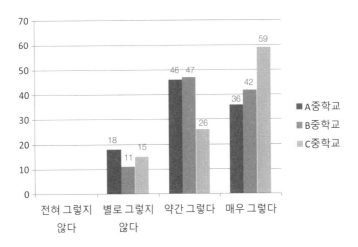

(2) 사회적 실천을 위한 교육과정

C중학교 도덕 – '지역사회 도움 주기 프로젝트'

C중학교는 정규 교육과정을 통해 교과 내용과 사회적 가치를 연계하는 활동을 지속적으로 추구하고 있었다. 다음은 C중학교 도덕 교과에서 실시하였던 프로젝트 수업인 '지역사회 도움 주기 프로젝트'의 얼개다.

〈표 14〉 C중학교 1학년 도덕 교과 프로젝트 수업 세부 계획

1. 주제 : 아름다운 세상을 위하여 – '지역사회 도움 주기 프로젝트'
2. 차시별 프로젝트 진행 내용
  - 1차시 : 프로젝트 안내
  - 2차시 : 개인별 계획서 작성
  - 3차시 : 주제별 모둠 조직 및 모둠별 협의
  - 4차시 : 모둠별 협의
  - 5차시 : 모둠별 프로젝트 발표
  - 6차시 : 개인별 프로젝트 보고서 및 평가서 작성

이 교육과정은 도덕 교과 차원에서 수업 시간에 배운 내용을 바탕으로 학생들이 직접 사회적 실천과 관련된 주제를 설정하고, 조사 및 탐구를 거쳐 결과 보고서 작성까지 수행하도록 설계된 프로젝트 교육과정이다. 학생들은 자기가 살고 있는 지역사회의 문제점을 파악하고 이와 관련된 다양한 주제를 선정하였다. 학생들은 '거리 쓰레기 줄이기', '불법 주차 문제 해결하기', '안전한 먹거리, 마트 제대로 알기', '담배 없는 마을 만들기', '기부 문화 활

성화' 등 다양한 주제를 선정하였고, 모둠별로 이와 관련된 다양한 자료를 모으고 해결 방안을 스스로 탐구하였다. 그리고 이 문제를 해결하기 위해 설문조사, 거리 캠페인, 시청에 민원 넣기, 마을 청소하기 등 구체적이고 다양한 방법을 실천하였다. 그 결과 해당 관청으로부터 민원 답변서를 받거나, 대형 마트의 판매 상품이 달라지는 등 가시적인 성과를 거두기도 하였다. 다음은 이 프로젝트 수업에 대해 학생들이 상호 평가 및 자기 평가를 한 결과다.

〈표 15〉 C중학교 1학년 '지역사회 도움 주기 프로젝트' 학생 평가서

주제	프로젝트 이후 나타난 변화	잘된 점 및 수정하고 싶은 점	새롭게 깨달은 점
안전한 먹거리, 마트 제대로 알기	지역사회 주민들이 어느 마트 채소가 더 나은지 잘 알게 되었다.	모둠원 모두가 자신의 역할에 충실하였고, 발표 자료를 모두가 협력하여 만들어 냈다.	마트 채소의 위생 상태를 보면서, 양심적으로 소비자에게 팔아야 하는 것이 아닌가 하는 점을 깨닫게 되었다.
환경과 공존하는 취미 생활	우리가 기획한 프로젝트를 서명운동으로 알리면서, 틀에 박힌 취미에 대해 다시 한 번 생각하는 계기를 만들었다.	직접 프로그램 소개를 하며 서명을 받았고, 민원을 넣었다. 다음에는 조금 더 사람들이 많이 모인 장소에 가서 많은 서명과 의견을 들어 보고 싶다.	우리 지역에 사는 많은 분들이 이 지역 발전에 관심을 갖고, 민원을 통해 많은 문제 해결을 위해 힘쓰고 있다는 것을 알게 되었다.
자전거, 보행도로 만들기	우리의 건의에 대해 시청은 계획은 있으나 정확한 날짜는 미정이라 하여 나중에는 우리의 건의가 현실화될 수 있을 것 같다.	가장 잘된 점은 주제가 좋았다. 이 지역에 살면서 정말 불편한 점을 해결하기 위하여 주제를 잡았기에 실행이 되지 않아도 의미가 있다고 생각한다.	"어떻게 해야 특별한 주제가 되지?"가 아닌 "어떻게 하면 정말로 필요한 주제가 될까?" 하는 생각으로 주제를 잡았고, 그 주제가 정말 주민이라면 공감할 만한 주제여서 좋았다.

박현숙 · 이경숙(2014), 《어! 교육과정? 아하! 교육과정 재구성!》, 맘에드림.

C중학교 교육과정이 학생들의 사회적 실천과 자연스럽게 연결될 수 있었던 데에는 여러 가지 요인이 있다. 먼저 C중학교가 추구하는 '배움의 공동체' 원리인 '공공성, 민주주의, 탁월성'이라는 철학[7]이 일상 수업에서 자연스럽게 구현되고 있었다. 학생들은 수업을 통해 사회적 실천과 관련된 주제를 스스로 탐구하고 동료 학생들과 함께 협력하며 문제를 해결하는 방법을 배워 나갔다.

또 한 가지 주목해야 할 요소는 C중학교 교사들 스스로가 사회적 문제에 관심을 갖고 이에 적극적으로 참여하는 모습을 보였다는 점이다. '세월호 참사'가 전 국민적 관심사로 대두되었을 때, C중학교 교사들은 세월호 참사 희생자들을 추모하고 특별법 제정을 촉구하는 릴레이 단식을 교내에서 진행하였다. 학생들은 교사들이 사회적 문제에 적극적인 관심을 갖고 이를 실천하는 과정을 보면서 교과서에서는 배우지 못하는 교육과정을 배우게 되었다. 이는 흔히 교육과정사회학에서 말하는 '잠재적 교육과정', 즉 학교에서 직접적으로 가르치지는 않더라도 학교의 관행이나 문화를 통해 알게 모르게 습득하는 교육과정이라 할 수 있다. 이에 대해 코졸(Kozol)은 '교사의 진정성과 살아 있는 신념'이야말로 가장 중요한 잠재적 교육과정이라고 하였다.[8] 학생들은 이러한 잠재적 교육과정을 통해 민주 시민으로 성장하는 경험을 할 수 있다.

---

7. 손우정(2012), 《배움의 공동체》, 해냄.

8. J. Kozol(1981), 《On being a teacher》, New York Oneworld Publications ; 김명신 옮김 (2011), 《교사로 산다는 것》, 양철북.

C중학교 체험활동 — '위안부 할머니 수요 집회 참가'

C중학교에서 교육과정과 사회적 실천이 연결된 또 하나의 사례는 창의적 체험활동의 일환으로 시행된 '위안부 할머니 수요 집회 참가' 프로그램이다. C중학교에서는 창의적 체험활동의 자율 활동 영역에서 1학년은 농사 체험 학습, 2학년은 배려 프로그램, 3학년은 세계 시민교육을 시행하고 있다.

현행 초·중등 교육과정은 교과와 창의적 체험활동으로 편성되어 있다. 창의적 체험활동은 나눔과 배려를 실천하는 창의적 인재 육성을 목표로 하는 다양한 활동으로서, 세부 영역은 자율 활동, 동아리 활동, 봉사 활동, 진로 활동으로 구성되어 있다. 중학교의 창의적 체험활동은 3년간 모두 306시간 이상 운영하는 것을 원칙으로 한다.

그러나 현재 학교 현장에서 창의적 체험활동은 그 취지와는 달리 다소 형식적으로 운영되고 있는 것이 사실이다. 학교 현장의 교사들은 대체로 창의적 체험활동이 형식적으로 운영되고 있다는 점을 인정하고 있으며, 그 원인을 '행사 활동 병행으로 인한 변칙 운용', '학생들의 요구 미반영', '교사들의 전문성 부족', '지역사회 연계 프로그램 부재' 등으로 보고 있다.[9] 실제로 대부분 학교에서는 수업 시수 등의 이유로 주로 예체능 교사들이 창의적 체험활동 시간을 담당하고 있으며, 교육내용도 영상 자료 시청 등

---

9. 김영순 외(2012), 〈창의적 체험활동 운영 실태에 관한 연구〉, 《열린교육연구》 20(2), pp. 285~304.

'시간 때우기' 식으로 진행되는 경우가 많다. 더욱이 교육부가 학교폭력 대책의 일환으로 추진하고 있는 '학교 스포츠클럽 활동'이 중학교의 경우 창의적 체험활동 전체 306시간 중 136시간을 차지해 실질적으로 학교가 창의적 체험활동을 내실 있게 진행하기에는 시수 자체가 부족한 실정이다.

그럼에도 C중학교는 창의적 체험활동을 내실 있게 진행하기 위해 노력하고 있다. C중학교의 학교교육 계획서에는 창의적 체험활동의 목표를 "학급 및 학년 중심의 배움과 나눔의 실천적 활동을 통해 참여와 소통, 배움의 공동체를 지향할 수 있게 한다."고 명시되어 있으며, 이에 따라 학년별 특색 활동을 민주 시민교육의 일환으로 실시하고 있다. 2학년의 경우 창의적 체험활동으로 '위안부 할머니 수요 집회 참가' 활동을 다음과 같은 프로그램에 따라 진행하고 있다.

〈표 16〉 C중학교 2학년 창의적 체험활동 세부 계획

(1) 목적
  가. 건전한 집단 활동을 통한 현장 체험학습의 기회를 제공하여 공동체 의식을 높인다.
  나. 역사적 사실에 대한 비판적 시각을 기르고 한국인으로서 역사의 아픔에 대하여
     함께 공감한다.
  다. 역사적 현장에 직접 참여하고 발언할 수 있는 기회를 부여함으로써 사회적 책임
     에 대한 의식을 높인다.

(2) 운영 계획
  가. 위안부 수요 시위 참가 전 사전 교육 및 피켓 만들기(5차시)
  나. 박물관 관람 및 수요 집회 참가
    - '전쟁과 여성인권박물관' 관람(10~11시)
    - 위안부 할머니들과 함께하는 수요 집회 참가(12~13시, 주한 일본대사관 앞)

C중학교에서도 창의적 체험활동은 수업 시수 때문에 주로 예체능 교과 담당 교사들이 담당하고 있다. 그러나 예체능 교사들에게 일방적으로 수업을 맡기는 것이 아니라, 역사 교사를 중심으로 국어, 사회 교사가 함께 교육과정을 설계하고 공통으로 학습활동지를 제작하여 모든 학급에서 이를 활용하고 있다. 일본군 위안부 문제를 탐구하고 수요 집회 참가를 준비하기 위해 5차시에 걸쳐 구성된 세부 계획은 다음과 같다.

〈표 17〉 C중학교 2학년 창의적 체험활동 사전 수업 계획

(1) 1차시 : 아픔 나누기(1)
　　- 관련 뉴스 시청하기, '수요 집회'에 대해 알아보기
(2) 2차시 : 아픔 나누기(2)
　　- 위안부 문제에 대한 영상 자료 시청하기, 시청한 내용 토의하기
(3) 3차시 : 아픔 나누기(3)
　　- 책으로 만나는 할머니들 이야기 《20년간의 수요일》
(4) 4차시 : 생각 나누기
　　- 우리 곁의 평화 점검하기
(5) 5차시 : 실천하기
　　- 수요 집회 참가 피켓 제작하기

다음은 위의 교육과정에 따라 교사들이 함께 제작한 학습활동지 가운데 하나다. 위안부 문제를 단지 과거의 역사로 인식하는 것이 아니라, 이를 바탕으로 학생들의 일상적인 삶을 성찰하는 학습활동으로 구성하고 있다.

〈표 18〉 C중학교 2학년 창의적 체험활동 학습활동지

※ 우리는 지금까지 일제 시기에 고통을 받았던 '위안부' 할머니들의 이야기를 듣고 읽었습니다. 다음 물음에 답해 봅시다.

1. 일본 정부가 조선인을 학대한 이유는 조선인을 일본인과 같은 인간으로서 취급하지 않았기 때문입니다. 일본인은 조선인을 '2등 국민'이라 부르며, 언제든 '1등 국민'인 일본인을 위해 조선인을 이용할 수 있다고 여겼습니다. 다음 글 속에 등장하는 대화들은 어떤 면에서 일제강점기 일본인들의 행동과 비슷한지 적어보세요.

"야, 뚱보야, 밥 좀 그만 먹어."
→

"공부도 못하는 게 어디서 연애질이야!"
→

"쟤는 말하는 게 장애인 같아. 말 더듬는 거 봐."
→

2. '나랑 다르다' 혹은 '나보다 약하다'는 이유로 남을 멸시하거나 남에게 폭력을 행사하는 것은 왜 정당하지 않은지 적어 보세요.

3. '위안부' 할머니들이 원하는 것은
전쟁이 없는 평화로운 세상입니다.
여성이 여성이라는 이유로 차별받고 학대받지 않는 세상입니다.
_____ 세상입니다.
여러분의 교사인 저의 바람도 그분들과 같습니다.
여러분이 그런 세상의 작은 씨앗이 되어 주기를 진심으로 바랍니다.

학생들은 이러한 교육과정에 따라 위안부 문제의 역사, 위안부 문제 해결을 위한 과제, 일상생활 속에서 인권을 존중하고 배려하는 삶을 실천하기 등을 학습하였다. 그리고 수요 집회에 참가하기 위한 준비로 직접 학생들의 목소리를 담은 피켓을 제작하였다. 또한 학생들의 희망을 받아 수요 집회에서 공연할 율동과 학생 대표 발언을 준비하였다. 다음은 학생들의 수요 집회 참가 모습이다.

〈그림 14〉 C중학교 2학년 학생들이 수요 집회에 참가한 모습

학생들은 수업 시간에 제작한 피켓을 직접 들고 이 자리에 참가했다. 어떤 학생들은 자발적으로 준비한 율동을 공연하였고, 어떤 학생들은 참가 학생들을 대표해 일본 정부를 규탄하고 할머니들을 응원하는 연설을 하였다. 다음은 한 학생이 이 자리에서 발표한 연설 내용이다.

안녕하세요? 저는 ○○중학교 2학년 1반 이○○입니다. 저는 수업 시간에 할머니들의 이야기를 알게 되었습니다. 저는

진짜로 위안부라는 것에 대해 아무것도 몰랐습니다. 그러나 수업 시간에 배운 것을 토대로 위안부 문제에 대해 알게 되었습니다. 우리가 생각하는 것보다 더 큰 아픔과 모욕감으로 한평생을 살아오신 할머니들에게 어떤 위로를 드려야 할지 잘 모르겠지만 미안하다는 말과 감사하다는 말을 전하고 싶습니다. 눈물로 한평생을 살아 오신 할머니들의 마음을 알지 모르지만, 그 시절의 아픔을 지울 수 없는 할머니들께서 희망의 끈을 놓치지 마시기 바랍니다. 할머니들의 아픔은 우리나라뿐만 아니라 전 세계에서도 진실을 알고 있을 겁니다. 힘내시기 바랍니다.

— C중학교 2학년 학생의 수요 집회 연설 내용(2014. 10. 8.)

담당 교사들 역시 학생들을 인솔하고 함께 집회에 참가하였다. 교사들은 함께 교육과정을 설계하고 수업을 진행하며 체험활동까지 진행한 경험을 매우 소중하게 여기고 있었다.

저자 이 체험활동을 어떻게 준비하게 되셨나요?

교사(역사) 역사 교사들이 중심이 되어 통합적인 교육과정을 만들어 보았어요. 역사 교사뿐 아니라 국어 교사, 사회 교사 등 관심이 있는 교사들이 모여 모두 5차시에 걸친 학습활동지를 만들고 미술·음악 교사 등 창체 담당 교사들이 실제 수업을 진행했죠.

저자 이러한 창체 수업을 진행하는 데 부담은 없으셨나요?

교사(미술) 저는 창체 수업을 담당하고 있지만 전공은 미술이어서 역사에 대해 아는 것은 많지 않아요. 그래도 역사 선생님께서 열심히 학습활동지를 만들어 주셔서 어렵지 않게 수업을 할 수 있었어요. 저도 잘 모르는 내용이니까 학생들과 똑같은 입장에서 수업을 하다 보니 오히려 더 효과가 좋았던 것 같아요. 덕분에 타 교과에 대해서도 제가 학습할 수 있는 기회가 되었죠. 그리고 피켓을 만드는 활동을 할 때에는 미술 교사로서 학생들에게 도움을 줄 수 있었어요.

교사(역사) 우리 학교에서는 워낙 교과 통합 수업을 많이 하니까 선생님들이나 학생들도 별다른 어려움 없이 진행할 수 있었던 것 같아요.

저자 오늘 수요 집회에 참가하는 학생들의 모습을 보니 어떠세요?

교사(역사) 역사 교사로서 너무나 마음이 뿌듯해요. 학교에서 배운 내용을 우리 학생들이 직접 현장에 나와 실천할 수 있게 되니까요. 특히 오늘 대표 발언을 한 학생은 무슨 이유인지 잘 모르겠으나 그 동안 학생들 사이에서 소외되는 면이 있었거든요. 그런데 이렇게 자발적으로 대표 발언을 하겠다고 나서는 모습을 보게 되어 흐뭇했어요.

저자 앞으로 이 활동이 더 지속적으로 이어지면 좋겠네요.

교사(역사) 이 활동을 2학년에서 해야 할지, 3학년에서 해야 할지 다시 고민해 봐야겠어요. 사실 학생들이 3학년 때 한국근현대사 부분을 배우니까 3학년에서 하는 게 더 좋을 것 같고요.

저자 일종의 학년 교육과정에 대해 고민하시는 거네요?

교사(미술) 학년 교육과정에 대한 고민도 필요하고요, 저 같은 미술 교사가 통합교육과정에서 담당해야 할 몫을 더 생각해 봐야 할 것 같아요.

― C중학교 창의적 체험활동 인솔 교사 인터뷰(2014. 10. 8.)

C중학교 교사들은 학생들이 체험활동을 통해 올바른 역사 인식과 사회적 실천을 할 수 있게 된 것에 대해 교육자로서 보람을 느끼고 있었다. 특히 이 체험활동이 우연한 계기로 이루어진 것이 아니라 교사들의 범교과적 노력의 산물이라는 것에 의미를 두는 듯했다.

학생들의 수요 집회 참여는 역사 교사가 중심이 되어 교육과정을 설계하고 다른 교과 교사들도 함께 참여했는데, 수업 시수 등의 이유로 창의적 체험활동 수업을 전담하게 된 예체능 교사들 역시 통합교과 교육과정과 학생들의 사회적 실천에 대한 모색을 함께 할 수 있었다. 나아가 향후 새로운 학년 교육과정에 대해 더 생각해 볼 수 있는 기회를 가질 수 있었다.

C중학교의 교육과정은 여러 가지 의미 있는 시사점을 준다고 할 수 있다. 학생들은 평소 수업 시간에 동료 학생들과 함께 모둠 활동을 하는 가운데 자연스럽게 협력과 배려라는 사회적 가치를 내면화하고 있었다. 또한 그러한 학습활동이 학교 안에만 머무르는 것이 아니라 지역사회의 문제, 역사적 문제에 대한 관심과 실천으로 이어지고 있었다. 교사들 역시 교육과정을 설계하는 과정에서 교과 간 경계를 넘어 교사 간 협력과 소통을 통해 의미 있는 교육과정을 구현해 가고 있었다. 교사들은 또한 세월호 참사 등 사회적 문제를 외면하지 않고 이에 적극적으로 참여하는 모습을 학생들에게 보여 줌으로써 긍정적 의미의 잠재적 교육과정을 구현하고 있었다.

이러한 C중학교의 모습은 애플(Apple)이 말한 '민주적 학교(democratic school)', '살아 있는 민주주의(thick democracy)'[10]를 구현할 가능성이 있다고 볼 수 있다. 민주적 학교란 학생들의 경험과 삶을 중시하되, 학생들이 공적인 영역에 참여하여 사회적 가치를 실천하는 학교를 말한다. 이런 관점에서 볼 때 현재의 일반적인 혁신학교의 모습은 엄격히 말해 '민주적 학교'로 정착한 단계로 보기는 어렵다고 평가할 수도 있다. 그 이유는 혁신학교가 학생들을 중심에 놓는 교육과정과 수업을 진행하고는 있지만 학생들의 삶을 둘러싼 사회적 불평등의 문제를 인식하고 사회 정의를 실현하는 단계까지는 나아가지 못하고 있기 때문이다.[11] 하지만 C중학교의 경우 교과와 학생의 삶, 교과와 교과, 교과와 사회적 가치의 통합을 통해 학생들이 사회적 실천을 모색하고 민주시민으로 성장하는 단계로 나아가는 모습을 보여 주고 있다고 할 수 있다. 다시 말해 민주주의를 '책으로' 배우는 '앙상한 민주주의(thin democracy)'를 넘어 '삶의 방식으로' 배우는 '살아 있는 민주주의(thick democracy)'를 지향하는 단계로 나아가고 있는 것이다.

---

10. M. Apple(2012), 《Can education change society?》, New York Routledge ; 강희룡·김선우·박원순·이형빈 옮김(2014), 《교육은 사회를 바꿀 수 있을까?》, 살림터.

11. 성열관(2015), 〈마이클 애플의 교육사상과 실천적 쟁점〉, 《교육비평》 제35호, pp. 122~150.

5. 교육과정 구성에서 교사의 역할

(1) 전통적인 교육과정 설계 과정 : 교사 참여 배제

　혁신학교를 비롯한 여러 학교에서 교사의 자율적 전문성에 기초한 교육과정 재구성 작업이 활발히 이루어지고 있다. 교육과정을 재구성하는 이유는 무엇보다 현행 국가 수준 교육과정에 대한 비판적 인식 때문이다. 만약 국가 수준의 교육과정이 단위 학교와 학생들의 실정에 적합한 것이라면 굳이 교사들이 힘들게 교육과정을 재구성할 필요가 없을 것이다. 그러나 현행 교육과정은 배워야 할 분량이 많고 난도가 높으며 학생들의 실생활이나 사회의 요구에 적합하지 않기 때문에 현장 교사들의 전문성에 기초해 교육과정을 재구성해야 하는 문제가 제기되고 있다.

　현재 학교 현장에서의 교육과정 재구성은 크게 보아 적정화와 통합성의 원리에 따라 이루어지고 있다고 할 수 있다. 적정화란 현행 교육과정이 적정하지 않다는 문제의식에서 비롯된다. 적정하지 않은 교육과정이란 너무 어려운 내용과 너무 많은 분량으로 이루어진 교육과정으로서, 교사가 진도를 나가느라 바빠서 학생들의 배움의 과정을 살필 여유가 없고, 이로 인해 배움이 느린 학생들이 소외되어 결과적으로 교육 불평등이 심화되는 현상을 낳게 된다. 그렇기 때문에 교사 입장에서 교육과정을 적정화한다는 것은 불필요하게 어렵거나 많은 내용을 줄임으로써 학생들에게 보다 적정한 자료를 제공해 학생 활동 중심의 수업을 가능하게 하고 배움이 느린 학생의 참여도 보장하는 것을 의미한다.

교육과정을 통합적으로 재구성한다는 것은 현행 교육과정이 지나치게 분절적이라는 문제의식에서 비롯된다. 즉 교과와 교과 사이의 경계가 명확해 통합적 이해를 돕지 못하고, 지식-탐구-실천이 분리되어 있어 단편적 지식을 중시하게 되는 문제가 있다는 것이다. 그렇기 때문에 교육과정을 통합적으로 재구성한다는 것은 교과 내에서 주제-탐구-표현을 통합적으로 재구성하고, 교과와 교과 사이의 단절을 극복하며, 교과 내용이 학생들의 삶이나 사회적 실천과 유기적으로 연결되도록 하는 것을 의미한다. 이는 곧 교육과정에서 '약한 분리'가 형성되는 것을 의미한다.

교사가 교육과정을 적극적으로 재구성한다는 것은 사회학적인 관점에서 볼 때 교사가 교육 노동의 소외를 극복하고 자율적 전문성의 영역을 확장한다는 의미를 지닌다.[12] 근대 공교육의 팽창 이후 수많은 학생을 효율적으로 가르치기 위해 학교는 마치 공장과 유사한 조직 형태를 지니게 되었다. 교육행정가들은 베버(Weber)의 관료제론, 테일러(Taylor)의 과학적 관리론에 입각해 학교 조직을 구축했고, 이러한 학교 조직 안에서 교사는 마치 기계 부품처럼 표준화된 교육과정을 반복하는 탈전문화된 기능인에 불과하였다.

---

12. 이형빈(2015), 〈교사는 어떤 의미의 전문가인가〉, 《오늘의교육》 제24호, pp. 180~193.

교사의 교육 활동은 국가가 요구하는 목적을 이행하도록 조직되었다. 학생을 나이에 따라 구분하고, 학생 집단에게 개별 교사와 개별 교실을 배정하고, 세분화된 교과 전문성(중등교육)이나 보편적인 전문성(초등교육)에 따라 교사들을 분할하는 것이 그러한 과정이다. 이 모든 것을 연결하는 것이 바로 교육과정이다. 교육과정은 교육 활동의 목표와 내용, 방법론을 규정하고 있다는 점에서 '교육 노동 과정의 세부 설명서'[13]라 할 수 있다.

이러한 교육 행정 조직에서 교사는 기계 부품처럼 주어진 교육과정을 반복하는 기능인에 불과했다. 과학적 관리론의 핵심은 '노동 과정에서의 구상과 실행의 분리'다. 이는 최소 비용으로 최대 효율을 올리기 위해 생산 과정의 개별 요소를 표준화했던 포드-테일러주의가 교사의 교육 노동 과정에도 동일하게 적용되었기 때문이다. 교사는 이러한 교육 노동 과정의 세부 설명서에 따라 자신에게 부여된 과업을 수행하는 '탈전문화된 기능인'이다.

따라서 교사가 자신의 전문성을 바탕으로 교육과정을 재구성하거나 창조하는 것은 '노동 과정에서의 구상과 실행의 분리'를 핵심으로 하는 노동 소외 현상을 극복하고 자기 노동의 주체로 등장하는 것을 의미한다. 그렇다고 하여 교사가 임의대로 교육과정을 만들어 집행하는 것은 법조계나 의료계와는 다른 교직의 특수성을 외면하는 결과를 초래할 수 있다. 교직은 전문직으로서의

---

13. J. Smyth(2000), 《Teachers' work in a globalizing economy》, London & NewYork Routledge Falmer.

보편적 속성을 지니고 있지만 동시에 교육의 공공성을 지향해야 하는 책임감을 지닌 '공공적 전문성', '민주적 전문성'을 갖추어야 하기 때문이다.[14] 단위 학교 안에서 교사들끼리 전문적 학습공동체를 구축하고, 개별 교과의 틀을 넘어 통합적 교육과정을 재구성하려는 노력은 이러한 점에서 매우 의미가 크다.

(2) 교과의 장벽을 넘어선 교사 공동의 실천

교육과정을 재구성하기 위한 노력은 중등학교에서보다 상대적으로 초등학교에서 활발히 이루어지고 있다. 초등학교에서는 담임교사가 대부분 교과목을 담당하고 있어 모든 교과의 교육과정을 꿰뚫고 있다. 따라서 교육과정을 재구성하기가 용이하며, 학년협의회 문화가 활성화되어 있어 교사들 간 협력도 원활히 이루어진다. 또한 진도 나가기에 대한 부담도 상대적으로 적고, 융통성 있게 시간표를 조정하는 것이 쉬운 점도 교육과정을 재구성하는 데 유리한 조건이다.

그러나 일반적인 중등학교에서는 교과와 교과 사이 단절이 명확해 다른 교과에서 학생들이 무엇을 배우고 있는지 잘 모르는 경우가 많다. 초등학교와 달리 중등학교에서는 학년협의회보다

---

14. 이형빈(2014), 〈교사 전문성 향상을 위한 교사 학습공동체 구축 방향에 대한 연구〉, 《교육발전연구》 29(2), pp. 53~80.

교과협의회가 중심을 이루고 있고, 교과협의회에서도 주로 시험 범위 정하기나 수행평가 비율 조정하기 등 형식적인 논의가 이루어지는 경우가 많다. 교과 간 통합교육과정을 설계하는 경우에도 하나의 주제를 중심으로 한 큰 틀은 범교과적 협의를 통해 마련되지만, 세부적인 교육과정은 교과별로 마련하고 수업을 진행하는 경우가 대부분이다. 그러나 앞에서도 분석했듯이 C중학교의 '위안부 할머니 수요 집회 참가 창의적 체험활동'에서는 교과를 넘어선 교사들 간 협력이 보다 적극적으로 나타났다.

앞서도 언급했듯, 대다수 학교에서 창의적 체험활동은 수업시수상의 이유로 주로 예체능 교사가 담당하는 경우가 많다. 창의적 체험활동이 의미 있게 진행되기 위해서는 학교 전체 차원에서 교육과정을 함께 기획하는 노력이 필요하다. 그러나 상당수 학교에서는 창의적 체험활동을 담당교사가 개별적으로 감당해야 할 부담으로 떠넘기는 경우가 많다. 그렇게 되면 창의적 체험학습은 '시간 때우기' 식으로 형식적으로 운영되기 쉽다.

그러나 C중학교는 창의적 체험활동을 교사들의 범교과적 협력을 통해 진행하고 있었다. '위안부 할머니 수요 집회 참가' 활동을 준비하는 과정에서 역사 교사가 중심이 되어 교육과정을 설계하고 국어, 사회 교과 등 다른 교과 교사들도 함께 참여했다. 또한 창의적 체험활동을 실제로 진행했던 예체능 교사들은 다른 교과 교사들이 함께 만든 학습활동지 내용을 함께 공부하면서 학생들과 수업을 진행하였다. 이렇게 교과를 넘어선 교사들의 협력 과정을 통해 학생들은 의미 있는 체험활동과 사회적 실천을 경험할 수 있었다.

　이러한 교과를 넘어선 교사들의 협력 과정은 B중학교에서도 확인할 수 있었다. B중학교에서는 전체 교사가 참여하는 공식적인 모임인 공개수업 연구 모임 외에도 10여 명의 교사가 자발적으로 모여 수업을 연구하는 학습 모임이 존재했다. 이 모임에서는 주로 여러 교과 교사들이 모여 타 교과의 학습활동지를 함께 검토하는 작업을 진행했다.

> 저자　공개수업 연구 모임 이외에 또 다른 모임이 있나요?
>
> 교사　공개수업 연구 모임과 교과협의회만으로는 부족하다는 생각이 들었어요. 공개수업 연구 모임의 경우 수업을 준비하는 과정을 함께하기는 어렵고, 교과협의회는 같은 교과 선생님들끼리만 모이니까 너무 뻔한 이야기만 나오고, 그래서 다른 교과 선생님과 함께 공부를 하면 좋겠다는 생각이 들었어요. 여러 교과 선생님이 모여 다른 교과 선생님이 만드신 학습활동지를 사전에 검토하는 모임이에요. 10명 정도가 자발적으로 모여서 모임을 운영하고 있어요.
>
> 저자　어떤 방식으로 모임을 진행하나요?
>
> 교사　먼저 검토받기를 희망하는 선생님이 이미 수업 시간에 활용했던 학습활동지를 가져오시고, 그 수업이 잘 진행되지 않은 이유를 알려 달라고 하세요. 그러면 보통 다른 교과 선생님들은 "이거 너무 어려워요.", "이거 왜 하려고 하셨어요?"라는 지적을 하게 돼요. 자기가 중·고등학교 때 배웠던 경험

으로 그 학습활동지를 검토하게 됩니다. 중·고등학교 때 이해하지 못하고 그냥 외웠던 경험도 이야기하면서, 여러 가지 아이디어를 던져 줍니다. 다른 교과 선생님의 눈으로 학습활동지를 보니 자연스럽게 학생의 눈으로 보게 되는 것이죠. 다음으로는 공개수업을 준비하시는 선생님의 학습활동지를 검토해 줘요. 그리고 여러 가지 아이디어를 서로 내주고, 다른 교과 비전공자의 눈으로, 학생의 눈으로 학습활동지를 같이 설계해 줘요. 그 결과를 모아 학습활동지를 수정하고 공개수업을 진행해요. 공개수업을 참관하고 나서는 "내가 이야기해 준 것이 이렇게 수업에 반영되었군요."라며 신기해 하면서 수업을 보는 눈이 더 좋아지는 것 같아요. 그리고 그 수업에 대한 아쉬움도 발견하게 되고, 수업이 끝나면 그 선생님에게 해 줄 이야기가 많이 생겨요. 공개수업 연구 모임이 더 풍성해졌어요.

저자 이런 방식의 모임이 또 어떤 도움이 되었을까요?

교사 우리 학생들이 타 교과 시간에 무엇을 배우는지 알게 되는 계기가 되었어요. 그러면서 자연스럽게 자기 교과 시간에 타 교과의 교육과정을 염두에 두면서 수업을 준비하게 되었죠.

— B중학교 과학 교사 인터뷰(2014. 9. 22.)

이 교사는 평소 공개수업 연구 모임과 교과협의회만으로는 충족되지 못한 갈증을 해결하고자 이와 같이 범교과적 연구 모임을 제안했다고 한다. 특히 학습활동지를 같이 검토하는 모임을 제안하게 된 계기가 있었는데, 유사한 사례를 이미 진행하고 있는 다른 혁신학교 사례가 소개된 책[15]을 읽고 나서였다. 이 교사의 제안에 따라 여러 교과 교사 10여 명이 자발적으로 모여 서로의 학습활동지를 검토하는 모임을 진행하게 되었다.

이러한 모임의 장점은 앞의 교사 발언에서도 나오듯 "다른 교과 비전공자의 눈"으로 학습활동지를 검토하는 과정에서 자연스럽게 "학생의 눈"으로 학습활동지를 바라보게 되었다는 점이다. 그래서 학생들이 이해하기 어려운 내용이라든가 학습목표 자체가 지나치게 교과 전문 영역에 치우치는 경우를 학생들의 입장에서 발견할 수 있었다. 또한 학습활동지에 제시된 과제들이 학생들의 배움을 안내하는 데 적절한지, 시간 배분이나 교사 개입이 적절하지 등을 사전에 검토하고, 이를 바탕으로 공개수업을 참관한 결과를 다시 피드백하는 과정을 거칠 수 있었다. 이러한 과정을 거치면서 교과 간 벽을 넘어 학생들의 학습활동을 돕는 학습활동지가 설계될 수 있었으며, 실제 수업 진행과 이에 대한 참관을 통해 교사들 역시 의미 있는 협력과 성찰을 이어 갈 수 있었다.

또한 이러한 모임은 교사들이 타 교과의 교육과정을 이해할 수 있는 중요한 계기를 마련해 주었다. B중학교와 C중학교에서 진행되고 있던 '주제 통합교육과정' 역시 교사들이 다른 교과의 교육과정을 이해할 수 있는 중요한 계기가 되었다. 그러나 이는 특정한 시기에 특정한 프로젝트를 중심으로 진행되는 것이기에, 일

---

15. 남경운·서동석·이경은(2014), 《아이들이 몰입하는 수업 디자인》, 맘에드림.

상적인 차원에서 다른 교과 교육과정에 대한 고려가 이루어지기에는 한계가 있다. 반면 범교과 수업연구 모임의 경우에는 학생들이 다른 교과에서 배우는 것을 이해하고 이를 자신의 교과와 연계시키려는 노력이 일상적이고 자연스럽게 이루어진다. 이러한 과정을 통하면 교과 간 경계를 넘어선 교사들의 협력이 일상적으로 이루어질 수 있는 것이다.

6. 교육과정과 학생의 배움

(1) 삶과의 관련성 인식하기

앞에서 교육과정의 유형을 '지식-탐구-표현', '교과와 교과', '교육과정과 학생의 삶', '교육과정과 사회적 실천'의 관계에 따라 살펴보았다. 이러한 교육과정의 유형에 관심을 갖는 이유는, 교육과정의 양상에 따라 학생들이 그 속에서 배움의 의미를 찾을 가능성이 마련되기 때문이다. 교육과정이란 교사 입장에서는 '가르치는 내용'이지만, 학생 입장에서는 '학교에서 경험하는 것'이다. 그런데 교사가 '의도한 교육과정'과 학생에게 '실현된 교육과정'은 서로 다를 수 있다. 따라서 교육과정에서 중요한 것은 학생들이 실제로 무엇을 경험했고, 이를 통해 어떠한 배움의 의미를 발견하였는가 하는 점이다.

학생이 수업에 참여하지 않고 잠을 자거나 딴짓을 하는 등 소외되는 현상의 원인에는 여러 가지가 있다. 교사는 수업 시간에 무기력한 모습을 보이는 학생을 어떻게 다루어야 할지 고민이 많고, 학생은 수업이 지루하거나 어려워서 따라가기 힘들다고 말한다. 이처럼 수업 참여를 기피하는 원인은 학생의 발달단계와 교육과정의 소원, 강의 일변도 수업, 낮은 학습 동기, 수업의 의미를 찾지 못하는 모습 등 다양한 측면에서 살펴볼 수 있다. [16] 이러한 학생을 수업에 참여시키기 위해서는 수업에 엄격한 질서를 도입하거나 자극적인 흥미를 주는 등 단순히 수업 테크닉을 변화하는 것만으로는 한계가 있다.

A중학교에서 만난 '학생1'은 학교 공부보다 컴퓨터 게임에 푹 빠져 있었다. 그는 향후 진로까지도 컴퓨터 게임 프로그래머로 정하고, 고등학교도 컴퓨터 학과가 있는 특성화고등학교로 진학하기로 결정하였다. 그는 방과 후에는 PC방에 가서 밤 2시까지 컴퓨터 게임을 하느라 학교에서는 거의 모든 시간에 잠을 잔다고 했다.

> 저자 무슨 수업 시간이 제일 좋아요?
> 학생1 체육이요.
> 저자 오늘은 체육 시간이 없어서 아쉬웠겠네요?
> 학생1 네. 체육이 없으면 그냥 하루 종일 자요.
> 저자 왜 자요?
> 학생1 밤에는 PC방에서 컴퓨터하니까. 어차피 대학 갈 거 아니고 컴퓨터학과 있는 특성화고 갈 거니까.
> 저자 잠만 자면 그 시간이 아깝지 않아요?
> 학생1 그냥 타임머신 타는 거죠. 학교에서 쭉 자다가 때 되면 점심 먹고, 다시 쭉 자면 집에 갈 시간 되는 거죠.
>
> — A중학교 3학년 7반 학생 인터뷰(2013. 10. 28.)

---

16. 성열관·이형빈(2014), 〈수업 시간에 자는 중학생 연구 : 수업참여 기피 현상에 대한 근거이론〉, 《교육사회학연구》 24(1), pp. 147~171.

'학생1'의 친구인 '학생2'는 뚜렷한 장래 희망이 없었다. 그래도 그는 수업 시간에 어느 정도는 참여하려는 모습을 보였다. 하지만 모든 수업에 전념을 하는 것은 아니고, 자다 깨다를 반복하며 적당히 시간을 때우는 모습을 자주 보였다.

저자 아까 여러분들 보니까 역사 시간에 많이 자는 것 같아요. 무슨 시간에 잠을 많이 자게 되나요?

학생2 역사, 영어 시간이요.

저자 왜 자요?

학생2 들어도 잘 모르겠고. 영어는 포기했어요.

저자 역사는 포기할 필요 없잖아요? 대학 갈 때 필요하고.

학생2 대학교 안 갈 거예요.

저자 그럼 대학 안 갈 건데, 중학교는 왜 다녀요?

학생2 솔직히 시간 때우는 거죠.

저자 역사는 대충 들으면 이해되지 않아요?

학생2 아니요. 역사는 너무 어려워요.

학생1 뭐가 뭔지 잘 모르겠어요. 누가 누구를 낳고, 누가 배신해서 왕이 되고, 누가 유배를 가고……. 어쩌고저쩌고. 이건 뭐가 어떻게 되었다는 건지 모르겠어요.

저자 국어 시간은 어때요?

학생2 좋아요.

학생1 학생들끼리 모여서 뭐도 만들고, 자기가 쓴 글 발표도 하고. 재밌어요.

— A중학교 3학년 7반 학생 인터뷰(2013. 10. 28.)

‘학생2’는 ‘학생1’에 비해 수업에 조금이나마 참여하려고 애를 쓰는 편이었다. 하지만 그에게 영어나 역사는 좀처럼 따라잡기 어려운 과목이었다. 영어는 난도가 너무 높은 과목이었고, 역사는 지식의 난이도보다 본인의 삶과 연계성이 없다는 게 문제의 원인인 듯했다. ‘학생1’이 말했듯이 “누가 누구를 낳고, 누가 배신해서 왕이 되고, 누가 유배를 가고” 하는 식의 복잡한 역사적 사건이 나열되는 역사 과목은 “이건 뭐가 어떻게 되었다는 건지 모르겠어요.”라는 반응을 보일 만큼, 교과의 내용이 학생들의 삶과 아무런 관련이 없는 것으로 느끼고 있었다.

> 저자　컴퓨터 프로그래머가 되고 싶은 이유가 뭐예요?
> 학생1　저는 저 혼자 상상하는 걸 좋아해요. 책도 많이 읽고 글도 써 봐요. 내가 만약 초능력이 생기면 어떨까, 지구의 중력이 사라지면 어떨까 같은 걸 상상해 보죠. 컴퓨터 게임으로 그런 상상을 현실로 만들고 싶어요. 게임에서는 현실에서 불가능한 것을 이룰 수 있으니까요.
> 저자　그럼 중학교 수업이 도움이 되는 건 없었어요?
> 학생1　없었어요. 솔직히.
> ― A중학교 3학년 7반 학생 인터뷰(2013. 10. 28.)

‘학생1’은 책 읽기나 글쓰기를 좋아하는 상상력이 풍부한 학생이었다. 그리고 그 상상력을 컴퓨터 게임을 통해 실현하고자 하는 포부를 갖고 있었다. 그러나 그는 중학교 교육과정이 자신에게 도움이 되지 않는다고 단언했다. 그래서 수업 시간에 늘 잠을 자며 '타임머신'을 타고 다른 시공간으로 도피하고 있었다. 나름대로 수업에 참여하려고 노력은 하지만 교과 내용이 너무 어려워 적응하지 못하는 '학생2'의 모습이 1장에서 제시했던 학생 참여 유형 중 '소원'에 해당한다면, 수업이 자신의 삶에 아무런 도움이 되지 못한다고 여기며 늘 잠을 자는 '학생1'의 모습은 학생 참여 유형 중 '소외'에 해당한다고 할 수 있다.

이러한 학생들의 모습을 통해 확인할 수 있는 것은, 학생들이 수업에 적극적으로 참여하기 위해서는 학교에서 배우는 내용들이 자신의 삶과 관련이 있고 자기에게 도움이 된다는 것을 인식하는 것이 필요하다는 점이다. 이는 단지 수업 시간에 다루는 내용이 상급학교 진학에 도움이 된다는 도구적 인식의 차원을 넘어선다. 다음과 같은 C중학교 학생들의 발언에서도 이를 확인해 볼 수 있다.

저자 1학년 때 배운 것 중에 가장 기억에 남는 것이 뭐예요?
학생1 1학기 때 했던 지역사회 프로젝트가 제일 기억이 남아요. 지역사회 도움 주기 프로젝트였어요. 주로 도덕 시간에 했고, 여러 과목이 다 포함되는 거였어요. 교과 통합으로요.
학생2 수업 시간에 배운 내용을 가지고 우리가 사는 지역의 문제점을 고찰하고, 건의문을 쓰고, 시청 같은 기관에 투고하는 프로젝트였어요.
학생1 그때 모둠마다 주제가 달랐는데요. 저희 모둠은 깨끗한 환경 만들기 프로젝트를 했어요. 거리를 청소하고 사진을 찍어서 전과 후를 비교했어요. 홍보물을 만들어서 동네에 쓰레기는 쓰레기통에 버리자는 홍보 활동을 했어요. 그런데 어떤 아파트 단지 울타리에 뚜껑이 훼손되어서 쓰레기가 많이 쌓여 있는 거예요. 그래서 저희들이 사진도 찍고 보고서도 만들어서 시청 홈페이지에 올렸어요. 그랬더니 거기가 어디냐고 저희한테 연락이 왔어요. 그래서 울타리 뚜껑을 고쳐 주셨어요. 저희가 무엇인가 조금이나마 도움이 된 것 같아서 뿌듯했어요.

저자 다른 모둠은 무슨 활동을 했나요?

학생3 우리 주변에 장애인이 많은데, 사람들이 잘 도와주지 않고 자신과 다른 사람이라고 생각하고 그냥 지나치잖아요? 그래서 저희들은 장애인을 도와주는 단체에 가서 거기서 일하는 선생님들과 인터뷰를 하고 홍보물을 만들었어요.

학생4 저희 모둠은 아파트에 상자를 만들어 놓고 기부할 옷을 놔 두라고 메모를 남겼어요. 그리고 그걸 모아서 어려운 사람들에게 기부를 했어요.

저자 이 학교에서 배운 게 여러분에게 어떤 의미가 있는 것 같아요?

학생1 살아가는 데 필요한 것을 배워요. 모둠 활동을 하면서 친구들과 협력하고, 선생님들한테 배웠던 것을 친구들에게 알려 주면서 도움도 주고. 무엇보다도 우리 학생들이 우리 동네를 위해 무언가 할 수 있는 일이 있다는 것을 알게 되었어요. 좋은 추억이 된 것 같아요.

— C중학교 1학년 5반 학생 인터뷰(2014. 9. 24.)

이 인터뷰 내용은 앞서 언급한 C중학교 도덕 교과 '지역사회 도움 주기 프로젝트' 수업에 대한 학생들의 반응이다. 학생들은 이구동성으로 수업 시간에 배운 것 중 가장 기억에 남는 내용으로 이 프로젝트 수업을 꼽았다. 이 프로젝트 수업은 학생들 스스로 자신들이 지역사회에 도움이 될 수 있는 과제를 선정하고, 이와 관련된 계획을 수립한 후 직접 실천에 옮기는 과정까지를 포함하고 있었다. 학생들은 지역의 문제점을 파악하고 이를 개선할 수 있는 아이디어를 짜내거나, 주위의 어려운 사람들을 도울 수 있는 방법을 찾아내서 실천하였다.

이 과정에서 학생들은 '살아가는 데 필요한 것을 배운다'는 반응을 보였다. 즉 교과의 내용이 자신의 삶과 의미 있게 관련되어 있다는 것을 깨닫고 이에 적극적으로 참여하는 모습을 보였다. 수업 시간에 배운 것을 실천하는 방법, 친구들과 함께 협력하는 방법, 지역사회에 도움을 주는 방법 등을 배우면서 학교의 교육과정이 자신의 삶과 어떻게 관련을 맺는지 인식했다.

이처럼 교육과정이 학생들의 삶이나 사회적 가치와 긴밀하게 연계될 때 학생들은 배움의 의미를 찾게 된다. 반면 교육과정이 학생들의 삶과 동떨어진 채 단순히 기술공학적 차원에서 수업 형태만 변화된다면 학생들의 참여를 유도하는 데에는 근본적인 한계가 있을 수밖에 없게 된다.

(2) 배움의 즐거움 느끼기

교사들은 학생들을 수업에 적극적으로 참여시키기 위해 학생들이 흥미를 느낄 만한 여러 가지 기법을 사용한다. 교사 자신의 역량을 발휘하기도 하고, 학생들의 흥미를 끌 만한 다양한 자료를 활용하거나 새로운 수업 기법을 도입하기도 한다. 그러나 장기간의 수업 참여관찰 결과 확인할 수 있었던 것은 이러한 흥미 유발 차원의 수업 기법은 학생들의 적극적인 수업 참여를 유도하는 데 근본적인 한계가 있다는 점이다. 예를 들어 학생들이 흥미를 느낄 만한 영상 자료를 활용해 수업을 진행하더라도, 수업 자체에 의욕을 상실한 학생들은 잠시 그 영상 자료에 주목할 뿐 곧바로 다시 잠을 자거나 딴짓을 하는 모습을 발견할 수 있었다.

반면 학생들을 지속적으로 수업에 참여하게 하려면 학생들이 스스로 배움의 과정에서 내재적 즐거움을 느끼게 해야 한다. 이는 단순히 효과적인 특정 수업모델을 도입하는 것만으로는 해결할 수 없다. 교육과정상의 지식과 탐구, 표현 과정이 유기적으로 결합되어 학생들이 스스로 지식을 이해하고 탐구하는 과정에서 배움의 즐거움을 느낄 때만 가능하다.

저자 과학 시간에 한 자유 탐구 수업은 어땠어요?
학생1 모둠끼리 스스로 주제를 정해서 탐구하는 게 재밌어요. 쓸 내용도 많고, 느낀 점을 보고서로 작성할 때도 신나게 작성하고.

학생2 관심 있는 것에 대해 친구랑 같이 하니까 좋은 것 같아요.

저자 여러분이 탐구한 주제는 뭐였죠? 어떻게 실험했어요?

학생1 매운 음식 먹었을 때 매운맛을 가장 빨리 없애는 음료가 무엇인가였어요.

학생2 저는 우유가 답인 줄 알고 있었지만 왜 그런지 궁금해서 실험을 해 봤어요. 매운 음식을 먹은 사람들에게 여러 음료를 먹이고, 평균을 구해서 우유가 매운맛을 가장 빨리 없앤다는 것을 알았어요. 왜 그런지 연구하다 매운맛을 내는 캡사이신 성분이 지용성이라 지방에 녹는다는 것을 알았어요. 알코올에도 잘 녹는대요.

학생1 결론적으로 말해 매운 음식을 먹었을 때 어린이나 청소년들은 우유를 먹고 어른들은 술을 먹으면 돼요. 어른들이 매운 닭발에 소주를 먹는 이유를 알았어요.

학생2 저는 아빠한테 매운맛을 없애려고 소주를 마시느냐고 물어봤더니, 우리 아빠는 그냥 소주를 좋아해서 드신대요. 하하.

— C중학교 1학년 5반 학생 인터뷰(2014. 9. 24.)

앞의 내용은 C중학교의 과학 교과 '자유 탐구' 수업에 참여했던 학생들과 한 인터뷰이다. 학생들은 자신들이 진행했던 수업을 회상하면서 매우 즐겁고 활기찬 모습을 보였다. 또한 자신들이 설정한 탐구 주제라든가 이에 대해 진행했던 실험 절차 등에 대해서도 매우 상세하게 기억하고 있었다.

그 이유는 학생들이 일상생활 속에서 쉽게 접할 수 있는 주제를 스스로 선정하고, 서로 협력하며 탐구하는 과정과 동료 학생들 앞에서 발표하는 기회를 경험했기 때문이다. 또한 동료 학생들의 발표를 듣고 궁금한 점을 질문하며 해결하는 과정, 학생 상호평가를 통해 다른 학생들의 탐구 결과를 함께 점검하는 과정을 경험했기 때문이다. 이처럼 학생들이 경험할 수 있는 일상생활을 대상으로 직접 탐구 활동을 진행하고 이를 공개적으로 발표함으로써 '경험-탐구-표현'이 유기적으로 연계되는 교육과정은 학생들에게 의미 있는 교육 경험으로 남게 된다. 그 속에서 학생들은 '배움 자체로부터 오는 즐거움'을 느끼게 되는 것이다.

(3) 자신의 목소리 드러내기

학생들이 교육과정 속에서 교과의 내용과 자신의 삶과의 관련성을 인식하고 배움의 즐거움을 느끼게 된다면, 바로 이러한 과정을 통해 자아의 가치를 인식하는 단계로 나아가게 된다. 번스타인은 이를 자신의 '목소리(voice)'를 확인하고 새로운 '메시지(message)'를 실현함으로써 새로운 정체성을 형성하는 과정으로 보았다.[17] 강한 분리가 형성되어 있는 구조에서는 자신의 사회적

---

17. B. Bernstein(1975), 《Class, codes and control volume 3 : Towards a theory of educational transmissions》, Second edition, London Routledge & Kegan Paul.

위치가 이미 고정되어 있기 때문에 자신의 목소리가 억압당하게 되며, 강한 통제가 형성되어 있는 의사소통 속에서는 자신의 메시지를 실현하기 어렵게 된다. 반면 약한 분리가 형성되어 있는 구조 속에서는 자신의 목소리를 드러낼 수 있으며, 약한 통제가 형성되어 있는 의사소통의 맥락에서는 자신의 메시지를 실현할 수 있게 된다.

교육과정에서도 마찬가지다. 학생들의 삶이나 사회적 가치와 유리된 교육과정에서는 기존의 사회질서나 이데올로기가 재생산되며, 학생들을 둘러싼 사회경제적 조건(계급, 인종, 성 등)과 관련된 정체성이 동등하게 인정되지 않고, 학교에서 가르치는 지식이 누구에 의해, 누구를 위해 작동하고 있는지를 통찰하지 못하게 된다. 반면에 학생들의 삶의 현실이나 사회적 가치와 긴밀하게 연결되어 있는 교육과정은 교과서나 교실에 갇힌 지식을 넘어서 세계와 관련된 쟁점들을 탐구하게 되고, 학생들은 자신들이 살아갈 세상을 대상으로 자신의 목소리를 드러내며 새로운 메시지를 실현하게 된다. 이 과정을 통해 좁은 울타리에 갇혀 있던 정체성에서 벗어나 미래지향적인 정체성을 형성해 가게 된다.

저자 위안부 할머니들을 위한 수요 집회에 참가했는데, 떨리지는 않았어요?

학생1 시위에 참가한 것은 처음이에요. 뉴스에서는 항상 시위하는 거에 대해 이상한 것처럼 나오는데, 막상 해 보니까 괜찮았어요. 처음에는 경찰한테 잡혀 가는 건 아닌가 생각했지만, 나중에는 하나도 무섭지 않았어요.

학생2 할머니들을 직접 뵐지는 몰랐어요. 울 뻔했어요.

저자 그 자리에서 마이크를 잡고 발언도 했는데, 기분이 어땠어요?

학생3 처음에는 망설였는데, 뭐랄까 가슴에 막 뭔가가 올라오는 거예요.

저자 왜 발언하고 싶었어요?

학생3 내 이야기를 하고 싶었으니까요. 할머니들을 위로해 드리고 싶었고, 잘못을 모르는 일본에게 사과를 받고 싶었어요.

— C중학교 2학년 1반 학생 인터뷰(2014. 11. 5.)

이 내용은 앞에서 언급한 '위안부 할머니 수요 집회 참가' 체험 활동에 참가했던 학생들을 대상으로 진행한 인터뷰다. 여느 중학생과 마찬가지로 이 학생들은 이른바 '시위'에 처음 참여하는 경험을 했다. 학생들의 입장에서 볼 때 '시위'라는 것은 언론 매체에서 보도하는 이미지처럼 "이상한 것", "잡혀 갈지도 모르는 두려운 것"이었다. 하지만 학생들은 그러한 분리(선량한 시민/과격한 시위자)를 넘어 자신이 직접 참여함으로써 타인을 위한 연대의 장에 함께하는 경험을 하게 됐다.

이 집회에서 학생들은 "가슴에 막 뭔가가 올라오는" 경험을 하게 된다. 그리고 "내 이야기를 하고 싶어서" 자발적으로 발언을 하게 된다. 교과서에서 배운 역사가 단순히 과거의 역사로 끝나는 것이 아니라 지금 눈앞에 전개되는 현실의 역사로 실현되는 것이자, 피억압자와 동일시되는 자기 정체성을 확인하며 "할머니를 위로해 드리고자 하는" 자신의 목소리를 드러내게 된 것이다.

저자 이번 집회에 참석하고 나서 생각이 바뀐 게 있나요?

학생3 꿈이 바뀌었어요. 역사 선생님으로요. 이런 현실을 모르는 사람들에게 진실을 알려 주는 사람이 되어야겠다는 생각을 하게 되었어요. 제 원래 꿈은 스포츠 아나운서였는데, 그건 막연한 선망이었던 것 같아요. 제가 역사를 좋아하니까, 스포츠를 중계하는 아나운서보다는 역사를 알려 주는 사람이 되어야겠다고 생각이 바뀌었어요.

학생1 저는 집회 다녀오고 나서 〈소리굽쇠〉라는 영화를 봤어요. 일본 위안부 할머니 이야기를 다룬 영화예요. 그걸 보면서 역사 문제에 대해 더 많은 관심을 갖는 계기가 되었어요.

학생2 풀리지 않는 문제가 많아요. 영토 문제, 독도 문제도 그렇고.

학생1 신문을 많이 읽게 되었어요. 뉴스도 많이 보고, 책도 많이 읽게 되고.

학생3 신문 하면 〈한겨레〉지. 진보적이잖아요. 저는 보수적인 신문 보기 싫어요.

학생4 저도 조중동 안 봐요.

저자 그런 건 학교에서 배웠어요?

학생3 그런 건 아니지만, 자연스럽게…….

저자 여러분은 세월호 참사에 대해서도 관심이 많죠?

학생1 네. 맨날 울고…….

학생2 릴레이 단식도 같이 했어요. 엄청 배고팠지만 아픔에 동참하려는 마음이 있었어요.

학생3 왜 아직도 특별법이 제정되지 않는지 모르겠어요. 전 솔
직히 개인의 문제가 아니라 국가의 문제라고 봐요.

학생4 전체적으로 우리 사회에 잘못된 점이 많아요.

학생3 이제 정권 교체가 필요해요. 그런데 우리는 왜 투표권이
없지?

학생2 교육감 선거도 학생들이 해야 한다는 이야기가 나와요.

학생3 조희연, 이재정 교육감 다들 잘 뽑았다고 말해요. 조희
연 교육감이 자사고 없애겠다고 하는데 추진력이 대단해요.

학생1 자사고는 돈 있는 사람들만 보내는 학교잖아요.

— C중학교 2학년 1반 학생 인터뷰(2014. 11. 5.)

이 학생들은 사회 문제에 대해 매우 폭넓게 관심을 갖고 있었
다. 학교 교육과정을 통해 알게 된 일본군 위안부 할머니 문제뿐
아니라, 일본과의 독도 영토 분쟁, 세월호 참사, 교육감 선거, 자
사고 문제 등 다양한 사회적 현안에 대해 폭넓게 이해하고 있었
다. 또한 새로 개봉된 다큐멘터리 영화, 뉴스, 신문 등에 대해서
도 스스로 적극적으로 관심을 갖고 접하는 모습을 확인할 수 있
었으며, 언론 매체의 정치적 성향에 대해서도 정확히 이해하고
있었다. 또한 정치에 무관심하기 쉬운 청소년들임에도 투표권이
없는 것에 대한 아쉬움을 표현하며 정치에 적극적으로 참여하려
는 모습을 보였다. 이는 일종의 잠재적 교육과정의 효과로서, 교
과와 사회가 긴밀하게 연결되어 있는 교육과정이 학생들로 하여
금 여러 사회 문제에 대해 스스로 관심을 갖고 참여하려는 태도

를 형성한 것으로 보인다.

더욱 중요한 것은 이 속에서 학생들이 자신의 새로운 정체성을 형성해 가고 있다는 점이다. '학생3'의 경우 막연하게 꿈꿔 왔던 기존의 장래 희망을 반성적으로 성찰하고, 사회 속에서 자신이 해야 할 역할을 깨닫고 새로운 진로를 모색하게 되었다. 그 역할 속에서 자신의 목소리를 적극적으로 드러내며 사회를 변화시켜 나가는 자아 정체성을 새롭게 형성하고 있었다.

저자　여러분은 언제 학교에서 존재감을 느껴요?

학생1　학생회에서 회의를 하면서 제 생각을 발표할 때요.

학생2　(학생1을 가리키며) 얘가 학교 축제 준비 부위원장이었어요.

학생1　축제 때문에 밤새 준비를 했어요. 하고 나니까 뿌듯하고……. (학생3을 향해) 야, 너 학생회장 안 나갈 거야?

저자　이 학생이 학생회장 나갔으면 좋겠어요?

학생1　얘가 책임감이 있어요.

학생2　똑 부러져요. 말도 잘하고, 착하고, 아는 게 많아요.

학생4　네가 나가면 우리가 선거운동 도와줄게.

학생3　고민이 많아요. 학생회장 나가고 싶은데, 다른 후보들이 워낙 인기가 많아서.

학생1　학생회장 선거가 인기 투표식으로 되는 게 문제예요.

학생2　우리가 바꿔야 해. 인기 투표 안 되게.

학생4　블라인드 선거를 했으면 좋겠어. 유세를 할 때 후보자 얼굴도 모르게 가리고, 목소리도 변조하고. 그래야 정책 선거가 되잖아. 학생들이 공약만 보고 뽑게.

학생3 그렇게 된다면, 한 번 나가 볼 만하죠.

— C중학교 2학년 1반 학생 인터뷰(2014. 11. 5.)

이 학생들은 사회 현안에 대한 높은 관심만큼 학교 문제에 대해서도 적극적으로 참여하고자 하는 의지를 보이고 있었다. 이 학생들의 발언에서 주목할 만한 것은 자기 자신의 문제나 학급 문제 등 좁은 범위를 넘어 학교라는 넓은 공간 속에서 자신의 역할을 찾고 적극적으로 목소리를 드러내려는 모습을 보이고 있다는 점이다. 이 학생들은 "학생회 회의에서 자기의 생각을 발표할 때"와 같이 적극적인 참여 속에서 자신의 존재감을 확인하고 있었으며, 불합리하다고 생각되는 기존의 규칙에 대해서는 "우리가 바꿔야 한다"며 적극적인 참여 의지도 밝혔다.

이러한 학생들의 모습은 1장에서 언급했던 학생 참여 유형 중 '참여'에 해당된다. 그러나 이는 단지 기존의 학교 질서가 자신에게 유리하다는 것을 알고 이에 수동적으로 참여하는 차원이 아니라, "학교에서 배우는 것이 나에게 의미가 있다"는 것을 깨닫고 이에 적극적으로 참여하는 모습에 해당한다. 또한 그 속에서 자신의 위치와 역할을 확인하고, 자신의 목소리를 적극적으로 드러내면서 불합리한 질서는 스스로 바꾸어 내려는 모습을 보이고 있었다.

수업을 통해 드러나는 구성원들의 관계

학교의 모든 교육 활동의 중심에는 수업이 있다. 수업은 계획된 교육과정이 구체적으로 구현되는 실천의 장이다. 수업은 또한 교사의 가르치는 행위(교수)와 학생의 배우는 행위(학습)로 구성되며, 교사-학생, 학생-학생 사이의 역동적인 상호작용이 이루어지는 곳이다. 수업을 둘러싼 외적 조건에는 학사 일정이나 시간표와 같은 시간, 교실 공간이나 좌석 배치와 같은 공간이 있다. 그리고 수업의 내적 구성에는 교사와 학생이라는 교육 주체, 교육과정이 구현된 교재 등이 있다. 수업은 이러한 외적 조건과 내적 구성이 상호작용하는 가운데 전개된다.

이 연구에서 수업 참여관찰, 학습활동지, 교사 및 학생 면접, 설문조사 등을 통해 확인한 A, B, C중학교의 수업 특징은 대략 다음과 같다.

<표 19> 연구 대상 학교 수업의 특징

항목	거의 나타나지 않음	때때로 나타남	일관되게 나타남
[교사-학생] 교사와 학생 사이에 대화적 관계가 형성되어, 학생들이 자신의 생각을 표현하며 수업에 참여한다.		A중학교	
		B중학교	
			C중학교
[학생-학생] 학생들이 서로 협력하며 다양한 학습활동을 수행한다.	A중학교		
		B중학교	
			C중학교
[교사-교사] 교사들이 서로 협력하며 수업 개선을 위해 노력하는 모습이 정착되어 있다.	A중학교		
			B중학교
			C중학교

A중학교 수업에서는 교사와 학생 사이의 강한 통제와 학생과 학생 사이의 강한 분리가 일관되게 관찰되었다. 거의 모든 수업에서 교사는 일방적인 강의 위주의 일제식 수업을 진행했고, 학생들은 조용히 앉아서 교사의 설명을 듣고 메모를 하는 등 소극적으로 수업에 참여했으며, 일부 학생은 딴짓을 하거나 엎드려 잠을 자는 모습을 보였다. 학습해야 하는 분량은 학생들의 입장에서 버거워 보였고, 교사는 시험 범위를 의식하며 대체로 빠른 속도로 수업을 이어 갔다. 학습활동지를 활용하거나 모둠 활동을 시행하는 수업은 일부 교사, 일부 교과의 수업에서만 관찰되었다. 공개수업 연구 모임 등 일상적인 교사들끼리의 협력을 통해 수업을 개선하려는 노력은 거의 볼 수 없었다.

C중학교 수업에서는 교사와 학생 사이의 약한 통제와 학생과 학생 사이의 약한 분리가 일관되게 관찰되었다. 거의 모든 수업

에서 교사들은 대체로 핵심적인 개념과 원리만을 간략히 설명하고 학생들의 활동 위주로 수업을 진행했다. 적극적인 교육과정 재구성에 따라 학습해야 할 분량이나 진도는 적절하게 조절되었고, 수업 시간마다 모둠 활동을 통해 학생들은 서로 협력하며 학습활동지에 제시된 과제를 해결하였다. 교사는 학생들이 학습한 내용을 발표하게 한 후 다른 학생들의 반응을 확인했으며, 이에 대해 적절한 피드백을 제공했다. 그리고 이러한 수업의 원리는 수업 공개 모임 등을 통해 일상적으로 교사들 사이에 공유되는 등 거의 모든 교과 수업에서 일관되게 관찰되었다.

B중학교 수업은 A중학교와 C중학교의 서로 상반된 수업 특징을 모두 보여 주었다. 기본적으로는 교사가 일방적으로 수업을 진행하는 일제식 수업 모습을 보였지만, 부분적으로는 학습활동지나 모둠 활동을 통해 학생들의 참여와 협력을 독려하는 모습도 나타났다. 하지만 전반적으로 B중학교에서는 일제식 수업에서 탈피해 학생들의 참여와 협력을 도모하는 수업을 지향하려는 노력을 보였다. 여전히 과거의 관행은 남아 있지만, B중학교 교사들은 수업 공개 모임 등을 통해 타 교사의 수업을 함께 참관하고 이에 대해 서로의 생각을 나누며 대안을 모색하는 노력을 이어 갔다. 그러나 아직까지는 모든 교과에 학생들의 참여와 협력을 중시하는 수업 모습이 구조적으로 정착된 단계는 아니었다.

1. 수업의 시공간적 맥락

수업은 시간표로 구현된 시간과 교실의 물리적 배치라는 공간 속에서 계획된 교육과정이 구현되는 과정이다. 따라서 시간과 공간은 수업의 외적 조건이라 할 수 있다. 수업의 시공간적 맥락은 학교의 특징에 따라 각각 다른 양상을 보일 수 있다. 어떤 학교에서는 매 수업 사이의 시간적 경계가 뚜렷하며 각각의 수업에서 시간은 직선적 흐름을 보인다. 또한 수업이 이루어지는 공간은 경계가 분명하며 고정적인 양상을 나타낸다. 반면 다른 유형의 학교 수업에서는 활동과 활동 사이 시간적 흐름이 유동적인 양상을 보이며, 공간적 특징 역시 뚜렷한 경계가 나타나지 않은 채 자유로운 이동이 가능하다. 그리고 이러한 시간성과 공간성의 특징에 따라 학생들이 실제 교실에서 경험하는 세계는 서로 달라질 수 있다.[1] 이러한 범주에 따라 연구 대상 학교의 수업에 나타난 시간 및 공간의 특징을 분석하면 다음과 같다.

---

1. 이형빈(2014), 〈학생의 수업참여 및 소외 양상에 대한 현상학적 연구〉, 《교육과정연구》 32(1), pp. 25~51.

(1) 수업이 진행되는 시간

분절적 · 직선적 시간

학생들은 보통 오전 8시나 9시까지 등교하고, 오후 4시나 5시까지 학교에서 시간을 보낸다. 학교의 시간적 특징은 시간표에 상징적으로 드러나 있다. 중학교는 수업 시간이 1교시부터 7교시까지 45분 단위로 배정되어 있으며, 매 시간마다 휴식시간 10분이 부여되고, 4교시 후에는 한 시간가량 점심시간이 주어진다.

이처럼 매 시간이 45분, 10분 단위로 분절되어 있으며, 그 단위에 맞춰 기계적으로 배정된 교과 수업이 진행되는 시간적 흐름은 인간의 자연스러운 신체적 리듬과는 거리가 먼 '인위적 시간'이라고 할 수 있다. 이러한 시간적 흐름은 시간과 시간 사이에 인위적인 단절을 낳으며, 교실이라는 고정된 공간에 하루 종일 앉아 있어야만 하는 학생들에게 고도의 인내력을 요구한다.

이러한 시간 배치는 근대 자본주의 체제 이후의 직선적 시간관과 직접적인 관련을 갖는다. 해가 뜨고 지는 것이나 계절의 변화를 시간의 기본적인 단위로 삼았던 전근대 사회와는 달리, 근대 자본주의 사회는 시간을 시, 분, 초 단위로 인위적으로 분할하여 이를 효율적으로 관리하게 되었다. 사람들이 몸에 지니고 다니는 손목시계나 학교 교실에 붙어 있는 시간표, 수업의 시종을 알리는 종소리는 이러한 근대적 시간의 상징이다.[2] 이는 '최소 비용,

---

2. 이승원(2005), 《학교의 탄생》, 휴머니스트.

최대 이윤'을 목적으로 하는 자본주의의 논리와도 연결되는 지점이다. 학교의 시간적 특징은 이른바 테일러리즘(Taylorism)에 따라 '시간 관리'와 '동작 관리'를 통해 노동자들의 업무 과정을 미세하게 통제하는 공장 모형과 동일한 형태를 지닌다.[3] 이는 시간을 통제해 권력의 의지에 복종하는 신체를 재생산하는 메커니즘이다.[4] 이러한 논리에 의하면 학교의 시간적 특징은 아침 8시나 9시에 맞추어 등교를 하고 매시간 45~50분 단위의 수업 시간을 인내하는 학생을 길러 냄으로써 자본주의적 시간에 부합된 노동력을 재생산하는 역할을 한다.

수업 시간에 나타난 또 다른 특징은 45분 단위로 서로 다른 교과 수업이 특별한 연관성 없이 임의로 배치된다는 점이다. 예를 들어 1교시는 수학, 2교시는 체육과 같이 서로 성격이 다른 교과가 어떠한 원리에 의해 배치되었는지 그 합리적인 근거를 찾을 수 없다. 학생들의 경험은 이러한 시간의 흐름에 직접적인 영향을 받는다. 예를 들어 학생들의 신체활동이 가장 활발하게 이루어지는 체육 시간이 오전 시간에 배치되느냐 오후 시간에 배치되느냐, 그리고 체육 시간 뒤에 수학처럼 난도가 높은 과목이 배치되느냐 여부는 학생들의 자연스러운 신체 흐름과 수업 분위기에 직접적인 영향을 미친다. 쉬는 시간 10분이 지나고 나면 학생들

3. 강이수(1997), 〈공장체제와 노동규율〉, 김진균·정근식 외, 《근대주체와 식민지 규율권력》, 문화과학사.

4. M. Foucault(1975), 《Surveiller et punir : Naissance de la prison》, Paris Gallimard ; 오생근 옮김(2003), 《감시와 처벌》, 나남.

은 시간의 장벽을 넘어 '천당과 지옥을 오가는' 듯 전혀 다른 세계로 넘나드는 체험을 하게 된다.

A중학교 학생들은 이러한 시간 배치 속에서 거의 매일 유사한 패턴을 보여 주고 있었다. 학생들은 아침 8시까지 등교해 미처 잠에서 깨어나지 못한 모습으로 1교시를 시작했다. 시간이 흐를수록 수업 시간에 자는 학생이 늘어나다, 점심시간이 가까워질 무렵 자는 학생이 줄어들었다. 점심시간에는 대부분 운동장에 나가 뛰놀다가 미처 숨을 고르지도 못한 채 5교시 수업을 시작했다. 5교시에는 자는 학생들 수가 최고치로 늘어났고, 종례 시간이 가까워질수록 잠에서 깨어나는 학생이 늘어갔다. A중학교의 동일한 학급에서 1교시부터 7교시까지 여러 차례 참여관찰을 한 결과, 대체로 1교시에는 2~3명이 졸기 시작하다 4교시에는 5~10명까지 잠을 잤고, 점심시간 직후인 5교시에는 5~15명까지 그 인원이 늘어났다. 시간이 흐를수록 점점 잠에서 깨어나 종례 시간 직전에는 1~2명만 자는 모습을 보였다.

A중학교의 수업은 대체로 교사의 강의 위주의 일제식 수업으로 진행되었다. 그리고 시험 범위에 맞춘 진도 나가기식 수업이 진행되다 보니 시험 기간이 가까워질수록 진도 나가는 속도가 빨라졌다. 교사와 학생들 사이에 의미 있는 의사소통이나 학생들의 모둠 활동은 특정 교과, 특정 교사의 수업 시간에만 이루어졌다. 이러한 강의 위주의 진도 빼기식 수업에서는 '빠른 속도의 직선적 시간'이 형성된다. 이 속에서 상당수 학생은 잠을 자거나 딴

짓을 하는 등 수업에서 소외되었다. 마치 공장의 컨베이어벨트가 빨리 돌아가면 결국 그 속도에 적응하지 못하고 톱니바퀴에 끼어 소외 현상을 경험하는 영화 〈모던 타임즈〉의 주인공 찰리 채플린을 연상케 하는 상황이었다.

일부 혁신 초등학교에서는 이러한 분절적이고 직선적인 시간의 양상을 극복하기 위해 블록 수업이나 주기집중수업을 시도하고 있다.[5] 블록 수업은 두 시간을 하나의 블록으로 묶고 동일한 교과수업을 연속적으로 배치해 학생들이 여유롭게 탐구 및 표현 활동을 진행할 수 있도록 하되, 블록과 블록 사이에 쉬는 시간을 더 길게 두는 형태다. 이 경우 학생들의 신체 리듬을 고려해 오전에는 주로 주지 교과 수업을 진행하고 오후에는 신체 활동이 이루어지는 예체능 교과를 배치하기도 한다. 발도르프 교육의 영향을 받은 주기집중수업은 3~4주 동안 하나의 주제를 중심에 두고 집중적으로 수업을 진행하는 형태를 말한다. 이는 분절적이고 직선적인 시간의 양상을 극복하고 학생들의 자연스러운 신체 리듬을 회복하려는 시도로 볼 수 있다.

이러한 새로운 시도는 초등학교에서는 상대적으로 용이하다. 담임교사가 교과목 대부분을 담당하면서 교육과정을 재구성하고 시간표를 자유롭게 운용하는 것이 가능하기 때문이다. 그러나 교과 중심의 분절적 교육과정이 이루어지는 중등학교에서는 현실적으로 쉽지 않다. 혁신학교인 B중학교나 C중학교에서도 이러한

---

5. 초등교육과정연구모임(2011), 《행복한 혁신학교 만들기》, 살림터.

새로운 실험은 보이지 않았다.

변화와 반복의 시간

B중학교나 C중학교 역시 A중학교와 마찬가지로 시간표로 상징되는 '인위적·직선적 시간'의 양상이 기본적으로 존재하고 있었다. 이는 중등학교가 교과 중심의 분절적 교육과정을 기본으로 하고 있기 때문이다. 주제 중심의 통합교육과정을 운영하더라도 새롭게 시간표를 편성해 학생들 입장에서 자연스러운 수업 흐름을 진행하기보다는 기존의 시간표 틀 속에서 과목별로 분절적인 수업을 이끌어 가고 있었다.

또한 A, B, C중학교는 모두 45분 수업에 10분 휴식이라는 시간표에 따라 하루 일과를 운영했다. 이러한 분절적 시간의 흐름 속에서는 교사가 여유를 갖고 수업을 진행하기 어렵고, 교실마다 예상치 못했던 돌발적인 변수 때문에 의도했던 진도를 45분 안에 마무리하지 못하는 상황이 벌어진다. 따라서 세 학교 모두 수업을 시작할 때 교사들이 가장 많이 사용하는 언어 중 하나가 "지난 시간에 어디까지 했죠?"였다. 이는 자연스러운 시간의 흐름을 가로막는 요소이기도 하다.

그러나 B중학교와 C중학교에서는 A중학교에 비해 수업 시간에 잠을 자는 학생이 현격히 적었다. 여러 차례 참여관찰을 한 결과를 종합해 보면 B중학교에서는 점심시간 직후인 5교시에 0~5명 정도가, C중학교에서는 0~1명 정도만 잠을 자는 모습이 관찰되었다. 이러한 모습은 세 학교 교사들을 대상으로 한 설문조사 결과에서도 확인할 수 있었다.

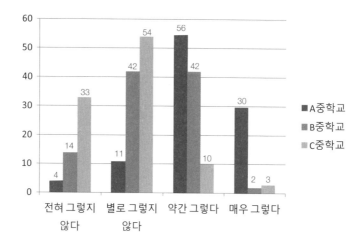

〈그림 15〉 수업에 대한 교사들의 인식 1 (단위 : %)

설문 : 나는 수업 시간에 졸거나 딴짓을 하는 학생이 많아 어려움을 겪고 있다.

B중학교와 C중학교는 두 가지 측면에서 A중학교와 다른 시간의 양상을 지녔다. 하나는 물리적 시간의 측면에서 볼 때 경기도 교육청의 지침에 따라 등교시간이 8시에서 9시까지 1시간 늦춰졌다는 점이다. 학생들은 좀 더 여유 있는 모습으로 아침밥을 챙겨 먹고 등교를 했고, 그 결과 1교시부터 잠을 자는 학생은 거의 관찰되지 않았다. 다른 하나는 심리적 시간의 측면에서 볼 때 A중학교의 수업과는 다른 시간 흐름이 관찰되었다. A중학교 수업

이 대체로 '인위적·직선적 시간'의 흐름을 보였다면 C중학교 수업은 대체로 '변화와 반복의 시간' 흐름을 보였으며, B중학교 수업은 그 중간 형태의 양상을 보여 주었다.

C중학교 수업은 거의 모든 시간에 '교사의 강의(약 5~10분) → 학생들의 개별 학습(약 5분) → 학생들의 모둠별 협력학습(약 5~10분) → 발표 및 공유(약 5분) → 학생들의 모둠별 협력학습(약 5~10분) → 발표 및 공유(약 5분) → 교사의 마무리(약 5분)'와 같은 패턴을 보였다. 그리고 이러한 과정을 통해 유사한 개념이나 원리, 하나의 학습 주제가 서로 다른 방식에 따라 반복적으로 학습되고 있었다. 그렇기 때문에 실제로 45분이라는 물리적인 시간이 직선적으로 흘러가는 것이 아니라 10~20분 정도에서 매듭을 이루게 된다. 또한 수업의 주도권 역시 '교사 → 개별 학생 → 소집단 → 전체 집단 → 소집단 → 전체 집단 → 교사'로 흘러가면서 의미 있는 변화와 반복을 형성하고 있었다. 그 결과 시간의 흐름도 변화와 반복을 이루면서 매시간 다양한 변주를 만들어서 학생들은 수업을 지루해 하지 않고 다양한 활동을 하면서 흥미롭게 참여하는 양상을 보였다.

이러한 반복과 변화의 시간이 형성되기 위해서는 진도 나가는 속도가 적절하게 조절되어야 한다. 특히 C중학교 교사들은 교과서에 나온 내용을 빠짐없이 가르쳐야 한다는 관행에서 벗어나 배워야 할 핵심 내용만을 간추려 학생들이 그 원리를 스스로 깨달을 수 있도록 수업을 진행했다. 즉 '교사가 많은 내용을 빠른 속도로 가르치는 것'보다는 '학생들이 적은 내용을 반복적으로 학습하는 것'을 지향했다. 그러다 보니 실제적으로 진도를 나가는 속도는 학생들의 능력에 맞게 적절한 수준을 유지하고 있었다. 다음에 제시된 설문조사 결과에서도 이러한 차이를 엿볼 수 있다.

〈그림 16〉 수업에 대한 학생들의 인식 1 (단위 : %)

설문 : 나는 수업 시간마다 빨리 수업이 끝나기를 기다리는 편이다.

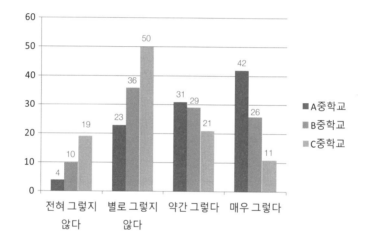

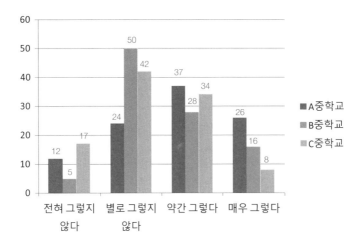

〈그림 17〉 수업에 대한 학생들의 인식 2 (단위 : %)

설문 : 나는 수업 진도가 너무 빠르거나 내용이 어려워 따라가기 힘들다.

'적절한 속도를 지닌 변화와 반복의 시간'은 학생들의 참여와
협력이 이루어질 수 있는 여지를 확보하게 한다. 그리고 이러한
시간의 흐름은 학생들이 직접 몸을 움직여 학습활동을 진행할 수
있는 가능성, 교사와 학생 간 소통과 학생과 학생 간 협력이 이루
어질 수 있는 가능성을 확보하는 토대가 된다.

(2) 수업이 이루어지는 공간

학교의 공간적 특징은 일자형 복도와 똑같은 규모의 교실, 교

탁을 마주한 채 일렬로 배치된 책상 등에서 나타난다. 학교와 감옥, 군대의 유사성에 주목한 푸코는 이러한 공간적 배치에 따라 감시자와 피감시자 사이에 '권력의 불균형'이 형성되고, 이 속에서 감시와 통제에 길들여지는 순응적 주체가 탄생한다고 보았다.[6]

교실 공간에는 교사와 학생, 학생과 학생 사이에 번스타인(Bernstien)이 말한 '분리'의 코드가 형성된다. 교사가 교탁 앞에 서서 수업을 진행하고 학생은 책상에 앉아 공부를 하는 물리적 배치 자체가 교사와 학생 사이에 존재하는 '분리'의 양상을 보여 주고, 학생과 학생 사이의 물리적 배치 역시 학생과 학생 사이에 존재하는 '분리'의 양상을 보여 준다. 교사가 교탁 앞에서 수업을 진행하고 모든 학생이 자리에 앉아 있는 형태는 그 자체가 일종의 '가르치는 자'와 '배우는 자' 사이의 권력 관계를 형성한다. 이러한 공간적 배치 속에서는 학생들은 교사가 전달하는 지식을 수동적으로 수용하는 관계가 형성된다.

또한 학생과 학생 사이의 물리적 배치가 어떠한 양상을 지니느냐에 따라 학생과 학생 사이의 '분리'의 양상이 다르게 나타낸다. 학생들의 상대적 서열을 의미하는 '석차(席次)'라는 용어가 일제 강점기에 학생들이 자신의 성적에 따라 교실에 앉아 있는 순서에서 유래한 것도 공간의 배치가 학생 간 '분리'와 얼마나 밀접한 관

---

6. M. Foucault(1975), 《Surveiller et punir : Naissance de la prison》, Paris Gallimard ; 오생근 옮김(2003), 《감시와 처벌》, 나남.

련이 있는지를 잘 보여 준다.

A중학교 교실은 전통적인 좌석 배치를 보이고 있다. 학생들은 일렬로 앉아 교사를 정면으로 바라보게 되어 있을 뿐 아니라, 학생과 학생 사이에도 간격이 존재하고 있다. 이는 흔히 초·중등 학교 교실에서 중간·기말고사를 치를 때 배치하는 이른바 '시험 대형'이다. 이러한 좌석 배치에서는 교사와 학생 사이에서뿐 아니라 학생과 학생 사이에서도 의미 있는 소통과 교류가 이루어지기 어렵게 된다.

〈그림 18〉 A중학교 교실 좌석 배치

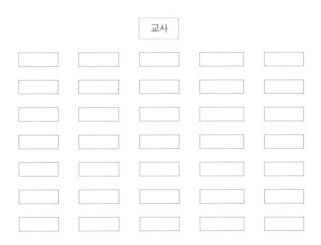

B중학교에서도 A중학교와 유사한 좌석 배치를 보이고 있다. 다만 A중학교와 다른 점은 학생들이 서로 짝과 붙어 앉아 있다는 점, 그리고 학급당 학생 수가 25명 이하로 일반 학교에 비해 10명

정도 적다는 점이다. 이러한 좌석 배치는 A중학교에 비해 학생과 학생 사이에 교류가 일어나기 쉬우며, 학급당 학생 수가 적어 수업에 보다 유리한 공간적 배치를 확보할 수 있다.

〈그림 19〉 B중학교 교실 좌석 배치

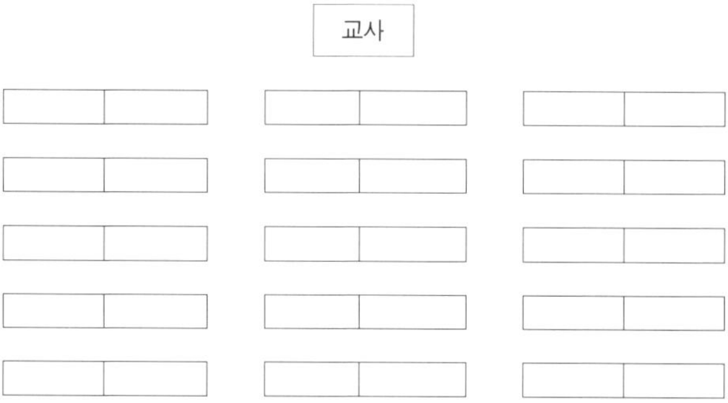

C중학교의 경우 혁신학교로 지정·운영되고 있지만, 지역에서 수용해야 하는 학생이 많아 일반 학교와 학급당 학생 수가 동일하다. 그 대신 이 학교에서는 모든 학급이 다음과 같은 'ㄷ'자로 배치되어 있다. 'ㄷ'자 배치는 학생들이 서로 얼굴을 마주보고 앉아 있는 구조다. 또한 'ㄷ'자 배치에서는 학생 몇 명만 책상을 돌리면 쉽게 모둠을 편성할 수 있다. 교사와 학생들 사이의 소통, 학생과 학생 사이의 협력이 용이한 구조다.

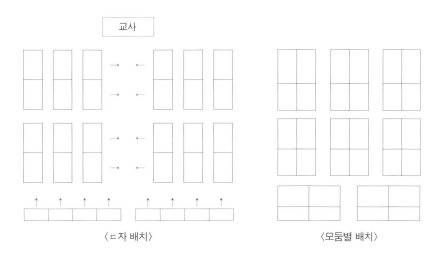

〈그림 20〉 C중학교 교실 좌석 배치

교사

〈ㄷ자 배치〉　　　　　　〈모둠별 배치〉

　　교실의 물리적 배치와 이에 따른 교사와 학생들의 시선은 그 자체로 '잠재적 교육과정'을 형성한다. 학생들이 고립된 채 일렬로 앉아 교사만 바라보고 있는 좌석 배치는 교사 주도의 일제식 수업에 적합한 물리적 배치이고, 교사와 학생 사이에는 '강한 통제'가, 학생과 학생 사이에는 '강한 분리'가 형성된다. 이에 따라 교사는 일방적으로 이야기하고 학생들은 수동적으로 듣기만 하는 권력 관계, 학생과 학생 사이에는 고립적 관계가 나타나게 된다. 반면에 ㄷ자 배치나 모둠별 배치와 같이 학생과 학생이 서로 마주앉아 시선을 교환할 수 있는 좌석 배치는 학생과 학생 사이에 '약한 분리'를 형성한다. 학생들이 서로 협력하며 배울 수 있는 상호적 관계가 나타나게 된다.

단절적 · 고정적 공간

A중학교에서는 학생들이 거의 모든 시간 교사와 칠판만 바라보는 공간 배치 속에서 일렬로 배치된 책상에 앉아 수업을 했다. 또한 책상과 책상 사이에는 간격이 있어 다른 학생의 노트를 본다든지 대화를 나누기가 어렵게 되어 있다. 이러한 형태로 좌석을 배치한 이유는 학생과 학생 사이에 물리적 간격을 줌으로써 수업 시간에 서로 잡담을 하지 못하도록 하기 위해서다. 그렇기 때문에 A중학교 수업에서는 학생들이 바로 옆에 앉아 있는 학생들과 서로 잡담을 하는 모습이 자주 나타나지 않았다.

이러한 공간적 배치 속에서 적잖은 학생이 멍하니 앉아 있거나, 교사의 눈을 피해 딴짓을 하거나, 책상에 엎드려 잤다. 이런 구조 속에서는 다른 학생들의 학습활동을 확인하거나 배우는 내용에 대해 서로 대화를 나누기가 어렵다. A중학교에서 학생들이 수업을 기피하는 양상은 '떠들기'보다 '잠자기' 형태였다.

이러한 공간 배치는 '단절적 · 고정적 공간'을 형성한다. 교사와 학생들 사이에서도, 학생과 학생 사이에서도 물리적 · 심리적으로 거리감이 존재하는 가운데 마치 교실에 작은 섬들이 떠 있는 듯한 단절이 일어난다. 좌석 배치에서도 변화가 일어난다든가 학생들이 몸을 움직이며 이동하는 상황이 존재하지 않는 고정적 공간 배치가 이루어진다.

A중학교에서 공간의 변화가 생기는 시점은 일부 교과에서 모둠 활동을 하거나 미술실 · 기술실 등 교과 교실로의 이동, 혹은

체육 수업을 위해 운동장으로 나갈 때였다. 이럴 때는 학생들 대부분이 매우 활발한 모습을 보였다. 특히 모둠별 활동이 이루어질 때는 활기를 띠고 적극적으로 수업에 참여했다. 운동장에서 체육 수업을 하고 돌아올 때에는 중학생다운 젊음과 패기도 발산했다. 이처럼 A중학교에서는 기본적으로 '단절적·고정적 공간'이 형성된 가운데 모둠 편성이나 이동 수업이 이루어질 때 간간이 공간의 변화가 일어났다.

하지만 이렇듯 급격한 공간 변화는 무질서한 혼란을 일으키기 쉽다. 예를 들어 학급 교실에 앉아 있다 과학실이나 미술실 등 교과 교실로 이동을 하면 좀처럼 정숙한 분위기가 형성되지 못하고 무질서한 혼란이 일어나게 된다. 또한 운동장에서 몸을 움직이며 활발하게 활동한 체육 수업 직후의 타 교과 시간에도 마찬가지로 수업 분위기가 좀처럼 잡히지 않았다.

> 저자 아까 과학실에서는 왜 학생들이 그렇게 떠들었던 것 같아요?
>
> 학생1 일단 교실에서 벗어난 기분 때문에 그런 것 같아요. 교실에서는 애들끼리 떨어져 앉아 있잖아요. 과학실에 가면 친한 애들끼리 모여 앉거든요.
>
> 저자 그래도 너무 심하게 떠들었던 것 같은데요?
>
> 학생2 아이들이 선생님 수업을 별로 좋아하지 않아요. 과학실에 가도 실험도 안 하고, 선생님 혼자 어려운 설명만 하고.
>
> — A중학교 3학년 5반 학생 인터뷰(2013. 10. 23.)

학생들과의 인터뷰에도 나오듯 A중학교 학생들은 이동 수업을 할 때 "일단 교실에서 벗어난 기분" 때문에 억눌려 있던 기분을 분출하게 되고, 자연스럽게 무질서한 분위기가 형성되었다. 학생들 사이에 간격을 두고 떨어져 앉던 학급 교실과 달리 테이블별로 학생들이 모여 앉다 보니 대화도 끊이지 않는다. 더욱이 교과 교실로 이동은 했지만 별다른 협력학습이나 실험·실습이 이루어지지 않고 여전히 교사의 설명 위주 수업이 진행되면서 무질서는 더욱 극대화되었다. 이처럼 적절한 학습과제가 부여되지 않거나 협력학습이 일상적으로 이루어지지 않은 상태에서의 공간 변화는 오히려 무질서를 불러오게 된다.

유동적·관계적 공간

B중학교는 A중학교와 달리 학생 두 명이 서로 붙어 앉아 있기 때문에 수업 시간에 동료 학생과 서로 이야기를 나누기 쉽다. 이는 때로 부정적인 혼란을 일으킬 수도 있으나, 학습활동 과제가 적절히 주어졌을 때는 동료 학생과 서로 대화를 나누며 협력적 활동을 수행하기 수월한 좌석 배치다.

또한 혁신학교로 지정되면서 학급당 학생 수가 감축되어 수업을 진행하는 데 여러 가지 장점이 생겨났다. 교사와 학생들이 일대다(一對多) 대화를 나누더라도 그 내용이 학급 전체에 퍼지는 게 쉽고, 교사가 학생들의 학습 과정을 세심하게 관찰하며 적절한 조치를 취할 수도 있다. 또한 모둠 편성이 수월해지는 등 협력 수업을 진행하는데도 유리한 조건이 형성된다. B중학교의 경우 모든 수업에서 적극적으로 모둠 활동을 도입한 것은 아니지만 상당수 수업에서 모둠 활동을 진행하고 있었다. 이처럼 학급당 학생 수 감축은 그 자체로 수업 혁신에 매우 유리한 조건이라 할 수 있다. 이는 정책적 차원에서 지역 내 모든 학교의 학급당 학생 수를 감축했던 '혁신교육지구 사업' 사례에서도 입증된 결과다.[7]

그러나 B중학교의 공간적 배치는 여전히 교사와 학생, 학생과 학생 사이 충분한 소통과 협력의 관계를 형성하고 있지는 못했다. 교사와 학생 사이 일대다 의사소통이 이루어지는 경우 A중학교에 비해 교사가 학생들 모두와 대화를 나누는 분위기가 형성되기는 하지만, 그렇다고 모든 학생이 동등한 비중으로 대화에 참여하는 것은 아니었다. 또한 B중학교 교실은 일자 배치를 기본으로 하면서 간혹 모둠을 편성했기 때문에 학생과 학생 사이의 활발한 소통과 협력은 제한적인 형태로만 나타났다.

C중학교 교실에서 가장 눈에 띄는 것은 ㄷ자 배치와 모둠 편성으로 인한 새로운 공간 배치였다. ㄷ자 배치는 학생들이 교사뿐 아니라 다른 학생들과도 쉽게 시선을 주고받을 수 있는 배치다. 이는 한 학생이 발표한 내용을 모든 학생이 쉽게 공유하고 서로 자신의 생각을 주고받기에 용이한 구조다. 모둠을 편성하기 전에도 누군가 발표하는 내용에 대해 학급 학생 전체가 서로 의견을

---

7. 이형빈(2014), 〈학급당 학생 수 감축 효과에 대한 참여관찰 연구〉, 《교육비평》 제33호, pp. 213~237.

주고받는 모습이 자주 관찰되었다. 이러한 공간적 배치는 학생들 끼리 협력과 소통의 관계를 형성하는 데 유리하다.

　C중학교는 거의 모든 수업에서 모둠 활동이 활발하게 이루어 졌다. 학생들은 교사의 설명을 듣다 익숙한 모습으로 모둠을 편 성했다. ㄷ자 배치에서 일부 학생이 책상을 조금만 이동해도 쉽 게 4명씩 모두 8개 모둠이 형성됐다. 모둠 활동을 마치면 다시 금 ㄷ자 배치로 책상을 이동한 후 모둠별로 활동한 내용에 대해 발표를 하고 이에 대해 다른 모둠 학생들과 토론을 나눈다. 대체 로 C중학교에서는 시간마다 두 차례 정도 모둠을 형성했다 다시 ㄷ자로 배치하는 모습을 보였다. 이러한 책상 배치 속에 C중학교 수업은 '교사의 설명→학생들의 개별 활동→학생들의 모둠 활동 →발표 및 공유'와 같은 흐름을 일관되게 보여 줬다. 이러한 공간 배치의 변화는 앞서 분석했던 '변화와 반복'의 시간적 흐름과 연 관되면서 '관계적 공간'을 형성하고 있었다.

저자　여러분들은 이렇게 ㄷ자로 앉아 있는 게 좋아요?
학생1　앞을 보고 앉아 있으면 선생님만 보거나 친구들 등만 보
　　　게 되는데, ㄷ자로 앉아 있으면 다른 애들 얼굴을 보면서 생
　　　각을 서로 나눌 수 있어요.
학생2　아이들끼리 토의도 하고 공유도 할 수 있어서 좋아요.
저자　아까 수업 시간에 보니까 모둠 활동을 하면서 서로 잘 가
　　　르쳐 주는 거 같아요. 늘 그래요?
학생1　네.

저자 중학교에 와서 이렇게 앉는 게 어색하거나 귀찮지는 않아
  요?
학생1 처음에는 좀 그랬는데 지금은 적응되었어요.
저자 적응하는 데 얼마나 걸렸어요?
학생2 한 달? 두 달? 지금은 익숙해요.
— C중학교 1학년 10반 학생 인터뷰(2014. 10. 31.)

C중학교 학생들은 이러한 공간 배치에 대해 전반적으로 만족
감을 보이고 있었다. 물론 입학 초기에는 어색한 측면도 있었으
나 곧 적응하게 되었고, "다른 애들 얼굴을 보면서 생각을 서로
나누고", "모둠 활동을 하면서 토의도 하고 공유도 하는" 모습을
보였다.

학생들은 수업 시간 내내 얌전히 앉아 수동적인 모습으로 학습
에 임하는 것이 아니라, 교사의 설명, 개별 학습, 협력학습, 발표
및 공유 등 시간의 변화에 따라 모둠을 편성하고 다시 원위치로
돌아오는 공간 배치를 통해 다양한 학습활동을 수행했다.

C중학교 교실에서는 때로 더 열린 형태의 공간 배치가 이루어
지기도 했다. ㄷ자 배치에서 학생들이 벽 쪽으로 조금씩 뒤로 이
동하면 교실 한가운데에 넓은 공간이 만들어지면서 '열린 ㄷ자
배치'가 형성된다. 이렇게 되면 교실 한가운데에 무대 공간이 설
치되고 학생들의 책상은 일종의 객석 역할을 하게 된다. 국어 수
업이나 음악 수업에서는 이러한 '열린 ㄷ자 배치'를 활용해 연극
이나 뮤지컬 공연이 이루어졌다.

A중학교 교실에서는 수업 시간 내내 '떠드는' 모습보다 '잠을 자는' 모습을 보였던 학생들이 이동 수업 시간에는 '잠을 자는' 모습보다 '떠드는' 모습을 보였다. 반대로 C중학교 학생들은 모둠 활동을 하는 동안에는 열띤 토론을 하다가도 학습활동을 전체적으로 공유하는 과정에서는 다른 학생의 발표를 경청하는 모습을 보였다. 이러다 보니 수업 분위기는 전반적으로 생동감과 차분함이 적절히 조화를 이루었다. 모둠 활동이 완전히 구조적으로 정착되지 않은 B중학교는 수업 양상에 따라 중간 형태의 특성을 보였다. 이는 다음과 같은 설문조사 결과에서도 확인할 수 있었다.

〈그림 21〉 수업에 대한 학생들의 인식 3 (단위 : %)

설문 : 나는 수업 시간에 몸을 움직이지 않고 가만히 앉아 있어야 하는 것이 너무 힘들다.

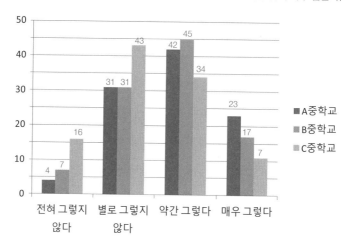

이러한 C중학교의 공간적 특징은 강의 위주의 교사 수업과 모

둠 중심의 협력학습이 반복적으로 이루어지는 시간적 흐름과 함께 다양한 형태의 학습활동 속에서 교사와 학생, 학생과 학생 사이 소통과 협력을 형성하는 토대가 되었다. 이는 비록 기존의 학교 건물이 갖는 획일적인 제한 조건에서 크게 벗어나지 않는 공간 배치이지만, 그럼에도 '상상력이 살아 있는 학교 공간'[8]을 창출하기 위한 의미 있는 시도라고 할 수 있다.

---

8. 송순재(2011), 《상상력으로 교육에 말 걸기》, 아침이슬.

2. 수업, 어떻게 관계를 맺는가?

(1) 교수-학습 상호작용으로서의 수업

수업은 기본적으로 교사의 가르치는 행위(교수)와 학생의 배우는 행위(학습)로 이루어진다. 하지만 교수 행위와 학습 행위는 각각 분리되는 것이 아니라 상호적인 관계 속에서 이루어진다. 교육학에서는 이를 '교수-학습'이라는 하나의 개념으로 사용하는 것이 일반적이다.

보통의 수업에서는 교사의 가르치는 행위와 학생의 배우는 행위가 서로 분리되어 진행되는 경우가 많다. 교사가 일방적으로 배워야 하는 내용을 정하고 강의 위주의 빠른 속도로 수업을 진행하며, 학생은 가만히 앉아서 교사의 설명을 듣거나 이를 받아 적기만 하는 것이 일반적이다. 이러한 수업은 가르치는 내용 선정, 가르치는 순서, 가르치는 속도, 지식의 전달 방식에서 교사의 주도권이 일방적으로 행사되는 강한 통제가 형성된 것이라 할 수 있다. 반면에 교사가 학생들이 스스로 탐구할 수 있는 기회를 충분히 제공하고, 학생들은 탐구 과정에 적극적으로 참여하면서 자신의 의견을 개진하며, 교사는 모든 학생의 반응에 주목하면서 이에 대해 적절한 피드백을 제시한다면, 이는 교사와 학생 사이에 소통과 대화적 관계가 이루어지는 약한 통제가 형성된 것이라 할 수 있다. 이는 다시 말해 학생의 참여가 실질적으로 보장된 수업을 의미한다.

수업에서의 관계는 교사와 학생들 사이에서만 형성되는 것이 아니다. 학생과 학생의 관계 역시 수업에서 매우 중요한 요소다. 수업에서 교사와 학생의 관계가 통제의 범주에 해당한다면 학생과 학생의 관계는 분리의 범주에 해당한다. 교사와 학생 사이의 통제 양상은 학생과 학생 간 분리에도 영향을 준다. 교사의 강의 위주 일제식 수업은 학생과 학생 사이에도 소통의 여지를 주지 않게 된다. 이는 학생과 학생 사이에 강한 분리를 형성해 의미 있는 협력이 이루어지지 않게 한다.

반면에 교사의 역할보다 학생의 참여가 부각되는 수업에서는 학생 간 협력이 활발하게 이루어질 여지가 많다. 학생들이 주어진 과제에 대해 서로 협력하며 문제를 해결하는 모둠 활동이나 프로젝트 수업에서는 학생과 학생 사이 경계가 약해지면서 약한 분리가 형성된다.

학생과 학생 사이 분리가 가장 강한 수업은 '능력별 편성(tracking)'에 따른 우열반 수업이다. 이러한 수업에서는 학업성취도가 높은 학생과 배움이 느린 학생 사이에 협력이 이루어지기 어렵다. 반면에 학생과 학생 사이 분리가 가장 약한 수업은 '소규모 이질 집단 속에서의 협력 수업'이다. 여기에서는 다양한 학생들이 모둠 활동을 통해 서로 참여하고 협력하는 과정에서 문제를 해결할 수 있다.

(2) 대화로서의 수업

인간은 기본적으로 언어를 통해 타인과 의사소통을 하고 세계와 교섭을 하는 언어적 존재다. 러시아의 기호학자 바흐친(Bakhtin)은 인간을 언어적 존재로 보고 인간의 의사소통에서 일어나는 다양한 담론적 특징을 언어사회학적 관점에서 분석하였다. 그는 인간의 언어는 단일한 주체의 목소리가 아니라 사회적 맥락 속에서 형성되는 다양한 목소리의 혼종으로 이루어진 다성적(多聲的) 성격을 지닌다고 보았다. 특히 그가 주목한 것은 언어의 대화적 속성이다. 단일한 주체의 목소리로 이루어진 독백적 언어가 아닌 다양한 주체의 목소리가 상호작용하는 대화적 언어가 소통되는 사회적 관계 속에서 기존의 폐쇄적 질서가 개방적 질서로 바뀔 가능성이 보장된다고 보았다.[9]

교실에서의 수업은 교사와 학생 간 대화적 관계를 기본으로 한다. 그렇기 때문에 수업을 분석할 때 교사의 언어를 분석하는 것은 매우 의미가 있다. 교실에서의 의사소통은 일상생활의 의사소통과 차이가 있기 때문이다.

교실에서의 의사소통은 기본적으로 교사와 학생 사이 일대다(一對多) 관계 속에서 이루어진다. 이는 일대일(一對一) 관계의 의사소통을 기본으로 하는 일상생활에서는 좀처럼 이루어지지

---

9. M. Bakhtin(1981), 《The dialogic imagination》, Austin University of Texas Press ; 전승희 · 서경희 · 박유미 옮김(1998), 《장편소설과 민중언어》, 창작과비평사.

않는 의사소통 유형이다. 예배당에서의 설교나 집회장에서의 연설 등도 일대다 관계의 의사소통이지만 여기에는 대화적 관계가 형성되지 않는다. 교실에서 교사와 학생의 대화 속에서는 일방적인 지식 전달이 이루어지기도 하지만 질의와 응답, 발표와 평가 등 상호작용적 대화가 이루어지기도 한다. 이 경우에도 특정 학생만을 대상으로 하는 대화, 전체 학생을 대상으로 하는 대화가 구분될 수 있다. 혹은 외면적으로 볼 때 대화는 아니지만 교사와 학생 사이 지시와 통제, 의견 교환과 공감, 갈등과 혼란 등 다양한 의사소통 양상이 나타나기도 한다. 때로는 교사의 언어가 외형상으로는 대화의 형식을 취하고 있지만 실질적으로는 내적 독백에 지나지 않는 경우도 있다.

다른 한편으로 교사와 학생의 의사소통은 비대칭적인 관계에서 이루어진다. 교사와 학생은 가르치는 존재와 배우는 존재라는 점에서 그 속에 이미 권력관계가 형성되어 있기 때문이다. 따라서 이러한 '비대칭적 일대다 관계' 속에서 이루어지는 의사소통은 교사의 권력이 우선시되는 일방적 의사소통, 학생의 개별성이 사라지는 몰인격적 의사소통, 대화적 언어가 아닌 독백적 언어가 지배하는 의사소통이 되기 쉽다.

교사의 언어에 대한 분석이 중요한 이유는 교사의 언어적 특징에 따라 학생들과 소통적 관계가 형성될 수도 있고 그렇지 않을 수도 있기 때문이다. 교사가 지나치게 강압적이고 일방적인 언어를 사용한다면 교사와 학생들 사이에 강한 통제가 형성되어 소통을 가로막게 되고, 반대로 교사가 대화적이며 경청과 배려의 언어를 사용한다면 교사와 학생들 사이에 약한 통제가 형성되어 소통적 관계가 이루어지게 된다.

독백적 언어와 대화적 언어

대부분 교사는 설명 위주의 강의를 이어 가다가도 학생들의 이해 여부를 확인하기 위해 질문을 하거나 대화를 시도하는 경우가 많다. 그러나 대부분 수업에서 학생들은 교사의 질문에 대답을 하거나 자신의 의견을 표현하는 모습을 찾아보기 어렵다. 많은 교사가 "학생들이 도통 반응이 없어 수업을 진행하기 힘들다."고 고충을 토로한다. 그러나 교사들의 언어를 살펴보면 실질적으로는 학생들과의 대화라기보다 '분열된 자아 사이의 대화', '대화를 가장한 독백적 언어'인 경우가 많다. 또한 교사의 질문에 대해 학생이 이러저러한 답변을 하는 대화도 이미 지식의 준거가 분명히 결정된 상태에서 '정답을 확인하는' 방식의 대화에 불과한 경우가 많다. 바흐친은 이러한 언어를 '타자와의 대화적 관계가 확보되지 않은 언어', '일원적이고 단일하며, 논박의 여지가 없는 신성불가침의 언어'인 '독백적 언어'로 보았다.

다음은 B중학교에서 하루 동안 한 학급의 수업을 모두 참관하면서 관찰한 교사들의 언어적 특징이다. 이 학급에 대해 교사들은 대부분 "학생들 반응이 너무 없어 수업하기 힘들다."고 말했다. 저자 역시 하루 동안 이 학급의 수업을 참관하면서 학생들의 반응 없이 수업이 무미건조하게 진행되는 것을 확인할 수 있었다. 그러나 교사들의 언어적 특징에 따라 학생들이 보다 적극적으로 수업에 참여하는 모습이 관찰되기도 하였다.

교사는 입실을 하고 나서 곧바로 "오늘 어디 할 차례니?"라고 학생들에게 묻고 곧바로 수업을 진행하였다. 그러고는 수업을 참관하는 저자조차 교사의 말을 놓칠 정도로 빠른 속도로 수업을 이어 갔다. 교사는 간간이 학생들에게 질문을 던지지만 학생들에게 대답할 틈도 주지 않고 곧바로 답을 이야기해 주었다. 전형적인 자문자답(自問自答)식 언어였다.

교사는 교과서에 나와 있는 문제들을 능숙한 모습으로 풀어냈다. 그러나 학생들과는 별다른 소통을 시도하지 않았다. 교사는 혼자 능숙하게 문제를 풀고 학생들은 그것을 구경하는 듯한 광경이었다. 교사는 유창하게 설명을 이어 갔지만 마치 '녹음기를 틀어 놓은 듯한' 어조를 지니고 있었다.

교사는 약 20분간 설명을 진행한 후 학생들에게 각자 교과서에 나온 문제를 풀도록 지시했으나 2분 만에 그 문제에 대해 설명해 주었다. 학생들의 입장에서는 불과 2분 만에 문제를 해결한 후, 교사의 설명을 들으며 자신이 제대로 문제를 해결했는지를 확인해야 했다. 대부분 학생은 가만히 앉아 교사의 설명을 듣기만 했고, 몇 명 학생은 책상에 엎드리거나 딴짓을 하기 시작했다.

— B중학교 2학년 5반 1교시 수학 수업 참관 일지(2014. 5. 28.)

교사는 입실을 하고 나서 몇 명 학생에게 이러저러한 사적인 이야기를 던졌다. 학생들이 교사를 친근하게 맞으며 이러쿵저러쿵 대화를 나누었다.

교사는 학생들에게 학습활동지를 나누어 주고는 지난 시간에 배웠던 내용을 잘 기억하고 있는지 확인을 했다. 교사의 언어는 '녹음기를 튼 듯한' 어조가 아니라 학생들과 일상적인 대화를 나누는 듯한 어조였다. 학생들의 답변은 이전 시간에 비해 훨씬 활발해졌다. 교사는 상냥하게 웃는 표정으로 학생들과 눈을 맞추며 이야기를 나누었다.

수업 내용은 '포화수증기량'의 개념과 원리를 학습하는 내용이었다. 교사는 '포화상태'와 '불포화상태'를 각 학급에 학생들이 얼마나 빽빽하게 앉아 있는가를 예로 들면서 설명을 하였다. 학생들은 흥미롭게 잘 듣고 교사의 설명에 맞장구를 쳤다.

20분이 지나자 교사는 학생들에게 학습활동지 문제를 풀도록 지시했다. 교사는 학생들 전체를 대상으로 친절한 설명을 하면서 학생들의 탐구 과정을 안내하였다. 교사는 학생들에게 질문을 던진 후 충분히 학생들의 반응을 기다려 주었다. 그리고 학생들이 발표하면 적절히 피드백을 제공하고, 발표한 내용을 다른 학생들도 이해를 했는지 확인했다. 그 과정에서 몇 명 학생은 '아!'라는 감탄사를 통해 그 내용을 이해했다는 반응을 보였다.

— B중학교 2학년 5반 3교시 과학 수업 참관 일지(2014. 5. 28.)

B중학교는 C중학교와 달리 모든 수업에서 모둠 활동을 적극적으로 활용하고 있지는 않았다. 오히려 여느 학교와 마찬가지로 전통적인 교사 강의 위주의 일제식 수업이 일반적이었으며, 간혹

학습활동지를 활용한 탐구 활동이나 모둠별 활동이 병행되고 있었다. 그런 만큼 교사와 학생들 사이에는 일대다 관계의 의사소통이 일반적이었고, 학생들은 수업 시간에 별다른 반응을 보이지 않았다. 하지만 앞에서 기술했듯이 1교시 수학 수업과 3교시 과학 수업에서 나타난 학생들의 참여 양상은 사뭇 달랐다.

1교시 수학 교사는 "오늘 어디 할 차례지?"라는 말로 수업을 시작할 만큼 '진도 나가기'에 대한 압박감을 크게 느끼는 것으로 보였다. 그래서인지 수업 시간 내내 매우 빠른 속도로 진도를 나갔다. 종종 학생들에게 질문을 던졌지만 학생들이 대답할 시간을 충분히 주지 않는 자문자답식 어법을 이어 갔다. 학생들에게 스스로 문제 풀이를 하는 시간을 주었지만 그 시간은 매우 짧았으며, 학생들의 학습활동에 대한 피드백 없이 문제 풀이 과정을 혼자서 이어 갔다. 이 수업의 특징은 학생들의 배움 과정을 살피지 않는 빠른 진도와 학생들이 대답할 시간을 주지 않는 자문자답식 설명이 이어졌다는 점이다.

반면에 3교시 과학 교사는 먼저 학생들과 사소한 일상의 이야기를 나누며 수업을 시작했다. 이는 야콥슨(Jakobson)이 언어의 여섯 가지 기능 중 하나로 분류한 '친교적 언어'라 할 수 있다.[10] 발신자(addresser)가 전달하고자 하는 메시지(message) 자세를 중시하는 '지시적 언어'와는 달리, 수신자(addressee)와의 접촉

10. R. Jakobson(1987), 《Language in literature》, Cambridge, Mass : Belknap Press ; 신문수 옮김(1989), 《문학 속의 언어학》, 문학과지성사.

(contact)을 중시하는 언어 기능이다. 이러한 친교적 언어를 통해 교사는 학생들과 일종의 래포(rapport)를 형성할 수 있다. 특히 이 교사는 이러한 친교적 관계를 형성하기 위해 상냥한 표정과 눈빛 등 '비언어적 표현'을 적극적으로 구사하고 있었다.

교사는 또한 어려운 과학적 개념을 설명할 때 학생들이 쉽게 이해할 수 있는 일상적 언어를 구사하였다. 그렇기 때문에 학생들은 학문적 언어와 일상적 언어의 소원을 넘어 어려운 개념에 쉽게 접근할 수 있었다.

이 교사의 언어에서 가장 특징적인 부분은 학생들과의 대화에서 '틈'을 잘 활용한다는 것이었다. 학생들에게 질문을 던진 후 충분한 시간을 갖고 학생들의 반응을 기다리기도 했고, 학생들이 발표한 내용을 다른 학생들도 잘 이해하고 있는지 확인하면서 '틈'을 활용한 대화를 이어 갔다.

바흐친에 의하면 진정한 대화란 주체의 '단일한 목소리' 속에 타자를 종속시키는 '권위적 담론'에서 나오는 것이 아니라, '타자와의 차이'를 인정하는 가운데 '동화의 과정'을 거치는 '내적 설득의 담론'에서 이루어진다. 따라서 학생들의 반응을 기다릴 '틈'이 없는 빠른 진도, 교사의 자문자답식 언어 속에서는 '대화적 관계'가 형성되기 어렵다. 반면에 교사와 학생들의 대화적 관계 속에서 학생들은 수업에 적극적으로 참여하는 모습을 보인다. 이렇게 볼 때 교사와 학생들의 대화적 관계란 단지 교실에서 교수-학습이 원활하게 이루어지기 위한 의사소통 수단만은 아니다. 교실에서 교사의 비권위주의적이고 탈중심적인 대화적 언어는 그 자체로 관계의 기능, 소통의 기능, 교육의 기능을 수행한다.[11]

통제적 언어와 배려적 언어

교실의 언어는 교사와 학생들 간의 '비대칭적 일대다 의사소통'이다. 교사의 언어는 먼저 '일대다 의사소통'이라는 측면에서 볼 때 크게 독백적 언어와 대화적 언어로 구분할 수 있다. 교사의 언어가 독백적이라면 교사와 학생들 사이에는 강한 통제가 형성되고, 교사의 언어가 대화적이라면 교사와 학생들 사이에는 약한 통제가 형성된다. 반면에 '비대칭적 의사소통'이라는 범주에서 볼 때 교사의 언어는 통제적 언어와 배려의 언어로 구분할 수 있다.

교실에서 교사의 언어는 일반적으로 통제적이기 쉽다. 교사와 학생들 사이에는 기본적으로 권력 관계가 형성되기 때문이다. 또한 다인수 학급을 지도해야 하는 조건, 많은 양의 지식을 짧은 시간 안에 전달해야 하는 교육과정상의 문제 등을 고려해 볼 때도 교사의 언어는 통제적으로 되기 쉽다. 교사들이 흔히 "조용히 해라.", "자는 학생들 일어나라.", "교과서를 펴라."와 같은 명령, 지시, 금지 등 통제적 언어를 일상적으로 사용하는 것도 이러한 이유 때문이다.

---

11. 심성보(2008), 〈대화의 기능과 교실의 대화적 공간으로의 변화〉, 《민주화 이후의 공동체 교육》, 살림터.

교사는 입실을 하자마자 "자는 애들 일어나라."라는 말로 수업을 시작했다. 그러고는 "숙제 안 해 온 사람 자리에서 일어나라."라고 말하고 교실을 순회하며 지난 시간에 내준 숙제를 검사하기 시작했다.

숙제 검사를 하는 중에 소란스러운 분위기가 연출되자 교사는 "모두 복도로 나갈까? 내가 몇 번을 이야기해야 조용해지겠니?"라며 야단을 쳤다. 교사가 "숙제를 해 오는 것도 기본적인 성의다."라며 훈계를 지속하자 학생들은 숙연한 분위기로 침묵을 지키고 있었다.

교사가 숙제를 안 해 온 학생에게 "왜 숙제를 안 했니?"라고 묻자 학생은 "시간이 없었어요."라고 대답을 한다. 교사가 "왜 시간이 없었니?"라고 묻자 그 학생은 다시 "교과서가 없었어요."라고 대답을 한다. 이에 대해 교사는 "그것을 변명이라고 하니?"라며 꾸중을 하며 훈계를 이어 갔다.

— A중학교 3학년 4반 사회 수업 참관 일지(2013. 10. 22.)

위와 같은 풍경은 일반적인 교실에서 흔히 볼 수 있는 모습이다. A중학교의 교사는 "자는 애들 일어나라.", "조용히 해.", "숙제 안 해 온 사람 일어나라."와 같이 명령적, 통제적 언어를 자주 구사했다. 숙제를 안 해 온 학생들에 대해서는 "숙제를 해 오는 것도 기본적인 예의"라는 전제 조건 하에서 "왜 숙제를 안 했니?"라고 다그치며 물었다. 이 표현은 사실상 질문이라기보다 질책에 가까운 언어다. 학생이 숙제를 못할 만한 특별한 사정이 있었는지, 학업에 어려움을 겪고 있는 것은 아닌지 등을 배려하는 언어라기보다 "무슨 일이 있어도 숙제는 반드시 해야 한다."는 강한 학업 질서를 형성하는 언어다. 학생의 답변에 대해 "그것을 변명이라고 하니?"라는 질책은 어떠한 반론도 허락하지 않는 독백적 언어에 해당한다.

이러한 교사의 통제적 언어는 교사와 학생들 사이에 강한 통제를 형성하고 대화적 관계를 가로막는다. 실제로 위와 같은 질책이 이어진 후 수업 분위기는 매우 침체된 가운데 진행되었고, 학생들은 수업 시간 동안 배운 내용에 대해 질문을 하거나 특별한 반응을 보이지 않는 어색한 분위기가 형성되었다.

C중학교 교사들의 언어는 상대적으로 통제적 언어가 적었다. 그 대신 학생들의 질문이나 반응을 경청하고 이를 격려하는 언어가 상대적으로 많았다. 이는 교사 개인의 특성이라기보다 C중학교의 일반적인 문화로 볼 수 있었다. 특정한 날 특정한 학급의 모든 수업을 참관한 결과를 확인해 봐도 이를 알 수 있었다.

> 교사의 설명이 어느 정도 진행된 후 모둠 활동이 시작되었다. 책상에 엎드려 잠을 자던 학생도 모둠 활동이 진행되자 잠에서 깨어나 활동에 참여하였다. 교사는 그 학생에게 "오늘은 ○○이가 자지 않고 참여해 줘서 고마워요."라고 이야기해 주었다.
>
> — C중학교 1학년 10반 2교시 수학 수업 참관 일지(2013. 10. 31.)

학생들이 모둠별로 나눈 이야기를 발표하였다. 학생들이 소란해지자 교사는 "다른 학생들이 이야기할 때 경청해 주세요."라고 말했다. '경청'은 이 학교에서 일상적으로 사용하는 언어다. 학생들은 곧 조용한 분위기 속에서 다른 모둠 학생들의 발표를 들었다.

— C중학교 1학년 10반 3교시 수학 수업 참관 일지(2013. 10. 31.)

한 학생이 "이 시 너무 어려워요."라고 투정하자 교사는 "그렇지. 이 시는 너무 어려운 시야."라고 맞장구를 쳐 주었다. 그러고는 "그 시가 어렵다는 것을 알아낸 것도 중요한 것을 발견한 거야."라며 학생들의 탐구를 독려하였다.

— C중학교 1학년 10반 4교시 국어 수업 참관 일지(2013. 10. 31.)

한 학생이 교사가 지시한 대로 학습활동 결과를 유창하게 발표했다. 그런데 발표하는 속도가 약간 빨랐다. 교사는 "다시 한번 천천히 이야기해 줄래? 친구들이 모두 잘 들었으면 좋겠어."라고 이야기했다. 이 학생이 발표를 마치자 교사는 "○○이의 발표에는 중요한 포인트가 세 가지 있어요. 그것이 무엇인지 이야기해 볼까요?"라고 말한다. 교사는 어떤 학생에게 발표를 시키고 그 학생이 제대로 답변을 못하자, "틀려도 괜찮아. 자기 생각을 이야기해 봐."라고 격려해 주었다. 그 학생이 끝내 답변을 못하자 "그 모둠의 다른 친구가 발표를 해 볼까?"라고 하였다.

— C중학교 1학년 10반 5교시 과학 수업 참관 일지(2013. 10. 31.)

모둠 활동이 진행되기 전 교사는 각 모둠별로 그림 잘 그리는 학생을 한 명씩 추천하라고 했다. 어떤 모둠에서는 추천받은 학생이 계속 소극적인 모습으로 그 역할을 맡기를 꺼려하고 있었다. 그러자 교사는 "○○이가 힘들어 하네. 그 모둠의 다른 누군가가 좀 도와주자."라고 이야기하였다.

— C중학교 1학년 10반 6교시 역사 수업 참관 일지(2013. 10. 31.)

C중학교 교사들의 언어에는 '격려하기', '돌려 말하기', '경청하기', '협력을 유도하기'와 같은 특징이 일상적으로 관찰되었다. "자는 아이들 일어나."라는 말보다는 "오늘은 자지 않고 참여해 줘서 고마워요."라고 격려하기, "떠들지 마."라고 이야기하기보다 "다른 친구들이 말할 때 경청해 주세요."라고 돌려 말하기, "○○이의 발표에는 중요한 포인트 세 가지가 있어요."라고 경청하기, "○○이가 힘들어 하네. 다른 친구가 좀 도와주자."라고 협력을 유도하기 등이 그러하다. 그리고 이는 교사 개인의 특징이 아니라 거의 모든 교사의 수업에서 일관되게 발견되는 문화적 특징이었다. 이 속에서 학생들은 자신이 존중받는다는 느낌을 갖고 수업에 더욱 적극적으로 참여하며, 수업에서 소외되는 친구들을 도와주려는 협력의 문화가 형성되고 있었다. 그리고 이 문화는 모든 교사에게 긍정적인 영향을 주고 있었다.

저는 교사가 된 지 한 달이 지난 신규 교사입니다. 오늘 참관한 수업 참 감동적이었어요. 선생님이 굳이 목소리를 높이지 않아도 학생들이 모두 수업에 참여하고 있었어요. 이를 통해 저 자신의 모습을 돌이켜 보게 되었어요. 제가 수업을 하면서 가장 힘들었을 때는 학생들이 참여하지 않고 떠들기만 할 때예요. 저는 학창 시절 수업 시간에 떠든다는 것을 상상할 수도 없는 학생이었던지라, 무척 화가 났어요. 몇 번이고 소리를 질렀어요. 하지만 이제는 소리를 지르지 않게 되었어요. 반마다 수업에 참여하지 않는 학생이 한두 명씩 있는데, 이제는 그 아이들을 야단치기보다는 참여시키는 방법이 무엇인지 고민하게 되었어요.

— C중학교 신규 교사의 발언(공개수업 연구 모임, 2014. 4. 2.)

위의 신규 교사의 발언을 통해 C중학교 교사들이 일상적으로 사용하는 존중과 배려의 언어가 다른 교사들의 성찰과 성장에도 긍정적인 영향을 미치고 있음을 알 수 있다. 경력이 적은 젊은 교사일수록 학생들의 상황을 이해하지 못하고 큰 소리로 윽박지르는 등 통제적 언어를 사용하기 쉽다. 하지만 위의 신규 교사는 C중학교의 학교문화 속에서 자연스럽게 자신의 언어와 수업을 성찰하는 모습을 보이고 있다. 그리고 교직을 시작한 지 불과 한 달 만에 목소리를 낮추고 학생들을 수업에 참여시키는 방법을 모색하게 되었다.

이러한 C중학교의 모습은 나딩스(Noddings)가 말한 '배려의 교육'[12]이 일상적으로 정착된 것으로 볼 수 있다. 흔히 혁신학교

---

12. N. Noddings(1992), 《The challenge to care in schools》, Teachers College Press ; 추병완 · 박병춘 · 황인표 옮김(2002), 《배려교육론 : 인간화교육을 위한 새로운 접근》, 다른우리.

를 '배움과 돌봄의 책임교육 공동체'로 규정하는데, 여기서 말하는 돌봄이란 보육이나 복지의 차원을 넘어 '배려의 관계를 구축하는 공동체적 학교문화'를 말한다.[13] 가정과 학교를 각각 돌봄과 훈육의 영역으로 구분하는 전통적인 관념을 비판한 나딩스는 학교교육이 지향해야 할 것도 배려의 관계를 형성하는 것이라고 주장했다. 학교교육의 주요 목적은 지식의 습득과 함께 타인을 배려하는 도덕적 인간을 형성하는 것이기 때문이다. 그는 학교에서 교사가 학생들과 배려의 관계를 형성하기 위해 필요한 것은 대화, 경청, 동기부여, 모델링 등이라고 했다. 이러한 배려의 관계는 교사가 일방적으로 형성하는 것이 아니라, 배려하는 사람과 피배려자의 상호 관계와 신뢰 속에서 구축되는 것이다. 이러한 배려 교육의 출발은 교사가 사용하는 배려의 언어라고 할 수 있다.

(3) 교사와 학생의 소통

교사와 학생들 사이에 강한 통제가 형성되어 있는 수업에서는 교사는 일방적으로 가르치고 학생은 조용히 듣는 모습이 일반적이다. 반면에 약한 통제가 형성되어 있는 수업에서는 학생들의 역할이 보다 참여적이고 적극적인 모습을 지닌다. 이 경우 교사의

---

13. 성열관 · 이순철(2011), 《혁신학교》, 살림터.

역할은 전통적인 강의 위주의 수업에서와는 다른 양상을 지니게 된다.

C중학교에서 추구하고 있는 '배움의 공동체' 수업에서는 교사의 역할을 '경청하기', '연결하기', '확장하기', '되돌리기' 등으로 보고 있다.[14] 이러한 수업에서 교사는 일방적으로 말하는 역할에서 벗어나 학생들의 다양한 반응을 경청하는 역할을 맡게 된다. 아울러 한 학생이 표현한 내용을 다른 학생들과 공유하고, 나아가 학생들의 개별적인 생각을 서로 연결해 더 고차원적인 탐구로 확장하는 역할을 하게 된다. 또한 학생들이 배우는 과정에 어려움을 겪으면 이를 다시 되돌리는 역할도 한다.

> 이번 시간은 현대 소설 〈운수 좋은 날〉에 대해 학생들이 학습하는 국어 시간이었다. 지난 시간에는 학생들이 스스로 작품을 읽고 줄거리를 요약하는 활동을 진행하였다. 교사는 먼저 한 학생에게 줄거리를 발표하도록 했다. 학생의 발표가 끝나자 교사는 "여기에 덧붙일 이야기가 있는 학생은 발표해 보세요."라고 지시하였다. 몇 명 학생이 줄거리를 덧붙였다. 그러자 점점 더 풍부한 줄거리가 완성되어 갔다. 교사는 주로 학생들의 발표를 서로 연결하는 역할을 수행하다, 간혹 "'아내를 내팽개치고'는 너무 부정적인 표현이죠? 다른 표현은 없을까요?"와 같은 피드백을 주기도 하였다.
> 다음 학습활동은 '이 작품에 대한 의문점을 찾기'이다. 줄거

---

14. 박현숙(2012), 《교사는 수업으로 성장한다》, 맘에드림.

리 요약하기 활동은 학생들이 개별적으로 수행했지만, 이 활동은 모둠별로 모여 토론식으로 진행되었다. 학생들이 활발하게 모둠 내 학생들과 토론을 나누었다. "아내가 아프다는데 도대체 김 첨지는 왜 술을 먹는 거야? 집에 빨리 들어가야지."와 같은 이야기를 모둠별로 학생들이 나누었다.

교사는 각 모둠에서 학생들이 나누는 이야기를 듣고 그중 의미 있는 질문을 골라 칠판에 적도록 했다. 학생들의 질문은 "그 시대의 서민들은 왜 가난했을까?", "김 첨지는 왜 이날만 돈을 잘 번 것일까?", "김 첨지는 아내가 아프다는데 왜 술을 마셨을까?", "김 첨지는 왜 집으로 돌아갈수록 발걸음이 무거워졌을까?", "작품의 제목이 왜 '운수 좋은 날'인가?"와 같은 내용들이었다.

교사는 학생들이 제기한 질문을 또 다른 질문과 연결하는 역할을 했다. 예를 들어 "김 첨지는 왜 이날만 돈을 잘 번 것일까?"라는 질문을 "작품의 제목이 왜 '운수 좋은 날'인가?"라는 질문과 연결하였다. 또한 이 질문을 "그 시대의 서민이 가난한 이유는?"이라는 시대적 배경과 연결하여 생각해 보도록 주문하였다.

다음으로 교사는 이러한 질문에 대한 답변을 모둠별로 찾아보도록 지시하였다. 학생들은 다시금 모둠별로 열심히 토론을 진행하였다. 교사는 다음 시간에는 모둠별로 토론한 내용을 바탕으로 이 작품에 대한 비평문을 쓰고, 이를 수행평가에 반영한다고 예고하였다. 모둠별로 학생들이 토론을 진행하는 가운데 수업 시간이 끝났다.

— C중학교 3학년 2반 국어 수업 참관 일지(2014. 5. 13.)

위의 수업 장면에는 C중학교가 추구하는 '배움의 공동체 수업'에서 교사의 역할이 잘 드러나고 있다. 먼저 이 수업은 일반적인 일제식·강의식 수업과는 달리 교사의 역할보다 학생들의 활동이 부각되고 있다. 특히 교사가 제시한 문제에 대해 학생들이 해답을 찾는 방식이 아닌, 학생들이 '작품에 대한 의문점'을 스스로 제기하고 이에 대해 탐구하는 방식으로 수업이 진행되었다.

교사의 역할은 '경청하기', '연결하기', '되돌리기'에 집중되어 있었다. 교사는 먼저 학생들이 이 작품의 줄거리를 발표하도록 한 후 그 내용을 서로 연결하여 풍부한 작품의 골격을 완성시켜 갔다. 또한 학생들이 토론하는 내용을 잘 경청한 후 그중 의미 있는 내용을 골라 칠판에 적고 다른 학생들이 토론한 내용과 서로 연결하는 역할을 수행했다. "김 첨지는 왜 이날만 돈을 잘 번 것일까?"라는 질문을 '운수 좋은 날'이라는 작품의 제목과 연결하여 생각하도록 했고, 이를 또한 작품의 사회적 배경과 연결하여 "이 시대의 서민이 가난한 이유"를 탐구하도록 요구하였다. 그리고 다시 이러한 질문을 모둠별 활동을 통해 해결하도록 하는 '되돌리기'의 역할을 수행하였다.

이러한 교사와 학생들의 상호작용은 일반적인 교실에서의 의사소통 양상과는 다른 면모를 보인다. 메한(Mehan)은 교실에서의 일반적인 의사소통 패턴을 'IRE' 구조로 보았다.[15] 즉 교사

---

15. H. Mehan(1979), 《Learning lessons : Social organization in the classroom》, Cambridge, Mass : Harvard University Press.

의 질문(initiation, "이것은 무엇일까요?")에 대해 학생이 대답 (response, "그것은 ○○입니다.")하고 이에 대해 교사가 다시 평가(evaluation, "참 잘했어요.")하는 방식이다. 이러한 의사소통의 패턴은 교사가 질문을 할 수 있는 권력, 학생의 반응을 평가할 수 있는 권력을 행사하는 양상이다. 이는 교사와 학생들 사이의 의사소통이 기본적으로 비대칭적인 관계에서 이루어지기 때문에 만들어지는 패턴이다.

반면에 C중학교 수업에서 교사의 역할은 IRE 패턴과는 다른 양상을 보인다. 교사가 학생의 말을 경청하고, 이를 모든 학생에게 공유하게 하고, 다양한 반응을 연결하여 확장하거나 되돌리는 방식은 웰스(Wells)가 말한 'IRR' 패턴에 가깝다.[16] 이는 교사가 질문을 하고 학생의 대답을 평가하는 IRE 패턴과는 달리 교사가 학생의 반응에 대해 '반향(revoicing)'하는 단계를 거쳐 한 학생의 의견이 다른 학생과 상호작용을 하도록 돕는 것을 의미한다. 이러한 의사소통의 관계에서는 보다 평등하고 협력적인 대화가 이루어지며 학생들의 참여도 보장될 수 있다.[17]

C중학교의 수업에서는 졸거나 딴짓을 하는 학생이 거의 없이 모든 학생이 적극적으로 참여하는 모습을 보였다. 이 속에서 학생들은 소설 작품이라는 '대상과의 만남'을 이루고, 다른 학생들과 협력적인 학습활동을 하면서 '타자와의 만남'을 이루고 있었

---

16. G. Wells(2007), 〈Semiotic mediation, dialogue and the construction of knowledge〉, 《Human development》 50(5), pp. 244~274.

17. 이혁규(2013), 《누구나 경험하지만 누구도 잘 모르는 수업》, 교육공동체벗

다. 이런 만남이 자신의 삶에 대한 성찰로 이어질 수 있다면 '자기와의 만남'을 통해 더욱 확장된 자아를 구축해 갈 수 있게 된다. 교사는 이러한 만남을 매개하는 역할을 한다. 이는 프레이리 (Freire)가 일방적으로 학생의 머릿속에 지식을 쌓아 놓는 방식의 '은행저금식 교육'에 반대되는 개념으로 말한 '문제 제기식 교육'[18], 즉 학생들이 자신을 둘러싼 세계에 대해 적극적으로 질문을 던지고 이를 탐구하는 가운데 자기 인식의 해방을 이루어 가는 방식의 교육이라 할 수 있다.

(4) 학생과 학생의 협력

수업은 기본적으로 교사의 가르치는 행위와 학생의 배우는 행위로 이루어진다. 하지만 교실에는 교사와 학생들 간의 일대다 관계만 존재하는 것이 아니라 학생과 학생 사이 다양한 관계가 존재한다. 또한 교실 속의 미시적 권력 관계는 교사와 학생들 사이에만 존재하는 것이 아니라 학생과 학생 사이에도 서열 형태로 존재한다. 일반적으로는 학업 성적이나 교우관계, 물리적 힘, 외모나 성격 등이 그 서열에 영향을 미친다. 이는 학생들이 스스로 만들어 낸 것이기도 하지만 학교 문화나 교사의 수업 방식도 의

---

18. P. Freire(1970), 《Pedagogy of the oppressed》, New York Herder and Herder ; 남경태 옮김(2009), 《페다고지》, 그린비.

식적, 무의식적인 영향을 미친다.

수업에서 교사와 학생들의 관계가 '통제'의 범주에 해당한다면 학생과 학생의 관계는 '분리'의 범주에 해당한다. 학생들 사이의 분리가 강한 수업은 학생들 사이에 의미 있는 협력 관계가 이루어지지 않는 수업으로, 능력별 편성에 따른 우열반 수업이 이러한 분리가 가장 강한 수업이라 할 수 있다. 이러한 수업에서는 학업성취도가 높은 학생과 배움이 느린 학생 사이에 협력이 이루어지기 어렵다. 그 반면 학생과 학생 사이 분리가 가장 약한 수업은 '소규모 이질 집단 속에서의 협력 수업'이다. 여기에서는 다양한 학생들이 섞여 서로 협력하는 과정이 이루어질 수 있다.

동질 집단에서의 고립

학생과 학생 사이 분리가 가장 강한 수업은 학업성취 수준에 따른 우열반 수업이다. A중학교에서는 영어와 수학 교과에서 이른바 수준별 이동 수업이 진행되고 있었다. 반면 B중학교와 C중학교에서는 수준별 수업이 이루어지지 않았다. 다음은 A중학교에서 진행된 영어 교과 '하'반의 수준별 수업 장면이다.

수업 시작을 알리는 종이 울리고 나서도 교실의 분위기는 매우 어수선했다. 교사는 수업 분위기를 잡기 위해 애를 썼다. 수업은 5분이 지나고 나서야 본격적으로 시작되었다.

교사는 이전 시간에 배운 것을 간단히 확인한 후, 학생들에게 교과서 학습활동을 수행하도록 지시했다. 절반 정도의 학생만 학습활동을 수행하고, 나머지 학생은 떠들고 장난을 치거나 책상 위에 엎드려 있었다. 잠시 후 교사는 한 학생을 지목하여 발표를 시켰다. 다른 학생들은 이 학생의 발표를 거의 듣지 않는 분위기였다. 교사는 학생의 발표에 간단히 "잘했어요."라고 해 주고 진도를 이어 갔다.

교사는 파워포인트 화면으로 준비한 자료를 보여 주면서 학습활동 과제의 답을 확인해 주었다. 학생들은 별다른 반응을 보이지 않다가 잠시 유명한 연예인 사진이 나왔을 때 "아, 예쁘다."라는 반응을 보였다. 하지만 화면에서 그 사진이 사라지자 다시금 주의를 거두었다. 교사가 불러 주는 답을 필기하는 학생은 몇 명에 불과했다.

교사는 다시 화면을 통해 미국 드라마의 한 장면을 보여 주었다. 간단한 줄거리를 이야기해 주었지만 유심히 듣는 학생은 별로 없었다. 드라마 상영이 시작되자 3분의 2 정도의 학생이 관심을 갖고 보기 시작했다. 하지만 드라마 상영이 지속될수록 학생들은 관심을 거두고 엎드려 자거나 딴짓을 하기 시작했다. 수업 시간이 끝날 때 즈음에는 3분의 1 정도의 학생만 드라마를 보고 있었다.

— A중학교 2학년 영어 수준별 수업 참관 일지(2014. 9. 11.)

A중학교의 경우 학생들의 협력 수업은 거의 관찰되지 않았다. 국어, 사회, 기술·가정 교과 등 일부 교과에서만 개별 교사의 재량에 따라 모둠 활동이 진행되었다. 그 대신 영어와 수학 교과에서는 학생들의 학업성취 수준에 따른 수준별 이동 수업이 진행되었다. 3개 학급 학생들이 '상-중-중-하' 4개 학급으로 재편성되어

이동 수업이 진행되었고, 이 중 '하'반에서는 일반 학급당 학생 수의 절반 이하에 해당하는 15명 정도 학생이 배정되었다. 이는 학생들의 학업성취 수준에 따른 맞춤형 수업을 진행하고, 특히 '하'반에 소수 인원을 배정함으로써 개별 지도가 수월하게 이루어지도록 하기 위한 것이다.

그러나 실제로 수준별 이동 수업 '하'반에서는 내실 있는 수업이 진행되기 어려웠다. 이 학급을 담당한 교사는 학생들의 흥미를 유발할 만한 여러 가지 보조 자료를 준비하고, 가급적 쉽게 천천히 수업을 진행하려고 애를 썼다. 그러나 학생들은 학습내용에 좀처럼 흥미를 보이지 않았다. 교사가 준비한 보조 자료에 대해서도 연예인 사진이 나올 때만 잠시 흥미를 보였을 뿐 전반적인 학습 의욕은 매우 낮았다. 미국 드라마를 상영할 때도 처음에만 관심을 나타냈을 뿐 상영이 지속될수록 책상에 엎드려 자는 학생이 늘어났다.

이 학생들은 학업성취 수준이 유사한 학생들끼리 모였다는 점에서 동질 집단이라 할 수 있다. 그러나 수준별 이동 수업 '하'반에 편성되어 있다는 것 자체가 일종의 '낙인 효과'가 되어 학습 의욕 자체를 거의 보이지 않았다. 15명 남짓의 적은 인원이 모였지만 교사와 학생들, 학생과 학생 사이에 의미 있는 소통과 협력이 이루어지지 않았다. 설사 이 학생들이 모둠 활동을 진행한다 하더라도 서로의 활동을 독려하며 모둠 활동을 원활히 이끌 만한 학생이 없기 때문에 의미 있는 협력학습이 이루어지기는 어려울 것으로 보였다. 이는 수준별 수업이 참여와 협력에 따른 교육의 원리에 부합하지 않을 뿐 아니라 실제 학업성취 향상이라는 측면에서도 별다른 효과를 거두지 못한다는 연구 결과[19]에서도 확인할 수 있는 사항이다.

이질 집단에서의 협력

수준별 수업에서는 학생들의 학업성취 격차에 따라 동질 집단이 형성된다면 다양한 학업 수준의 학생들이 모여 있는 일반 교실에서는 이질 집단이 형성된다. 그러나 이질 집단에서도 교사 주도의 일제식 수업이 진행된다면 학생들 사이에는 상호작용이나 협력은 이루어지지 않게 된다. 이 경우 교실 안에 모인 학생들은 마치 엘리베이터에 모인 낯선 사람들처럼 특별한 상호작용이 이루어지지 않는 집단을 형성하는 것이나 마찬가지다. 이와 달리 소규모 이질 집단 속에서의 협력학습은 '긴밀하게 네트워크화된 상호작용'[20]을 지향한다.

이러한 이질 집단에서 학생들의 협력이 가장 활발하게 이루어지는 형태는 모둠 활동을 활용한 수업이다. 교사 강의 위주의 일제식 수업에서 벗어나 모둠 활동을 통해 학생들이 서로 협력하며 스스로 과제를 해결하는 수업 방식을 도입하는 학교들이 점차 늘

---

19. 백병부(2010), 〈학습부진 학생에 대한 수준별 하반 편성 및 특별보충수업의 교육적 효과〉, 고려대학교 박사 학위논문.

20. J. P. Sullivan(2010), 《Emergent learning》, Massachusetts Lap Lambert Academic Publishing ; 현인철·서용선·류선옥 옮김(2013), 《세 학급이 들려주는 창조적 집단지성학습》, 씨아이알.

어나고 있다. 이는 C중학교의 모든 수업에서 일관되게 관찰되는 모습이며, B중학교에서는 때때로, A중학교에서는 간혹 관찰되었다.

〈그림 22〉 수업에 대한 교사들의 인식 2 (단위 : %)

설문 : 나는 수업 시간에 학생 모둠 활동을 적극적으로 활용하고 있다.

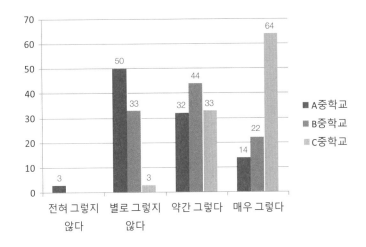

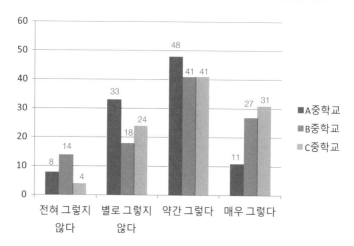

〈그림 23〉 수업에 대한 학생들의 인식 4 (단위 : %)

설문 : 우리 반 학생들은 수업 시간에 서로 모르는 것을 알려 주며 협력을 한다.

C중학교에서는 A중학교와 달리 수준별 수업을 전혀 진행하지 않았다. 그 대신 모든 교과 수업에서 모둠 활동을 중심으로 한 협력 수업이 일상적으로 진행되고 있었다. 이는 다른 학교에서는 보통 수준별 이동 수업을 진행하는 영어와 수학 교과에서도 마찬가지였다.

수학 시간에 최소공배수, 최대공약수에 대한 학습이 진행되었다. 교사는 지난 시간에 배운 내용을 확인하고 몇 명 학생에게 앞으로 나와 칠판에 문제를 풀어 보도록 지시하였다. 몇 명 학생이 나와 칠판에서 문제 푸는 시범을 보였다. 학생들은 그 과정을 잘 경청하였다. 어떤 학생이 잘 이해되지 않는 것을 질문하니 다른 학생이 이에 대해 설명을 해 주었다. 책상이 ㄷ자로 배치되어 있어 반 전체에 그 내용이 잘 공유되었다. 마치 테이블에 앉아 세미나를 진행하는 듯한 느낌이 들었다.

교사가 새로운 학습활동지를 제시하였다. "최대공약수나 최소공배수를 이용하여 풀 수 있는 문제를 만들고, 그 해결 과정을 써 봅시다."라는 도전적인 과제, 이 학교에서 흔히 '점프 과제'라고 부르는 것이다. 모둠 활동이 약 15분가량 진행되었다. 어떤 학생이 모둠 활동을 하다 "자연수가 뭐야?"라고 물었다. 학생들은 자기가 모르는 것을 친구들에게 묻는 것을 꺼리지 않는 분위기였다.

— C중학교 1학년 1반 수학 수업 참관 일지(2014. 4. 2.)

위의 수업 장면은 C중학교에서 일상적으로 관찰되는 모습이었다. 다양한 학업성취 수준을 지닌 학생들이 모둠별로 서로 협력하며 주어진 과제를 해결하고 있었다. 교사는 기본적인 개념을 간략히 설명해 주고, 간단한 문제는 학생들이 스스로 해결하도록 한 후 이를 학급 전체와 공유하는 방식으로 수업을 진행하였다. 또한 '배움의 공동체 수업' 모형에서 흔히 '점프 과제'라고 부르는 과제, 고차원적인 문제해결 능력이 요구되는 과제는 모둠별로 4명씩 학생이 모여 함께 협력하면서 해결하고 있었다. 모둠 활동을 할 때 학생들은 서로 모르는 문제를 가르쳐 주거나 어려운 문제는 지혜를 모아 해결하는 모습을 보였다.

특히 위에서 인용했듯이 배움이 느린 학생은 "자연수가 뭐야?"라고 거리낌 없이 친구들에게 물어 보고, 이 개념을 이미 아는 학생은 친구에게 또래의 언어로 쉽게 설명해 주었다. 만약 교사가 설명 위주로 수업을 진행했다면 모든 학생이 '자연수'를 안다는 가정 하에 진도를 나갔을 테고, 그러한 분위기 속에서 학생은 자신이 '자연수'의 개념을 모른다는 질문을 하기 어려웠을 것이다. 교사 중심의 수업에서는 은폐될 수 있었던 것이 학생들의 모둠 활동 속에서는 자연스럽게 드러났고, 이러한 협력 수업에 익숙한 학생들은 그것을 부끄러워하지 않게 되었다. 교사 중심의 수업에서는 자칫 간과하기 쉬운 부분이 학생들의 협력학습 과정 속에서는 일상적으로 드러남에 따라 수업에서 소외되는 학생도 줄어들게 된 것이다.

C중학교의 모둠별 협력학습에서 의미 있게 봐야 할 것은 흥미롭고 도전적인 성취의 경험을 제공하는 '점프 과제'의 중요성이다. 수준별 수업에서 '하'반은 흔히 가장 기초적인 개념을 반복하여 익히는 방식으로 교육과정이 구성되기 마련이다. 그러나 이 경우 성취 수준이 낮은 학생들은 늘 비슷비슷한 과제만 접하게 될 뿐 흥미롭고 도전적인 성취를 경험하지 못하게 된다. 반면에 이질 집단의 모둠별 협력학습 과정에서 흥미롭고 도전적인 과제를 접하는 학생들은 서로 협력하며 과제를 해결하는 경험을 하게 되는데, 성취 수준이 낮은 학생들 역시도 지적 희열과 의미 있는 성취 경험을 통해 자존감과 학습 의욕을 회복할 수 있게 된다.

'점프 과제'는 비고츠키가 말한 '근접발달영역'의 창출과 관련이 깊다. 주지하다시피 근접발달영역이란 '학생의 실질적 발달 수준과 잠재적 발달 수준의 거리'로서, 혼자서는 해결하기 어렵지만 동료 학생들과의 협력 속에서는 해결할 수 있는 과제가 주어질 때 형성될 수 있다. 이러한 관점에서 볼 때 점프 과제는 '협력적 배움을 불러일으킬 만한 수준의 과제'[21]라고 바꾸어 말할 수 있다. 학생들의 입장에서 볼 때 너무 쉽지도 않으면서 도전적인 의욕을 불러일으킬 만한 수준의 과제, 다른 학생들과의 협력을 통해 해결할 수 있는 흥미로운 과제가 제시될 때 질 높은 도약을 이루어 낼 수 있다. B중학교에서도 도전적인 점프 과제를 이질 집단의 협력학습 과정에서 흥미롭게 해결하는 모습이 관찰되었다.

> 교사가 마지막으로 제시한 과제는 이른바 '점프 과제'였다. 학습활동지에는 다음과 같은 문제가 제시되었고, 학생들은 모둠별로 이 문제를 해결하는 활동을 수행하였다.
> "디오판토스는 일생의 6분의 1을 소년으로, 일생의 12분의 1을 청년으로 보냈다. 일생의 7분의 1은 자식이 없는 결혼생활을 하였고, 5년 후에 아들을 낳았다. 그러나 아들은 아버지 인생의 반만 살다 세상을 떠났고 디오판토스는 슬픔 속에 4년을 지내다 삶을 마쳤다. 디오판토스가 생을 마감한 때의 나이는?"
> 굉장히 어려운 문제일 텐데 학생들은 의외로 아주 적극적인 모습을 보였다. 토론하는 학생들의 목소리가 높아져 교실이 굉장히 소란스럽게 느껴질 정도였다.
> — B중학교 1학년 7반 수학 수업 참관 일지(2014. 6. 11.)

---

21. 장군(2015), 〈배움의 공동체, 도전 과제 살피기〉, 윤양수 · 원종희 · 장군, 《수업의 정치》, 살림터.

참관 교사 선생님의 수업에서 핵심은 과제의 성격인 것 같습니다. 모두가 도전감을 느낄 수 있는 과제, "도대체 몇 살에 죽었나?"가 궁금해서 문제를 풀고 싶게 만드는 과제입니다. 그리고 이 수업에서 목표했던 것, 수학을 삶 속에서 이해하는 과정이 실현되었다고 봅니다.

수학 교사 모둠 수업을 하면 자는 아이가 없어요. 공부를 못하는 학생도 서로 편하게 물어보고 가르쳐 주는 환경이 조성될 수 있으니까요. 수학적 지식뿐 아니라 관계적인 측면, 정의적인 측면도 중요해요. 저는 수학 시간에 수준별 과제를 주는 것은 꺼림칙해요. 못하는 아이도 어려운 문제에 도전할 권리가 있는 게 아닌가 싶어요.

— B중학교 공개수업 연구 모임(2014. 6. 11.)

위에서 인용한 교사의 말 속에 이질 집단에서의 협력학습 원리가 무엇인지 명확하게 드러나 있다. "서로 편하게 물어보고 가르쳐 주는 환경" 속에서 흥미롭고 도전적인 과제, "궁금해서 문제를 풀고 싶게 만드는 과제"를 제시함으로써 학생들의 성취를 보장하는 것이 그러하다. 실제로 학생들은 이러한 과제에 대해 매우 적극적으로 도전하려는 모습을 보였다. 여기서 특히 "수준별로 과제를 주는 것은 꺼림칙하다."며 "못하는 아이도 어려운 문제에 도전할 권리가 있다."는 교사의 인식은 인상적이었다. 수학 교과처럼 학생들 간 성취 격차가 벌어지기 쉬운 교과에서도 협력학습을 통해 모든 학생의 배움을 보장하는 것이 불가능하지 않다는 것을 입증하고 있다.

협력학습에서 교사의 역할

학생들의 협력학습은 단지 교사가 과제를 제시하고 학생들이 알아서 해결하기를 기다리는 것을 의미하지 않는다. 교사는 모든 모둠에서 학생들의 협력활동이 활발하게 이루어지는지, 그 과정에서 소외되는 학생은 없는지 유심히 살피며 이를 지원하는 역할을 해야 한다. 또한 학생들의 모둠 활동 후 이를 학급 전체와 공유하고 학생들의 학습 결과를 서로 연결해 더 고차원적인 단계로 확장해야 한다.

C중학교에서 모둠별 협력학습이 이상적으로 이루어지는 경우는 수업의 흐름이 '교사의 설명→학생의 개별 학습→모둠별 협력학습→발표 및 공유→연결 및 확장'이 유기적으로 이루어지는 경우였다. 교사가 간단하게 개념을 설명해 주고, 학생들이 스스로 간단한 과제를 해결한 후, 이를 바탕으로 도전적인 과제에 대해 서로 협력하여 해결하고, 이를 학급 전체가 공유하며 새로운 사고로 확장하는 과정을 거칠 때 의미 있는 협력학습이 이루어질 수 있었다.

그러나 모든 모둠 활동이 이러한 원리를 제대로 구현하고 있는 것은 아니었다. 학생들의 모둠 활동이 일상적으로 정착되어 있는 C중학교에서도 간혹 실질적인 협력학습의 원리가 구현되지 못하는 수업이 관찰되었다.

교사는 모둠을 배치하고 학생들에게 문제를 함께 풀어 보도록 지시하였다. 그러나 모둠 내에서 협력적인 문제 해결 활동은 거의 이루어지지 않았다. 학습활동지를 보니 협력학습을 유도하는 과제라기보다는 개별 학생이 혼자 해결해도 상관없는 과제가 제시되어 있었다.

그래서인지 모둠 내에서 학생들끼리 상호작용하는 모습은 볼 수 없었다. 가끔 대화하는 모습이 보이기는 했지만, 단순히 답을 묻고 알려 주는 이야기만 오갈 뿐 토론이나 문제해결 활동이 이루어지는 경우는 거의 없었다.

이윽고 교사는 학생들에게 작성한 답안을 발표하도록 했지만, 답이 맞았는지 틀렸는지만 간단히 확인할 뿐, '연결하기'나 '되돌리기'와 같은 활동은 이루어지지 않았다.

교사가 다시 모둠을 만들도록 지시를 하고 새로운 학습활동지를 나누어 주었다. 새로운 학습활동지에 제시된 과제 역시 협력학습을 유도하기에는 적절하지 않은 과제로 보였다. 시간이 흐를수록 몇 명 모둠에서는 학습활동과 상관없는 이야기로 잡담을 하는 학생들이 늘어났다. 교사는 이에 대해 적절한 개입을 하지 못한 채 방관하는 듯한 모습이었다. 어떤 학생은 모둠 활동이 진행되는 와중에도 책상에 엎드려 잠을 잤다. 이전 시간에 활발히 모둠 활동을 진행하던 모습과는 전혀 다른 양상을 보이고 있었다.

— C중학교 2학년 1반 수학 수업 참관 일지(2014. 5. 26.)

C중학교에서도 신규 교사나 이 학교에 새로 전입한 교사의 수업에서 위와 같은 모습이 간혹 발견되었다. 이런 경우 모둠 활동을 수행하더라도 실질적인 협력학습은 이루어지지 않았다. 학생

들이 모둠별로 모여 있더라도 혼자서 과제를 수행하거나 아니면 다른 학생이 작성한 답안을 단순히 베껴 쓰고 학습 과제와 상관없는 잡담을 하는 경우가 그러하다. 이는 모둠 활동이 오히려 부정적인 혼란을 가중하는 경우라 할 수 있다.

다음과 같은 C중학교 교사들의 발언은 이러한 모둠 활동의 난점을 잘 나타내고 있다.

> 이런 방식의 수업은 모든 학생이 참여한다는 점에서 의의가 있는 것 같아요. 무엇보다도 잠을 자는 학생이 없어져요. 다른 학교 이야기를 들어 보면 수업 시간에 네다섯 명씩은 잠을 잔다고 하는데 그렇지 않으니까 좋은 것 같아요. 하지만 간혹 활동을 해야 할 때 활동을 안 하고 딴짓을 하는 학생이 있는 것을 보면 제대로 수업이 이루어지고 있는 것인지 의문이 들기도 해요. 어떤 학생들로 모둠이 구성되어 있느냐 아니냐에 따라 모둠 활동이 잘 되기도 하고 안 되기도 해요. 그렇다고 해서 모둠을 성적순대로 골고루 배치하는 것도 옳지 않은 것 같아 고민이에요.
>
> — C중학교 신규 교사 인터뷰(2014. 5. 26.)

> 과학 수업은 모둠 활동만으로 이루질 수는 없고 강의식도 필요한데, 어느 때 모둠 활동을 해야 효과적일지 고민이 돼요. 또 답이 확실하면 아이들이 모둠 활동을 안 하고, 각자 답을 적고 가만히 기다리는 경우도 있어요. 자기네들끼리 자기 생각을 적어 놓고 교사가 이를 피드백해 줄 때 잘 듣지 않는 경우도 있어

요. 나중에 학습활동지를 걷어서 확인해 보니 학생들이 틀린 답을 적어 놓은 것이 그대로 남아 있기도 해요. 이럴 때면 모둠 활동을 하는 것이 의미가 있나 하는 회의가 들 때도 있어요.

— C중학교 전입 교사 인터뷰(2014. 5. 26.)

모둠 활동에서 실질적인 협력학습이 이루어지지 않는 경우는 대부분 제시된 과제가 협력학습에 적절하지 않는 경우가 많았다. 학생들이 혼자서 해결해도 충분할 성격의 개별 과제가 주어진다 든가, 아니면 너무 막연한 과제가 주어져서 학생들이 무엇을 해야 할지 모르는 경우가 그러하다. 혹은 지나치게 모둠 편성을 자주 함으로써, 학생들이 스스로 학습하는 단계가 생략된 채 무작정 모든 과제를 함께 해결하는 방식으로 수업이 진행되는 경우에도 실질적인 협력학습이 이루어지는 것은 어려웠다. 이 경우 학생들이 모여서 불필요한 잡담을 하는 등 부정적인 혼란이 가중되었다.

수학 교사 저는 어떤 모둠에서 학생들이 서로 문제에 대해 이야기를 나누고는 있지만 제대로 갈피를 잡지 못하는 모습을 보며 고민에 빠졌어요. 이 순간에 내가 어떻게 해야 할지, 직접 개입을 해야 할지……. 하지만 그러지 말자고 생각을 했죠. 학생들이 머뭇거리고 아무것도 못하는 순간에만 개입을 해서 방향을 알려 주는 역할만 수행을 하고자 했어요. 저는 한 모둠을 보면서도 다른 모둠도 함께 관찰을 해요. 딴짓을 하는 모둠은 없는지, 아예 방향을 못 잡는 모둠은 없는지…….

학생들이 모둠 활동을 할 때 교사가 해야 할 역할은 그것이라고 생각해요.

참관 교사1 협력은 일방적인 관계가 아니라고 생각해요. 모둠 내에서 모든 것을 다 잘하는 학생은 존재하지 않아요. 수학 잘하는 학생, 국어 잘하는 학생 따로 있어요. 그런 다양성을 인정하고 가야 해요.

수학 교사 모둠 활동이 끝나면 학생들에게 발표를 하게 하는데, 주로 수업에 잘 참여하지 않는 학생을 지목해서 발표하게 합니다. 그래도 발표에 소극적인 모습을 보이기도 해요. 이런 경우 제가 이 학생에게 발표를 시키는 것이 잘한 일인지, 오히려 이 학생이 제대로 발표를 못해서 나머지 학생들이 제대로 배울 기회가 없어지는 것은 아닌지 고민이에요.

참관 교사2 학생이 발표한 이후에 교사가 이를 다시 설명해 주면, 다른 학생들은 학생의 발표에 집중하기보다 교사의 설명만 집중하게 돼요. 그것이 고민이에요.

참관 교사3 모둠 편성을 어떻게 해야 할지에 대해서도 고민이에요. 성적이 다양한 학생들을 인위적으로 섞는 것도 어색하고, 그렇다고 임의로 모둠을 편성하면 잘하는 모둠은 잘하지만 못하는 학생들만 모인 모둠은 아무것도 안 하게 돼요. 그래서 모둠 편성은 담임교사가 성적이나 교우관계를 두루 고려하면서 편성한 모둠을 존중하는 것이 좋을 것 같아요.

— B중학교 공개수업 연구 모임(2014. 6. 11.)

위와 같은 교사들의 발언에는 학생들의 협력학습에서 교사의 역할에 대한 고민이 진솔하게 드러나 있다. 교사는 언제, 어느 정도로 개입을 해야 하는지, 모둠 편성은 어떤 원리로 해야 하는지, 협력학습이 활발하게 이루어지지 않는 모둠은 어떻게 해야 하는지, 학생들의 발표가 미흡한 경우 교사가 어떻게 해야 하는지 등 교실에서 벌어질 수 있는 수많은 변수에 대해 고민을 할 수밖에 없다.

하지만 이는 이론적으로 정리할 수 있는 문제가 아니다. 예를 들어 초등학교의 경우 흔히 모둠 활동에서 학생 4명에게 '이끎이, 기록이, 도우미, 깔끔이' 등 역할을 부여하는 것이 효율적인 관행인 것처럼 인식되기도 한다. 그러나 이 경우 학생들은 자기에게 부여된 역할에서 벗어나지 못하고 모둠 안에서 학생 간 위계질서가 고착할 우려도 있다. 그렇다고 모둠 편성을 임의로 하게 되면 특정 모둠에 소극적인 학생이 몰릴 경우 협력학습이 의미 있게 이루어지지 못할 가능성도 있다. 모둠 활동이 제대로 이루어지지 않는 경우 교사가 어느 정도까지 기다려야 할지에 대한 문제도 마찬가지다. 교사가 너무 빈번하게 개입하면 학생들이 스스로 문제를 해결하는 능력을 키울 기회를 갖지 못하게 되고, 반대의 경우에는 수업 시간 내내 학생들이 방치되는 경우도 생길 수 있다.

협력을 인간의 본성으로 보는 콘(Kohn)은 협력적 학습이 일어나는 조건을 스스로의 관리, 교육과정, 공동체 등 세 요소로 분석하였다. 외적인 보상이 아닌 학생 스스로의 자기 관리, 학생의 타고난 호기심을 자극하며 협력을 유도하는 교육과정, 교실에서 공동체 의식을 형성할 기회가 주어진다면 학생들은 자연스럽게 서

로 협력을 추구하는 타고난 본성을 발휘하게 된다는 것이다.[22]

이러한 문제는 이론적 지식이 아니라 교사의 실천적 지식으로 해결할 수밖에 없다. 이는 실천적 상황 속에서 끊임없이 자신의 교육적 행위를 성찰하는 '반성적 실천(reflective practice)'을 요구한다.[23] 최근 수많은 교사의 집단적 실천 결과, 학생들의 협력 학습에서 교사의 역할은 학생들이 협력적으로 해결할 수 있는 과제를 명확히 제시하고, 학생들의 배움의 과정을 관찰하고 그들의 반응을 경청하며, 어려움을 겪고 있는 학생들을 지원하고, 학생들의 배움의 결과를 공유하고 연결하면서 이를 다시 배움의 과정으로 되돌리는 것으로 정리되고 있다.[24]

22. A. Kohn(1986), 《No contest : The case against competition》, Mariner Books ; 이영노 옮김(2009), 《경쟁에 반대한다》, 산눈.

23. D. A. Schön(1983), 《The reflective practitioner : How professionals think in action》, New York Basic Books.

24. 남경운·서동석·이경은(2014), 《아이들이 몰입하는 수업 디자인》, 맘에드림.
   박현숙(2012), 《교사는 수업으로 성장한다》, 맘에드림.
   이규철(2013), 《수업 딜레마》, 맘에드림.
   함영기(2014), 《교육 사유》, 바로세움.

3. 수업 혁신을 위한 교사의 협력

(1) 수업을 둘러싼 교사의 관계

수업은 기본적으로 교사와 학생들 사이에서 이루어진다. 그러나 교사와 교사의 관계 역시 수업의 외적 조건으로서 수업 유형에 일정한 영향을 미친다. 교사와 교사 사이에 강한 분리가 형성된 학교에서는 교사들 사이에 고립적 관계가 깊어져 의미 있는 소통과 협력이 이루어지지 않는다. 이 경우 수업은 온전히 개별 교사의 몫으로 맡겨지고, 바람직한 수업 개선을 위한 공동체적 노력은 형성되지 않는다.

반면에 교사와 교사 사이에 약한 분리가 형성되어 있는 학교에서는 수업 개선을 위한 교사들의 협력이 일상적으로 이루어진다. 이 경우 수업은 개별 교사의 몫으로만 맡겨지지 않고 공동체의 차원에서 수업을 개선하려는 노력이 이루어진다. 최근 상당수 학교에서 '교사의 전문적 학습공동체'를 구축해 일상적으로 수업 공개 연구 모임이 이루어지는 것은 교사들 간 협력을 통해 수업을 개선하려는 모습이라 할 수 있다.

A중학교에서는 교사와 교사 사이 협력적 문화가 거의 관찰되지 않았다. 일부 교과 교사들만 교과협의회나 사적인 모임을 통해 교육과정이나 수업에 대해 서로 논의하는 모습을 확인할 수

있었다. 이 경우 주로 동 교과 교사들 사이에서 대화가 이루어질 뿐, 다른 교과의 교육과정과 수업은 어떻게 진행되고 있는지 거의 확인할 수 없게 된다. 이는 교과와 교과, 교사와 교사 사이에 강한 분리가 형성된 모습이라 할 수 있다.

B중학교와 C중학교에서는 교사와 교사 사이에 협력적 문화가 일상화되어 있었다. 격주 수요일 오후마다 수업 공개 연구 모임이나 각종 연수가 활성화되어 다른 교과 교사의 수업을 참관하고 이를 공동체적으로 성찰하는 기회가 일상적으로 이루어졌다. 그러다 보니 다른 교사의 수업을 통해 자신의 모습을 성찰하고 이를 개선하려는 노력, 다른 교과의 교육과정과 수업을 이해하고 이를 자신의 교과와 연계하려는 노력이 이루어질 수 있었다. 이는 교사와 교사 사이에 약한 분리가 형성된 모습이라 할 수 있다.

(2) 단절과 고립, 정서적 소진

그러나 이러한 학습공동체가 형성되는 것은 좀처럼 쉬운 일이 아니다. 학교에는 교실과 교실 사이에, 교과와 교과 사이에 보이지 않는 장벽이 존재한다. 특히 담임교사가 교과 대부분을 담당하는 초등학교와 달리 중등학교에서는 담임교사와 교과 교사 사이에, 교과와 교과 사이에 단절이 심하다. 로티(Lotie)는 이러한 교직사회의 모습을 '달걀판'에 비유했다.[25] 즉 하나의 달걀판에 놓인 달걀들이 칸막이에 의해 고립되어 있듯이, 교사들 역시 보이지 않는 벽에 의해 단절과 고립 상태에 놓여 의미 있는 협력관계를 구축하지 못한다는 것이다.

이러한 교사 상호간의 고립 속에서 교사들은 당장 눈앞에 보이는 성과나 현상 유지를 선호하게 된다. 침체된 교직사회를 흔들기 위해 도입된 교원능력개발평가나 성과급 평가 등을 '외부적 책무성' 정책이라 한다.[26] 여기서 말하는 책무성(accountability)이란 교사의 윤리성으로부터 비롯된 책임감(responsibility)과는 다른 개념이다. 책무성이란 보상과 처벌을 전제로 자신의 직무상 성과를 표준화된 평가 지표에 따라 계산(count)하고 이를 고객이나 상급 기관에 설명(account)하는 의무를 지닌다는 개념이다. 이러한 책무성 정책은 교사들을 눈에 보이지 않는 외부 시선과 표준화된 평가 지표에 따라 움직이는 수동적인 주체, 스스로 자기를 착취하며 가시적 성과에 집착하게 하는 '성과 주체'로 만들어 교사들을 '위장된 협력' 혹은 '현재주의-보수주의-개인주의의 악순환'[27]에 빠뜨린다. 그 결과 교사들에게 남는 것은 '정서적 소진'이나 '타인과의 단절'뿐이다.[28]

25. Dan C. Lortie(1972), 《School teacher : A sociological study》; 진동섭 옮김(1993), 《교직사회 : 교직과 교사의 삶》 양서원.

26. 김용(2012), 《교육개혁의 논리와 현실》, 교육과학사.

27. A. Hargreaves & D. Shirley(2009), 《The persistence of presentism》, Teachers College Record, 111, pp. 2505~2534.

28. 엄기호(2013), 《교사도 학교가 두렵다》, 따비.

A중학교에서는 기본적으로 교사들 사이에 협력과 소통의 문화가 형성되어 있지 않았으며, 몇몇 교과에서만 이러한 문화가 유지되고 있었다.

저자 이 학교 국어과 선생님들은 교육과정이나 수업에 대해 서로 이야기를 나누시나요?

교사1 국어과나 사회과는 그런 대로 협의가 잘되는 편인데, 그게 다른 교과에까지 영향을 주지는 못하는 것 같아요. 교사 개인으로 보면 다들 훌륭한 역량이 있는데, 그것이 하나의 문화로 정착되지는 않고 있어요.

저자 국어과의 경우에는 학년별로 정해진 교육과정이 있나요?

교사1 우리 국어과에서는 1주일에 한 번씩 점심식사를 같이 하면서 서로 이야기를 나눠요. 그러면서 다른 선생님들이, 다른 학년에서 무엇을 하는지 서로 알게 돼요. 완벽하게 정해진 것은 아니지만 1학년은 신문 만들기, 2학년은 책 만들기 식으로 대략 정해진 것이 있어요.

교사2 선생님들이 만들어 놓은 학습활동지나 자료를 서로 공유해요. 그러다 보니 국어 교사들끼리는 비슷한 수업을 하고 수행평가를 같이 하게 되죠.

저자 이 학교에서는 선생님들의 소모임이 운영되지 않고 있나요?

교사1 이 학교에 처음 왔을 때는 독서모임 같은 소모임이 꽤 있었어요. 하지만 시간이 지나면서 그런 모임이 없어졌어요. 행정 업무는 점점 더 많아지고 교사 연수는 학교 성과급 평가 같은 것 때문에 의례적으로 하는 분위기이고, 교사들이 많이 지친 것 같아요. 다시 소모임을 하자고 이야기를 걸고 싶지만, 누구에게 함부로 말을 걸기가 어려워요. 상처받을까 봐.

저자 선생님들이 많이 힘들어 하시나 봐요?

교사2 예전에 이런 일이 있었어요. 나이 드신 어느 선생님이 젊은 교사가 담임인 학급 분위기가 산만해서 수업하기가 어려웠나 봐요. 그래서 담임교사에게 이야기를 했는데 그 담임교사가 대수롭지 않게 넘어가 상처를 받으셨다고 해요. 젊은 교사는 왜 담임에게 책임을 돌리냐는 정서, 나이 드신 분은 담임이 책임을 회피한다는 정서가 섞여 있어요.

교사1 만약에 수업연구 모임 같은 것들이 정착되려면 이를 격려하는 분위기가 있어야 하는데, 학교 관리자가 지원하기보다는 오히려 불편하게 여기는 분위기예요. 그러니 선생님들의 모임이 잘 안 되죠. 요즘은 술 한잔 같이 먹으러 가는 분위기도 거의 없어졌어요.

― A중학교 국어 교사 인터뷰(2014. 9. 23.)

교사들의 발언에서도 확인할 수 있듯이 A중학교의 경우 일부 교과에서만 교사들 사이에 어느 정도 협의가 이루어지고 있었다. 물론 그것도 교과협의회나 간헐적인 점심식사 모임 등의 형태로 이루어질 뿐 온전한 학교문화로 정착되지는 못했다. 교사들의 개인적인 역량은 높은 편이나 그것이 하나로 모아지는 분위기는 아니었다. 과거에는 이 학교에서도 독서모임 등 다양한 교사 소모임이 활성화되었으나 "업무량 증가와 성과급 평가 등 외부적인 책무성 논리와 관리자의 의식 부족" 등이 더해지면서 교사들의

정서적 소진이 가중되고 교사들 사이에 단절감이 높아짐에 따라
학습 모임 역시 사라지게 되었다고 한다.

(3) 교사들의 동료성과 전문적 학습공동체

교사들의 단절과 고립의 악순환을 극복하기 위해 제시된 대안
이 '교사 전문적 학습공동체'다. 교사 전문적 학습공동체는 교사
들의 자발성과 협력성에 기반을 두고 단위 학교 안에서 학년협의
회, 교과협의회, 수업 공개 및 연구, 독서모임, 연수 및 실천 등 다
양한 연구활동을 통해 교사 스스로 교육과정과 수업을 개선하기
위한 모임이다. 기존의 연구에서는 이러한 교사 전문적 학습공동
체가 수업 내용을 개선하는 등 의미 있는 변화를 이끌어 낸 점에
주목했다.[29] 교사 전문적 학습공동체를 통해 교사들은 학생의 배
움에 대한 관점, 교과서에 대한 관점, 교육과정과 수업에 대한 관
점에서 변화와 성장을 경험하게 된다.[30]

그러나 교사들의 전문적 학습공동체에 대한 비판적 성찰이나
사회적 실천이 배제되면 이는 '성과주의'에 매몰된 '성과 지향 학

---

29. 김성천(2007), 〈교사자율연구 모임을 통해서 본 교직문화의 새로운 가능성〉, 《한국 교육》
    34(3), pp. 51~74.
    서경혜(2009), 〈교사 전문성 개발을 위한 대안적 접근으로서 교사 학습공동체의 가능성과
    한계〉, 《한국교원교육연구》 26(2), pp. 243~276.
30. 길현주(2014), 〈수업 혁신을 통해 본 '문화'로서의 교사들의 전문적 학습공동체〉, 한국교육
    연구네트워크 엮음, 《혁신학교에 대한 교육학적 성찰》, 살림터.

습모임(performance training sect)'[31]으로 변질될 가능성도 있다. '배움의 공동체'론에서 '민주성과 공공성'을 강조하는 것도 이러한 위험을 경계하기 때문이다. 배움의 공동체론에서는 민주성과 공공성의 원리에 따라 교사들 간 협력을 통해 수업을 변화시키고, 교실을 배움의 공동체로 재구조화함으로써 학교 전체를 민주적 공동체로 탈바꿈할 것을 지향한다.[32]

C중학교에서는 배움의 공동체 원리에 따라 일상적으로 수업을 공개하고 동료 교사들이 이를 참관하며 수업을 개선하는 문화가 정착되어 있었다. 격주 수요일 오후에는 모든 교사가 공개수업을 참관하고 교사의 수업과 학생들의 배움의 과정에 대해 함께 논의하는 '배움과 실천의 공동체' 연수가 진행되고 있었다. 그리고 배움의 공동체 원리에 따른 '수업을 보는 관점'을 학교 상황에 맞게 다음과 같이 정식화해, 동료 교사의 수업을 관찰하고 자신의 수업을 성찰하는 계기로 삼고 있었다.

31. A. Hargreaves(2003), 《Teaching in the knowledge society》 ; 곽덕주 외 옮김(2011), 《지식사회와 학교교육》, 학지사.

32. 손우정(2012), 《배움의 공동체》, 해냄.

〈표 20〉 C중학교의 '수업을 보는 관점'

(1) 교실의 분위기는 편안한지 살펴봅니다.
(2) 교사의 수업 기술보다는 학생의 배움을 관찰하고 이야기합니다.
  - 아이들은 무엇을 배우고 있는지?
  - 아이들은 모르는 것을 질문하거나 자신의 생각을 잘 표현하고 있는지?
  - 어려운 주제를 함께 해결해 가는 모둠별 협력활동이 잘 이루어지고 있는지?
  - 배움에서 달아나는 아이나 주춤거리는 아이가 있는지?
(3) 수업 맥락에서 듣기, 연결 짓기, 되돌리기를 관찰합니다.
  - 교사가 학생 한 명 한 명에게 주목하고 있는지?
  - 아이들은 서로 듣는 관계가 잘 이루어져 있는지?
  - 교사가 아이들의 말을 귀 기울여 듣고 연결 짓기와 되돌리기를 하고 있는지?
(4) 모든 학생에게 질 높은 배움이 일어났는가를 관찰합니다.
  - 수업 분량이나 활동지 내용이 적절한 수준인지?
  - 아이들이 주제에 대해 탐구하고 표현을 공유하는지?
  - 아이들이 수업 속에서 새로운 생각, 새로운 세상과 만나고 있는지?

교사1 3모둠에는 소극적인 학생들이 좀 있었어요. ○○는 가만히 앉아 있기만 했고, ××는 주위 눈치를 보기만 했어요. △△가 이야기를 시작하자 □□가 따라 하기 시작했어요. 학습활동 2번까지는 그런대로 대화가 진행되었지만 3번에서 아이들이 답만 찾고 이야기를 나누지 않다 보니 4번에서도 아무런 이야기를 나누지 못하게 되었어요.

교사2 수업을 진행하는 선생님께서 아무 설명 없이 바로 학생들의 학습활동에 들어갔어요. 그래서인지 처음에는 모둠 활동이 잘 이루어지지 않아서 안타까웠어요. 교사의 사전 설명이 좀 더 있거나, 과제에 대해 단계별 접근이 가능한 활동이 사전에 배치되었다면 모둠 활동도 더 활발하게 이루어졌을 것 같아요.

교사3 저는 ○○하고 ××가 나누는 대화를 지켜봤어요. 제 수업 시간에 ○○는 늘 말이 없고 조용한 아이였어요. 하지만 이번 수업 시간 모둠 활동을 할 때 ○○가 중요한 이야기를 많이 해서 모둠 활동이 활발히 이루어졌어요. ××는 학습 동기가 매우 낮은 학생이에요. 제 수업 시간에는 다른 학생들이 도와주려고 해도 잘 따라 하지 않는 학생이었어요. 하지만 오늘은 그래도 "그래, 네 말이 맞아"라며 조금이나마 참여하는 모습을 보였어요. 그리고 학습활동지에 뭐라도 한 줄 쓰는 모습을 보였어요. 이 학생을 내가 수업 시간에 많이 돌봐 주어야겠다는 생각을 했어요.

— C중학교 공개수업 연구 모임(2014. 4. 16.)

C중학교의 공개수업 연구 모임에서는 동료 교사의 수업을 참관하고 이에 대한 자신의 견해와 성찰을 자유롭게 나누는 분위기가 활성화되어 있었다. 특히 수업을 참관한 동료 교사들이 주로 학생들이 수업 시간에 어떤 모습을 보이고 있는가를 관찰하고 있다는 점이 중요하다. 이는 일반적인 수업 참관 형식과 다른 점이다. 기존의 공개수업 참관에서는 주로 교사의 행동에 주목을 한다. 이미 제시된 수업지도안에 따라 '수업이 '도입-전개-결말'의 구조를 제대로 갖추고 있는지, 교사의 발문은 적절한지, 시간 배분은 정확히 지켜졌는지' 등 주로 교사의 수업 테크닉을 지켜본다. 그러나 C중학교에서 진행되고 있는 수업연구 모임은 '배움의 공동체' 원리에 따라 '교사의 수업 기술'보다 '학생의 배움'을 관찰하는 것을 중시한다. 위에 인용한 교사들의 발언도 학생들 가

운데 누가 배움에 적극적으로 참여하고 누가 소외되는지, 교사는 학생들의 배움을 잘 매개하고 있는지 등에 주목하고 있었다. 또한 학생들이 자신의 수업과 타 교과 교사의 수업에서 보여 주는 모습을 비교하면서, 이를 수업을 개선하는 자료로 활용하고 있었다.

C중학교 교사들은 이러한 교사 전문적 학습공동체를 통해 수업을 보는 눈을 기르면서 자신의 수업을 성찰하고 교사의 전문성을 신장시키는 성장의 계기로 삼고 있었다.

> 이 학교에서 놀란 것이 교사들이 자발적으로 참여하는 연수가 많다는 것이에요. 제가 올해 2월 말에 교사 발령을 받았는데, 발령장을 받는 장소에 이 학교 선생님들이 찾아오셔서 오늘 연수가 있다며 저를 데리고 가셨어요. 새 학년 교육과정을 함께 만드는 연수였어요. 2월 말부터 방학 때 모든 교사가 모여 새 학년 교육과정을 만드는 문화는 다른 학교에서는 찾아보기 어려운 문화라고 해요.
>
> 제가 신규 교사라 미숙한 것이 많지만 동교과, 동학년 선생님들로부터 많은 것을 배우고 있어요. 일상적으로 학생들에 대해, 수업에 대해 고민을 나누고 해결책을 찾기 위해 노력하는 문화가 정착되어 있어요.
>
> — C중학교 신규 교사 인터뷰(2014. 9. 15.)

같은 학년 동교과 교사가 2명인데 늘 일상적으로 협의를 하고 있어요. 제가 수업이 없는 시간에는 그 선생님 수업에 찾아가 도움을 주기도 합니다. 그 선생님은 국악 전공이고 저는 서양음악 전공이라 서로 도움을 주고받을 수 있어요.

— C중학교 음악 교사 인터뷰(2014. 9. 15.)

C중학교에서 흔히 볼 수 있는 이러한 공동체적 학습 문화는 특히 신규 교사나 새로 전입 온 교사들에게 많은 도움을 주고 있었다. 이는 동료 교사와의 협력적 문화 속에서 교사로서의 자기 정체성을 확립하고 전문성을 계발할 수 있는, 일종의 '교사의 사회화' 과정이라고도 볼 수 있다. 또한 이러한 협력적 문화 속에 C중학교에서는 교실과 교실 사이 보이지 않는 벽이 점점 허물어지는 것도 확인할 수 있었다. 동교과 교사라 할지라도 다른 교사의 수업에 동료 교사가 함께 들어가 공동으로 수업을 진행하는 문화는 일반적인 학교에서는 거의 찾아볼 수 없는 풍경이다. 그러나 C중학교의 경우 전공 영역이 다른 음악 교사가 동료 교사의 수업에 들어가 서로 협력하며 수업을 진행하는 모습을 확인할 수 있었다. 그리고 이러한 문화가 별로 어색하지 않게 자리 잡고 있었다.

4. 학습활동지의 매개적 역할

　현재 중등학교에서 학습활동지는 매우 중요한 역할을 한다. 학습활동지는 교육과정을 어떻게 재구성했는지와 수업을 설계하는 교사의 전문성 등을 확인할 수 있는 중요한 자료 가운데 하나다. 교사가 스스로 제작한 학습활동지는 교육과정을 재구성하고 학습활동을 매개하며 학생들의 학습을 평가하는 자료로서의 역할을 한다고 볼 수 있다.

　다음 설문조사 결과에서도 확인할 수 있듯이 혁신학교와 일반학교는 학습활동지를 활용하는 정도와 목적에서 큰 차이가 있다. C중학교에서는 거의 모든 교과 수업에서 학습활동지가 일상적으로 활용되었으며, B중학교에서도 절반 이상 수업에서 학습활동지가 활용되고 있었다. 그러나 A중학교에서는 소수의 교과 수업에서만 학습활동지가 활용됐다. 또한 C중학교에서는 학습활동지가 교과서를 넘어 교육과정을 재구성하는 도구로 활용되었으나 A중학교에서는 교과서의 보조적 자료로 활용되는 데 머물렀다.

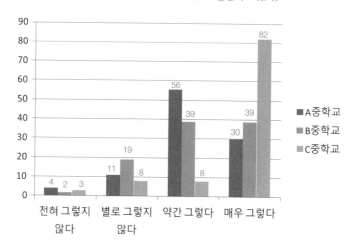

〈그림 24〉 학습활동지 활용에 대한 교사들의 인식 (단위 : %)

설문 : 나는 수업 시간에 학습활동지를 적극적으로 활용하고 있다.

(1) 교육과정 재구성의 구현물

학습활동지는 교과서를 넘어 교육과정을 재구성하는 구현물이라 볼 수 있다. 전통적인 관점에 의하면 교과서란 '객관적 지식으로 채워져 있는 성전'이라 할 수 있으며, 타일러의 목표 중심 교육과정에 따른 '계획-실행-평가', '투입-과정-산출'의 과정을 매개하는 도구라고 할 수 있다.

그러나 많은 학교 현장에서 교육과정 재구성이 활발히 이루어짐에 따라 전통적인 교과서관에서 벗어난 교사들이 직접 제작한 학습활동지를 수업 도구로 활용하고 있다. 교사들이 제작한 학습활동지의 유형은 교사들의 교육과정 재구성의 수준에 따라 '모방적 수준', '매개적 수준', '창조적 수준'으로 구분해 볼 수 있다. 먼저 '모방적 수준'의 학습활동지는 교과서 내용을 압축적으로 요약하거나 이를 확인하는 간단한 문제로 구성되어 있다. '매개적 수준'의 학습활동지는 교과서의 전반적인 내용을 따르되 교과서에는 없는 보조 자료나 교과서의 학습활동을 심화한 과제가 제시되어 있다. 반면 '창조적 수준'의 학습활동지는 교과서의 내용을 넘어 교사가 새로운 주제를 중심으로 교육과정을 전면적으로 재구성한 내용과 학생들의 고차적 사고능력을 키울 만한 학습 과제가 제시되어 있다.

C중학교에서는 거의 모든 수업에 학습활동지를 적극적으로 활용하고 있었다. 그리고 여기에는 교과의 특성이나 학습활동의 성격에 따라 모방적 수준, 매개적 수준, 창조적 수준의 학습활동지 양상이 두루 나타난다.

다음에 제시된 C중학교 지리 교과 학습활동지는 모방적 수준의 학습활동지라고 할 수 있다. 학생들은 먼저 교과서에 제시된 위도와 경도의 개념을 익히고, 교사가 제시한 지도에 나타난 도시들의 위도와 경도를 찾아 적는 활동을 해야 한다. 이러한 유형의 학습활동지는 학생들이 교과서에 나온 개념이나 원리를 간단하게 확인하는 활동을 수행할 때 활용되는데, 모둠 활동보다는 학생들의 개별 활동 시간에 주로 활용되었다.

〈그림 25〉 C중학교 2학년 지리 교과 학습활동지

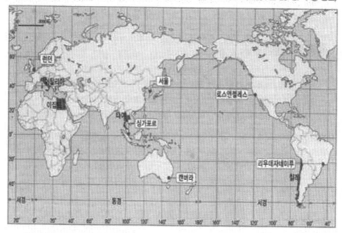

2. 지도에 표시된 도시들의 위도와 경도를 적어보자. (잘 안보이면 사회과부도 26~27쪽 등 참고)

구분\도시		싱가포르	런던	캔버라	로스앤젤레스	리우데자네이루
위도	북위 37°					
경도	동경 126°					

　　다음에 제시된 C중학교 역사 교과 학습활동지는 매개적 수준의 학습활동지라고 할 수 있다. 먼저 학생들은 수업 시간에 교사의 설명에 따라 교과서에 제시된 '삼별초' 항쟁의 역사적 배경을 학습하고는 교사가 제시한 학습활동지에 따라 역사적 사건에 대한 탐구 활동을 수행하였다. 교사는 교과서에 없는 보충 자료를 학습활동지에 제시하고 이에 관련한 학습 과제를 구안하여 학생들에게 제시하였다. 여기에 제시된 학습 과제는 교과서에는 나와 있지 않은 것으로, 교사가 교과 학습내용과 학생들의 탐구 활동

을 연결하기 위해 직접 구안한 것이다.

<표 21> C중학교 2학년 역사 교과 학습활동지

■ 삼별초는 자주적 무인가? 권력을 지키려는 지배 집단일 뿐인가?

> 삼별초가 봉기하자 몇 달 뒤에 경상도 밀양 사람들이 삼별초를 따라 개경 정부에 반대하는 항쟁을 벌였다. 이와 거의 동시에 개경에서는 관청의 노비들이 들고 일어나 몽골에서 파견한 다루가치와 관리를 죽이고 진도로 들어가 삼별초에 힘을 합치려는 사건이 일어났다. 곧이어 경기도 화성군 대부도 사람들이 개경 관청 노비들의 봉기 소식을 듣고 섬 안의 몽골군을 죽이고 합세하려다 실패한 일도 있다. (줄임) 백성들의 입장에서 볼 때 무신정권이 무너지고 문신들이 다시 권력을 잡은 것은 지배층 내부의 일일 뿐이고, 몽골과의 화해는 새로운 문신 권력층과 침략자와의 약속이었다. 따라서 전쟁 중에 몽골 침략 및 지배층의 무거운 세금에 맞서 싸워 왔던 이들로서는 이제 몽골의 영향력이 강하게 미쳐 오고 또 지배층의 세금 요구가 더욱 심해지게 되는 상황에서 다시금 항전하지 않을 수 없었던 것이다. (줄임) 다시 처음으로 돌아가서 삼별초는 무엇을 위해 싸운 것인가. - 《고려시대 사람들은 어떻게 살았을까》 중에서

※ 삼별초의 활동에 대한 자신의 생각을 정리해 보자. 몽골에 항거한 자주적 무인가? 권력을 지키려는 지배층일 뿐인가?

내가 생각하기에 삼별초는 (   )이다.
왜냐하면 (   )이기 때문이다.

그리고 이러한 '매개적 수준'의 학습활동은 보통 학생들의 모둠별 협력학습을 통해 진행되었다.

C중학교에서는 교과서를 넘어 교사가 스스로 교육과정을 설계하고 이를 반영한 창조적 수준의 학습활동지도 활용되었다. 특히 영어 교과가 교육과정 재구성에 가장 적극적인 모습을 보였다. 이는 학생들이 영어에 흥미롭게 접근하고, 자신의 삶과의 관련성을 인식하며, 또래와의 협력적인 학습활동 속에서 영어를 자연스

럽게 익히도록 하기 위한 것이었다. 그렇기 때문에 C중학교의 영어 수업에서는 교과서가 거의 사용되지 않았다. 그 대신 교사들은 국가 수준 교육과정에 제시된 학년별 성취 기준을 확인한 후 교육과정을 스스로 설계하고 학습활동지를 제작해 이를 수업 시간에 적극적으로 활용하였다. 아래는 C중학교 2학년 영어 교과 교육과정의 흐름이다.

〈표 22〉 C중학교 2학년 영어 교과 1학기 수업 계획

1. Let's make a classroom motto(학급 급훈 만들기)
2. Let's make class rules(학급 규칙 만들기)
3. Let's make a life motto(인생의 좌우명 만들기)
4. Pronunciation(발음 익히기)
5. Listening & speaking(듣기-말하기)
6. 말하기 수행평가
7. My internet friend(나의 온라인 친구)
8. Stop cyber bullying(사이버 폭력 근절)
9. A step toward tomorrow(새로운 세상을 향한 발걸음)
10. Love you forever(마음을 나눠요)
11. 쓰기 수행평가

이러한 교육과정의 흐름을 보면 교과와 학생의 삶, 교과와 교과, 교과와 사회적 실천이 유기적으로 연결되어 있으며, 이러한 교육과정이 학생들의 활동이 중심이 된 수업으로 구현되고 있음을 알 수 있다. 다음과 같은 학습활동지는 이러한 '창조적 차원'의 교육과정 재구성이 구현된 결과물로 볼 수 있다.

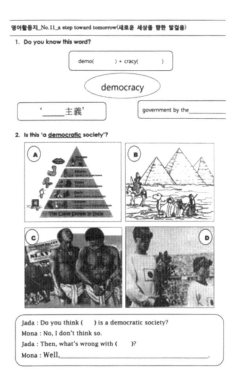

〈그림 26〉 C중학교 2학년 영어 교과 학습활동지

위의 학습활동지는 먼저 'democracy'의 어원을 분석함으로써 '민주주의'의 개념을 익히는 과제가 제시되어 있다. 또한 인도의 카스트 제도, 이집트의 피라미드, 미국의 노예제도, 일장기를 단 손기정 선수의 모습 등을 자료로 제시하고, 이러한 모습이 민주주의의 원리에 맞는지를 학생들이 탐구한 후 이를 다시 영어 문장으로 표현하는 과제가 제시되어 있다. 이러한 한 장의 학습활동지 안에도 '교과와 삶', '교과와 교과', '교과와 사회적 가치'를 통합하는 교육과정의 지향점이 잘 반영되어 있음을 알 수 있다.

(2) 학습활동의 매개물

교사들이 직접 제작한 학습활동지는 교사의 입장에서 볼 때는 '교육과정 재구성의 구현물'이고 학생들의 입장에서 볼 때는 '학습활동의 매개물'이다. 이러한 학습활동지를 활용하지 않는 수업에서는 대체로 교사는 교과서를 요약적으로 설명하는 역할을 하고 학생들은 이를 수동적으로 듣거나 필기를 하는 역할을 한다. 그리고 교과서의 내용을 얼마나 잘 암기하고 이해하는가를 선다형 지필 평가를 통해 평가를 하게 된다. 반면에 재구성된 교육과정이 구현되어 있는 학습활동지를 적극적으로 활용하는 수업에서는 학생들의 활동을 중심으로 수업이 진행되고 교사는 이를 지원하는 역할을 하게 된다. 또한 학생들이 작성한 학습활동지 자체가 포트폴리오 방식으로 수행평가에 반영되기도 하고, 이와 유사한 문항이 제시된 논술형 평가를 통해 다시 한 번 점검받게 된다.

학습활동지는 특히 모둠별 협력학습에서 중요한 매개물 역할을 한다. 학생들은 교사가 제시한 과제를 해결하기 위해 동료 학생들과 서로 협력하는 과정에서 사고력이나 표현력이 발달하게 된다. 이런 점에서 학습활동지는 비고츠키가 말한 '도구'의 역할을 수행한다.[33] 그는 인간은 도구와 기호를 사용해 다른 사람과 사회적 상호작용과 의사소통을 수행하는 과정에서 고등정신기능을 발달시킨다고 보았다. 이러한 의사소통의 과정은 주체와 매개(도구), 대상이라는 세 가지 요소로 이루어져 있다. 아동은 놀이를 통해 대상 세계를 접하며 규칙을 내면화하고 성인은 노동을 통해 대상을 변형하는 창조적 활동을 수행하듯이, 학생은 도구나 기호를 매개로 교사 및 동료 학생과 사회적 상호작용을 수행하면서 외적 언어를 내적 언어로 내면화해 고등정신기능을 발달시킨다.

소규모 이질 집단 속에서의 학생들의 협력학습도 마찬가지이다. 학생들이 서로 협력하며 의식을 발전시키려면 이를 매개할 만한 적절한 도구가 필요하다. 모둠 활동에서 학습활동지는 이러한 점에서 중요한 역할을 한다. 학생들에게 제시될 학습과제는 학생들이 독립적으로는 해결할 수 없지만 모방과 협력을 통해서는 해결할 수 있는 근접발달영역을 창출하기에 적절한 것이어야 한다. 이러한 원리에 따라 구성된 학습활동지는 근접발달영역에서의 '비계(scaffolding)' 역할을 하게 된다.

학생들에게 제시된 학습과제가 혼자서도 해결 가능하거나 학생들의 협력을 유도하지 못하고, 학생들의 흥미를 불러일으킬 만큼 도전적이지 못하다면 활발한 협력학습이 이루어지지 못하는

---

33. L. S. Vygotsky(1978), 《Mind in Society》, Cambridge, MA : Harvard University Press ; 정회욱 옮김(2009), 《마인드 인 소사이어티》, 학이시습.

것은 당연하다. 그러나 학생들에게 제시된 학습활동지가 단계적으로 통제되어 있어 개별학습과 협력학습이 조화를 이루면서도 학생들의 의식을 확장할 만한 도전적 과제가 제시되어 있다면, 이는 학생들의 협력을 통한 고등정신기능 발전을 매개할 훌륭한 도구가 될 수 있다.

〈표 23〉 C중학교 3학년 국어 교과 학습활동지

1. 〈운수 좋은 날〉의 줄거리를 정리해 보자.

2. 〈운수 좋은 날〉을 읽으면서 들었던 의문점을 정리해 보자.

3. 〈운수 좋은 날〉을 읽으며 들었던 의문점에 대해 토의해 보자.

4. 김 첨지의 불행은 개인의 탓일까, 사회의 잘못일까? 둘 중 하나의 입장을 정하고, 근거를 들어 서술해 보자.

5. 이 작품을 통해 작가가 말하고자 하는 바가 무엇인지 근거를 들어 서술해 보자.

위에 제시된 C중학교 국어 교과 학습활동지는 단순한 형태로 구성되어 있다. 하지만 여기에는 학생들의 사고력을 단계적으로 증진하는 데 효과적인 과제들이 제시되어 있다. 학생들은 제시된 과제에 따라 각자 작품을 읽고 그 줄거리를 정리한 후, '작품을 읽고 난 의문점'을 찾아보고 모둠별로 동료 학생들과 함께 그 의문점을 해결하도록 되어 있다. 발문의 형태는 단순하지만 그만큼 학생들은 교사나 동료 학생들의 도움을 받아 자신들의 자유로운 생각을 펼칠 수 있게 되어 있다. 또한 작품 속에 나타난 인물의 삶을 당시의 시대적 상황과 연관 지어 탐구하는 과제, 이를 바탕으로 작가의 의도를 탐구하는 과제가 제시되어 있다.

　이러한 학습활동지는 그 자체로 학생들의 사고를 자극하고 활발한 협력학습을 유도하게 하는 매개 역할을 수행할 수 있다. 학습 과제는 학생들의 입장에서 볼 때 진부한 답을 유도하는 것도 아니고 그렇다고 하여 난도가 너무 높은 것도 아니다. 또한 학생들이 무엇을 해야 하는지를 구체적으로 제시하고 있으며, 실질적인 협력을 통해서 해결할 수 있는 과제가 제시되어 있다. 이처럼 잘 구안된 학습활동지는 학생들의 학습활동을 매개할 수 있는 훌륭한 도구가 된다.

(3) '과정 중심 평가'의 자료

　상당수 학교에서 중간고사, 기말고사와 같은 결과 중심의 일제식 평가를 넘어 수업의 과정과 자연스럽게 연결된 과정 중심 평가가 활성화되고 있다. 수업의 과정과 분리된 결과 중심의 일제식 평가는 그 결과를 다시 학습 과정에 피드백하기 어렵고, 학생들도 시험이 끝나면 머릿속에 남아 있는 것이 거의 없는 등 별다른 의미를 주지 못한다. 반면에 수업 과정에서 자연스럽게 이루어지는 수행평가는 과정 중심 평가라 할 수 있다. 과정 중심 평가의 장점은 다음과 같다.

첫째, 수업 과정에서 자연스럽게 평가가 이루어짐으로써 평가 결과를 즉각적으로 피드백할 수 있다. 학생들의 입장에서는 자신이 무엇을 잘하고 무엇이 부족한지 알게 되어 이후 더욱 발전할 수 있는 계기가 마련될 수 있으며, 교사의 입장에서는 이를 바탕으로 이후의 수업을 설계하고 수업 방식을 개선하는 데 도움을 받을 수 있다.

둘째, 학생들의 심리적 부담을 줄일 수 있다. 중간고사나 기말고사와 같은 지필 평가는 이른바 시험 기간이 명확히 정해져 있고 이 시기에 학생들의 학업 스트레스 및 경쟁 문화가 증폭한다. 그러나 수업 과정에서 자연스럽게 이루어지는 과정 중심의 평가는 수업에 열심히 참여한 학생이라면 누구나 정당하게 평가를 받을 수 있기 때문에 상대적으로 심리적 부담을 덜 수 있다. 또한 수업 시간에 진행되는 모둠 활동 등 학습활동에 더욱 적극적으로 참여하는 계기가 될 수 있다.

셋째, 평가를 매개로 한 교육 불평등을 완화할 수 있다. 수업과 분리된 결과 중심의 평가는 필연적으로 시험에 대비한 사교육을 유발한다. 그 결과 사교육의 혜택을 받을 수 있는 계층의 학생들은 유리해지고, 그렇지 못한 학생들은 더욱 불리해지는 교육 불평등이 심화할 수 있다.

이러한 '과정 중심 평가'의 취지를 살리는 대표적인 수행평가 방식이 포트폴리오식 평가다. 여기서 말하는 포트폴리오는 개인적 차원에서 수행한 작품을 모아 놓은 자료를 의미하는 것이 아니라, 수업 과정에서 진행된 활동의 결과물을 모아 놓은 자료를 의미한다. 그리고 교사가 제작해 수업 과정 속에서 활용된 학습 활동지는 포트폴리오식 평가에서 중요한 자료가 될 수 있다.

학교에서는 매시간 학생들이 수행한 학습활동지를 모아 수행 평가에 반영하는 경우가 많다. 그리고 이를 평가할 때 정답을 제 대로 적었는지 여부보다는 학생들이 얼마나 학습활동에 성실히 참여했는지 여부를 중심으로 점수를 부여하는 경우가 많다. 이는 교사가 학생들의 학습 과정을 그때그때 확인하고 이에 대해 적절 히 개입할 수 있다는 점에서 '과정 중심 평가'의 취지를 살리는 방 식이다.

교사가 재구성한 교육과정을 학습활동지에 구현하고, 이것을 수업 시간에 학생들의 학습활동 도구로 활용하며, 매시간 진행된 학습활동의 결과를 평가에 반영하는 것은 교육과정, 수업, 평가 가 자연스럽게 연결되는 사례에 해당한다. 이처럼 잘 구안된 학 습활동지는 '교육과정 재구성'-'학생 활동 중심의 수업'-'과정 중심 의 평가' 전반을 매개하는 역할을 하게 된다.

5. 수업에서 학생의 참여와 협력

앞에서는 수업의 유형을 '교사와 학생 사이의 통제', '학생과 학생 사이의 분리'의 정도에 따라 살펴보았다. 교사와 학생들 사이의 통제가 강한 수업에서는 교사가 독백적, 통제적 언어에 따라 빠른 속도로 일방적인 강의를 진행하고, 학생들은 수동적으로 이를 따라가거나 수업 참여를 기피하는 모습을 보인다. 반면에 교사와 학생들 사이의 통제가 약한 수업에서는 교사는 대화적, 배려적 언어를 바탕으로 학생들의 학습 과정을 살피고 스스로 탐구할 수 있는 기회를 보장하며, 학생들은 자신의 의사를 표현하며 교사와 대화적 관계를 형성하게 된다.

학생과 학생 사이의 분리가 강한 수업에서는 학생 사이에 분리와 고립이 존재하며, 일부 학생만 수업에 참여하고 나머지 학생은 수업에 참여하는 것을 기피하게 된다. 반면 학생과 학생 사이의 분리가 약한 수업에서는 학생들 사이에 분리와 고립이 존재하지 않으며, 학생들은 다른 학생들과 역동적인 상호작용 속에서 서로 협력하게 된다.

이러한 수업의 유형에 관심을 갖는 이유는 수업의 양상에 따라 학생들이 보다 적극적으로 참여하고 협력할 가능성이 많아지기 때문이다. 특히 수업에서 소외되기 쉬운 학생, 예를 들어 학습이 부진하거나 배움이 느리고, 사회경제적으로 불리한 처지에 있는 학생들이 수업에 더욱 적극적으로 참여하기 위해서는 수업 유형에 근본적인 변화가 있어야 하기 때문이다. 따라서 수업에서 중요한 것은 이러한 학생들까지도 배려하는 관계가 형성되어 있는가, 학생들이 수업의 주인으로서 참여하면서 서로 협력하는 관계가 형성되어 있는가 하는 점이다.

(1) 배움이 느린 학생에 대한 배려

번스타인이 말한 '강한 통제'가 형성되어 있는 수업은 교사와 학생 사이에 일방적인 의사소통 구조가 형성되어 있는 수업을 말한다. 가르치는 내용과 배우는 순서, 진도 나가는 속도 등을 교사가 일방적으로 정한 채, 교사의 일방적인 강의식 수업이 진행된다. 대체로 이렇게 통제가 강한 수업에서 교사는 학생들이 배우는 속도를 충분히 고려하지 못한 채 이른바 시험 범위를 염두에 둔 진도 나가기식 수업을 주로 진행하게 된다. 이 경우 배움이 느린 학생의 입장에서는 학습량이 부담스럽고 난도는 높으며 진도 나가는 속도 역시 매우 빠르게 느껴진다. 특히 학습 결손이 누적된 학생의 경우에는 이전에 배웠던 내용을 충분히 소화할 여유가 없이 새로 배워야 할 학습에 대한 부담을 크게 느끼게 된다. 그 결과 마치 빠른 속도로 돌아가는 컨베이어벨트와 같은 속도감에 수업에서 소외돼 눈을 뜬 채 멍하니 딴 생각을 하거나 잠을 자면서 시간을 때우는 수업 참여 기피 현상을 보이게 된다.

저자 아까 수업 시간에 보니까 조는 아이들이 많은 것 같아요.
　　　여러분은 어땠어요?

학생1 잘 기억은 나지 않지만 반쯤 졸았던 것 같아요.

저자 선생님들이 어떤 방식으로 수업을 하면 좋을 것 같아요?

학생2 선생님들이 말로만 하는 거 있잖아요. 같이 동영상도 보
　　　면서 활동도 같이 하면 좋은데 말로만 하면 힘들어요. 한 20
　　　분 정도는 버틸 만한데, 한 시간 내내 꼬박 듣기만 하려니 힘
　　　들죠.

저자 이 학교에서는 선생님들이 말로만 하는 수업이 많아요?
　　　같이 활동하는 수업이 많아요?

학생2 말로만 하는 수업이 많아요. 국어나 과학은 그렇지 않고
　　　요.

저자 아까 국어 시간에 시집 만드는 활동은 어땠어요?

학생1 시집 만드는 거 재밌어요. 저는 친구랑 싸웠을 때 들었
　　　던 느낌을 시로 써 봤어요.

학생2 시를 읽으면 상상하게 되고 사람의 마음도 잘 알 수 있
　　　어서 좋아요. 특히 친구들이 쓴 시를 읽는 게 좋아요.

저자 그럼 국어 시간에는 졸리지 않나요? 아까 수업 시간에 보
　　　니까 별로 자는 학생들이 없던데.

학생2 국어 시간에는 안 자게 돼요. 재미있는 거 하고, 우리가
　　　직접 발표도 하면서 선생님이 우리가 하는 거 하나하나 잘 봐
　　　주시니까 시간이 빨리 가는 거 같아요.

학생1 저는 국어 시간을 빼놓고는 거의 자는 것 같아요. 다른

수업 시간에는 아는 게 거의 없는데, 국어 시간에는 그래도
뭔가 할 수 있는 게 있으니까…….

— A중학교 2학년 7반 학생 인터뷰(2014. 8. 27.)

A중학교에서는 대체로 모든 시간에 교사가 일방적으로 설명을 하는 강의식 수업이 이루어지고 있었다. 수업은 교과서 순서에 따라 진도를 나가는 방식으로 진행되었으며, 진도를 나가는 속도는 대체로 빠른 편이었다. 학생들은 수업 시간마다 적게는 5명 정도, 많게는 10명 이상이 책상에 엎드려 있었고, 나머지 학생 중에서도 멍하니 앉아 있거나 딴짓을 하는 학생이 적잖았다.

하지만 다른 수업 시간에는 소극적인 모습을 보이던 학생들도 학생들의 참여가 보장되는 활동 위주 수업에서는 적극적으로 참여하는 모습을 보이곤 했다. 위의 인터뷰에도 나오듯이 학생들은 대체로 "말로만 하는 수업"보다는 "같이 활동을 하는 수업"을 선호했다. 예를 들어 시집을 만들면서 자신의 일상에서 경험했던 느낌을 표현하고, 다른 학생이 쓴 시를 읽으면서 그 학생의 마음을 이해하는 경험을 나누는 국어 시간에는 거의 모든 학생이 적극적으로 참여하는 모습을 보였다. 학생들은 "재미있는 것을 직접 발표"하면서 "선생님이 우리가 하는 거 하나하나 잘 봐 주는" 수업에서는 "시간이 빨리 가는 것"을 느꼈다.

이렇게 활동 위주의 수업에서는 기초 학력이 부족하거나 배움이 느린 학생들도 참여할 수 있는 공간이 열리게 된다. 이러한 수업은 앞의 인터뷰에 나오는 학생이 말했듯이 "다른 수업 시간에

3장. 수업을 통해 드러나는 구성원들의 관계 253

는 아는 게 거의 없는" 학생도 "뭔가 할 수 있는 게 있는" 수업이
되기 때문이다.

수업에서 가장 소외되기 쉬운 학생은 이른바 학습부진 학생 등
배움이 느린 학생들이다. 선천적 요인을 지닌 '학습장애'와 달리
'학습부진'의 원인은 개인 심리적 요인, 가정적 배경, 사회적 요
인, 교육과정상의 문제에 따른 '학습동기 결여, 학습방법 부적절,
누적된 학습결손, 심리적·정서적 불안정, 물리적·심리적 지원
결여' 등 다양하다.[34] 그리고 이른바 기초학력 미달 학생의 범주
에 들어가지는 않지만 일반적인 학생들과 달리 공통의 교육과정
을 충분히 이해하지 못하고 학습부진이 누적되어 교실에서 소외
되는 학생도 적잖다.

그런데 기존의 학습부진 학생에 대한 정책은 대체로 국가수준
학업성취도평가와 같은 표준화된 시험을 적용해 학습부진 학생
을 선별하고, 이 학생들에 대해 추가적 보충학습이나 수준별 수
업을 실시해 전반적으로 학습부진 학생의 비율을 축소하는 방식
을 취하였다. 그러나 추가적 보충수업이나 수준별 수업이 학습
부진을 예방하는 데 크게 기여하지 못한다는 것이 공통적인 연구
결과다.[35] 더욱이 이러한 접근 방법은 그 과정에서 학생들이 어떤
경험 속에서 얼마나 실질적인 발달과 성장을 이루는지에 대해서

---

34. 이혜정·백병부·홍섭근·이대식(2013), 《경기도 학습부진 학생 실태와 지원 방안》, 경기
도교육연구원.

35. 백병부(2010), 〈학습부진 학생에 대한 수준별 하반 편성 및 특별보충수업의 교육적 효과〉,
고려대학교 박사 학위논문.

는 별다른 주목을 하지 못한다. 또한 학습부진 학생의 범주에는 포함되지 않으나 수업에서 소외를 경험하는 학생들에 대해서는 관심을 갖지 않는다. 따라서 이러한 학생들을 배려하기 위해서는 해당 학생들을 가려내 별도의 학습을 부가하는 '배제적 방식'에서 탈피하여, 수업을 혁신해 일상적인 수업 자체에서 뒤처지는 학생들이 없도록 배려하는 '포괄적 방식'을 지향해야 한다.

그러나 기존의 일반적인 수업 관행은 배움이 느린 학생보다 이미 상대적으로 높은 학업성취 수준을 보이는 학생에게 초점을 맞추고, 이를 '수월성 교육'이라는 명분으로 합리화하는 경향이 있다. 학생의 학업성취 수준에 따른 개별화된 교육을 제공한다는 명분으로 도입된 수준별 수업도 일반적으로 '상'반에 집중하는 경우가 많다. 예를 들어 학생지도 경력이 많은 교사가 '상'반에 배치된다든지, 평가 역시 사실상 '상'반 학생들이 적응할 수 있는 범위와 수준으로 치르는 경우가 그러하다. 결국 수준별 수업은 배움이 느린 학생들에게 낙인효과만 준 채 별다른 효과를 거두지 못하게 된다.

A중학교에서는 영어와 수학 교과에서 수준별 이동 수업을 실시하고 있었다. A중학교 교사들은 이러한 수준별 수업에 대해 서로 다른 견해를 갖고 있었다. 일부 교사는 수준별 수업이 학생들의 학업성취 수준에 따른 교육을 가능하게 한다는 견해를 갖고 있었지만, 일부 교사는 수준별 수업이 효과성도 확인되지 않았을 뿐 아니라 학생들에게 부정적인 낙인효과만 심어 준다는 견해를

보였다.

> 교사1 수준별 수업은 사실상 '하'반에 초점을 맞춘 것이 아니라 '상'반에 초점을 맞춘 거예요. 늘 '하'반에만 머물러 있는 학생 들에게는 앞으로 공부를 잘할 수 있는 기회가 차단된 것이나 마찬가지예요.
>
> 교사2 성적이 낮은 학생들은 그래도 수준별 수업 '하'반에 모였 을 때 한 마디라도 말을 하게 돼요. 자기네들끼리 답을 맞혔 느니 틀렸느니 하는 이야기를 부끄럽지 않게 할 수 있으니까 요. 그런데 이 학생들이 일반 학급에 가면 자기가 공부를 못 한다는 게 드러날까 봐 아무 말도 하지 않고 가만히 있게 되 죠.
>
> 교사3 그건 일반 학급에서 공부 잘하는 학생들과 못하는 학생 들이 서로 가르쳐 주고 배울 수 있는 수업을 하지 않았기 때 문이죠. 다양한 학생들을 모아 놓는다고만 해서 의미가 있는 것은 아니니까요.
>
> 교사4 얼마 전에 우리 반 학생들이 '하'반 수업 시간에 엄청나 게 소란을 피웠다고 해서 교감 선생님이 따로 이 학생들을 모아 놓고 야단을 치신 적이 있어요. 제가 학생들에게 왜 그 랬냐고 물어 보니까 학생들은 "선생님이 우리를 무시하잖아 요!"라고 항변을 하더라고요. 이 학생들의 마음에 상처가 있 어요.
>
> 교사2 수준별 수업을 하되 평가를 서로 다른 방식으로 하면 좋 을 것 같아요. '하'반에서 아무리 쉽고 재미있는 수업을 하려 고 해도 그렇게 하면 시험 범위를 다 못 나가니까요. 시험 범

위에 맞춰야 할지, 아니면 시험에 신경 쓰지 말고 쉽고 재미
있는 수업을 해야 할지 늘 고민이에요.

교사3 그렇다면 시험 범위 자체를 '하'반 기준으로 줄이면 되잖
아요. '상'반에서는 시험 범위를 다 끝내 놓고 추가적으로 더
배우면 되고요.

교사5 우리 수학 교과에서는 수준별 수업을 하지만 시험 범위
는 '하'반을 기준으로 맞춰요.

교사1 우리 국어 교과에서는 수준별 수업을 하지 않는 대신에
학생들에게 학습 과제를 3단계로 제시해요. 1단계는 모든 학
생이 다 해야 하는 과제, 2단계는 학생들이 같이 협력해서 해
결하는 과제를 제시하죠. 그러면 잘하는 학생들이 못하는 학
생들을 가르치면서 자기들도 더 확실하게 알게 되죠. 3단계
는 이미 1단계와 2단계를 통과한 학생들이 혼자서 공부하도
록 하는 수준 높은 과제예요. 저는 대체로 2단계 수준에 맞춰
수업을 진행해요. 그래서 잘하는 학생들이나 못하는 학생들
모두 버리지 않으려고 해요.

— A중학교 교사 인터뷰(2014. 10. 31.)

위의 인터뷰 내용은 수준별 수업에 대한 교사들의 다양한 견해
를 확인할 수 있는 자료다. 일부 교사는 학생들의 수준에 따른 수
업이 가능하다는 이유로 수준별 수업에 찬성했다. 그러나 수준별
수업에서도 획일적인 평가가 적용되어 어려움이 있다고 말하고
있다. 반면에 다른 교사들은 학생들에 대한 낙인효과로 인해 이
들이 더욱 발전할 수 있는 기회를 차단한다는 점에서 수준별 수

업에 반대하고 있었다. 그리고 이들은 수준별 수업에 대한 대안으로 이질 집단 안에서의 협력 수업과 개별화된 학습의 조화를 제시하였다.

수준별 수업은 학생과 학생 사이 분리가 가장 강한 형태에 해당한다. 수준별 수업은 학업성취 수준에 따라 학생들을 별도의 집단으로 분류함으로써 학업성취 수준이 높은 학생과 그렇지 않은 학생 사이의 협력과 소통을 원천적으로 가로막는다. 앞의 인터뷰에도 언급되어 있듯이 "늘 '하'반에만 머물러 있는 학생들에게는 앞으로 공부를 잘할 수 있는 기회가 차단된 것이나 마찬가지"이기 때문이다. 또한 학생들에게는 "선생님이 우리를 무시"한다는 낙인효과를 줌으로써 학습 의욕 자체를 꺾는 결과를 낳을 수 있다.

그렇다고 학업성취 수준이 다른 학생들을 한 학급에 섞어 놓는다고 하여 배움이 느린 학생들이 더 발전할 수 있는 기회가 자동적으로 생기는 것은 아니다. 중요한 것은 교사가 배움이 느린 학생들에게 더 많은 관심을 주고, 학생들이 서로 가르치고 배울 수 있는 분위기를 형성하는 것이다.

교사1 선생님의 수업에서는 학생들이 모둠 활동을 매우 능숙하게 하던데요, 특별한 비법이 있는지 궁금합니다.
교사2 제가 수업을 준비하면서 늘 관심을 갖는 것은 '못하는 학생과 잘하는 학생들이 서로 소통하는 수업'이에요. 못하는 학생들은 자기들이 모르는 것을 물어보는 것을 힘들어 하고, 잘하는 학생들이 가르쳐 주는 것을 잘난 척한다고 여기고 있기 때문에, 서로 편하게 물어보고 가르쳐 주는 환경을 만들려고 합니다. 그리고 저는 못하는 아이들도 어려운 문제에 도전할 권리가 있다고 생각하기 때문에, 쉬운 문제부터 어려운 문제까지 단계적으로 제시를 해 주고 있어요.

— B중학교 공개수업 연구 모임(2014. 6. 11.)

여기서 인용한 교사의 발언에는 이질 집단에서의 협력학습 원리에 대한 인식이 명확히 드러나 있다. "서로 편하게 물어보고 가르쳐 주는 환경"을 조성하고 그 속에서 협력적 과제를 제시함으로써 모든 학생의 배움과 성취를 보장하는 것이 그러하다. 수학 교과처럼 학생 간 성취 격차가 벌어지는 교과에서도 협력학습이 불가능하지 않다는 것을 입증하고 있다. 특히 학생들의 학업성취 격차에 따라 수준별 과제를 제시하는 것은 바람직하지 않고 "못하는 아이도 어려운 문제에 도전할 권리가 있다"는 인식이 인상적이다. 이는 교사나 학생들 간의 협력적 관계가 형성된다면 배움이 느린 학생도 더 발전할 수 있는 가능성을 발견할 수 있다는 점을 인정하는 것이다.

이러한 과정에서 중요한 것이 돌봄과 배려의 윤리다. 보통 사회경제적 여건이 불리하고 배움이 느린 학생들은 학교에서 자신의 가치가 평가절하되고 배제되는 느낌을 받는다. 그리고 시혜적인 차원에서 주어지는 다양한 형태의 교육 복지 사업이나 추가적 보충학습의 기회는 오히려 이러한 배제되는 느낌을 더욱 조장하게 된다. 이러한 학생들을 진정으로 돌보고 배려하는 것은 학교의 일상적인 수업에서 '배려의 관계'를 형성하는 것이다. 분리가 강한 수업은 이런 학생들을 관계적 측면에서 소외시키고, 통제가 강한 수업은 이런 학생들을 특정한 구조 속에 침묵하게 한다. 반면 분리가 약한 수업은 이런 학생들을 학교의 관계적 구조 속에 포함시키며, 통제가 약한 수업은 이런 학생들의 목소리에 귀를 기울인다. 이러한 배려의 윤리가 일상적으로 정착된 수업에서는 배움이 느린 학생들도 학교의 구성원으로 정당하게 인정받게 된다.

(2) 참여와 협력을 통한 관계 형성

교사가 일방적으로 주도권을 행사하는 수업은 교사와 학생들 사이의 통제가 높은 수업이라고 할 수 있다. 통제가 높은 수업은 학생들이 수업에 적극적으로 참여하는 기회를 봉쇄하고, 학생과 학생 사이에도 의미 있는 협력과 소통이 이루어지지 못하게 막는다. 따라서 통제가 높은 수업에서는 일반적으로 학생과 학생 사이의 분리도 높게 나타난다.

학생과 학생 사이의 협력이 가장 활발하게 이루어지는 수업은 모둠 활동을 통해 주어진 과제를 학생들이 협력하며 해결하는 형태의 수업이다. 이는 '소규모 이질 집단의 협력학습' 속에 모든 학생의 배움이 보장되는 모습이라 할 수 있다. 이는 '대규모 동질 집단의 일제식 수업'과는 상반한 모습이다. 학업성취 수준이 낮은 학생도 동료 학생의 또래 언어를 통해 자신이 모르던 내용을 쉽게 이해할 수 있으며, 학업성취 수준이 높은 학생은 동료 학생에게 자신이 아는 내용을 가르쳐 줌으로써 막연하게 알고 있던 내용을 명료하고 구체화하여 내면화할 수 있다.

이러한 소규모 이질 집단의 협력을 통해 비고츠키가 말한 근접 발달영역이 형성될 수 있다.[36] 앞서도 여러 번 설명했듯이 근접발달영역이란 '실제적 발달 수준과 잠재적 발달 수준 사이의 거리'로, 여기서 말하는 잠재적 발달 수준이란 학생이 자기 스스로는 해결할 수 없지만 교사 혹은 자기보다 능력 있는 또래와의 협동을 통해 문제를 해결할 수 있는 정도를 말한다. 동질 집단 속에서는 이러한 근접발달영역이 형성되기 어렵다. 수준별 수업 '하'반에서 보이는 학생들의 무기력한 모습은 이러한 근접발달영역이 형성되지 않았기 때문에 나타나는 모습이다. 반면에 소규모 이질 집단 속에서 동료 학생과 의미 있는 관계성이 성립한다면 근접발달영역이 창출될 수 있다. 자기가 모르는 것을 부끄러워하지 않고 친구에게 물어볼 수 있는 분위기가 일상적으로 형성되는 것, 이런 과정을 통해 모든 학생이 주어진 과제를 해결하는 성취감을 느끼는 것, 나아가 이러한 협력적 관계가 일상적으로 정착되었다

---

36. L. S. Vygotsky(1978), 《Mind in Society》, Cambridge, MA: Harvard University Press ; 정회욱 옮김(2009), 《마인드 인 소사이어티》, 학이시습.

면 근접발달영역이 형성된 것이라고 할 수 있다.

> 저자 이 학교가 혁신학교로 바뀌면서 가장 크게 나타난 변화가
> 뭐예요?
>
> 학생1 1학년 때에는 모둠 활동을 많이 안 했는데, 혁신학교가
> 되면서 모둠 활동도 많이 하고, 친구들하고 말도 많이 하고
> 친해지게 되었어요.
>
> 저자 모둠 활동이 실력이 느는 데에 도움이 되나요?
>
> 학생1 네. 모둠 활동을 하면서 서로 가르쳐 주고 가르침을 받
> 는 것이 좋은 것 같아요.
>
> 학생2 모둠 활동 시간에는 학습지를 보면서 토의를 할 시간을
> 많이 주니까 생각을 나눌 수 있고 사고력이 깊어지는 것 같아
> 요.
>
> 저자 모둠 활동을 할 때 소외되는 학생들은 없나요?
>
> 학생1 소외되는 아이들도 있죠. 그 아이들도 참여를 하도록 같
> 이 유도를 하죠.
>
> 학생2 선생님들이 모둠을 배치할 때 잘하는 아이들과 그렇지
> 않은 애들을 섞어 놔서, 잘하는 아이들이 이끌어 갈 수 있게
> 해요.
>
> — B중학교 3학년 학생 인터뷰(2014. 9. 22.)

> 저자 여러분은 모둠 활동에 대해 어떻게 생각해요?
>
> 학생1 효과만점이에요. 모르는 것을 친구들이 배우고 가르쳐
> 줄 수 있으니까요.
>
> 저자 모둠 활동이 잘 되는 경우와 안 되는 경우는 언제죠?

학생2 흥미 있는 과제가 나오거나 게임 방식으로 하면 애들이 열심히 해요.

저자 모둠 활동에 잘 참여하지 않는 학생도 있나요?

학생 1 내가 알려 줘도 참여 안 하고 아무 말도 안 하는 애들 보면 짜증나요.

저자 그러면 어떻게 해요?

학생1 원래 굉장히 소극적인 아이가 있었는데, 일부러 말을 자꾸 걸어 줘요. 쉬는 시간에도요.

학생2 그 아이 요즘 많이 나아졌어요. 말을 걸면 웃기도 하고, 대답도 하고.

— C중학교 2학년 1반 학생 인터뷰(2014. 8. 20.)

학생들은 대부분 모둠 활동에 대해 긍정적으로 생각하고 있었다. 혁신학교 2년 차를 맞이한 B중학교 3학년 학생들은 혁신학교 이전과 이후의 가장 큰 차이를 모둠 활동 도입에서 찾고 있었다. B중학교나 C중학교 학생들은 모두 모둠 활동의 장점을 학생들이 서로 가르치고 배우면서 사고력도 깊어지고 학업 실력이 높아지는 것으로 보고 있었다.

이러한 모둠 활동은 학습적인 측면뿐 아니라 인간관계, 공동체성 형성에도 긍정적인 영향을 주는 것으로 볼 수 있다. 학생들은 수업에 소극적인 모습을 보이는 동료 학생에 대해서도 배려하면서 수업에 동참할 수 있도록 유도하는 모습을 보였고, 이것이 학교의 일상적인 문화로 자리 잡고 있었다. 교사들의 증언에 따르면 이렇게 일상적인 수업 시간에 학생들이 서로 배려하고 협력하는 문화가 형성되면서 학생 따돌림 현상이나 학교폭력 문제를 해결하는 데에도 긍정적인 영향을 미쳤다고 한다.

이처럼 분리가 약한 수업의 형태는 학생들의 참여와 협력을 보장하는 토대가 된다. 참여와 협력은 학생들 사이의 관계성을 새롭게 하며, 이러한 사회적 관계성 속에서 학생들은 의미 있는 발달과 성장을 도모하게 된다. 특히 청소년기의 학생들에게 참여와 협력을 통한 교우 관계 및 사회적 관계성 형성은 매우 중요한 의미를 지닌다. 이는 인간의 발달단계를 고려해 볼 때에 매우 자연스러운 일이다.

교수-학습이 발달을 선도한다는 관점을 가진 비고츠키는 아동의 발달과 성장을 이끄는 '선도 활동'의 중요성을 강조했다. 선도 활동이란 특정 연령대에 처음으로 등장하는 심리적 특성의 기반을 형성하는 활동을 말한다. 비고츠키의 이론을 계승한 심리학자 다비도프(Davydov)는 신생아기의 선도 활동을 '성인과의 직접적인 정서적 소통(unmediated emotional communication)', 1세에서 3세 아동기의 선도 활동을 '대상 조작적 활동(object-manipulative activity)', 3세에서 6세 아동기의 선도 활동을 '놀이 활동(play activity)', 6세에서 10세 아동기의 선도 활동을 '학습활동(learning activity)'으로 보았다. 그리고 10세에서 15세 청소년기의 가장 중요한 선도 활동으로 '사회 활동(social activity)'에 주목했다.[37] 여기서 말하는 사회 활동에는 생산적 노동 활동, 사회적 조직 활동, 예술 활동, 스포츠 활동 등이 해당한다. 이러한 사회 활동을 수행하는 과정에서 청소년은 사회에 참여하고자 하는 욕구를 발달시키고, 또래 집단과의 사회적 상호작용 속에서 자신의 행동을 돌아보며 자아의 잠재력을 스스로 평가하는 능력을 개발하게 된다.

그런데 만약 특정한 연령대의 선도 활동을 충분히 경험하지 못하면 이는 다음 단계의 연령대에 대해서도 부정적인 영향력을 미치게 된다. 비고츠키에 의하면 한 연령대에서 발달의 중심이 되는 과정이 다음 연령대에서 발달의 곁가지가 되고, 반대로 한 연령대에서 발달의 곁가지였던 과정은 다음 연령대에서 발달의 중심 과정이 되기 때문이다. 따라서 청소년기의 선도 활동인 '사회 활동'이 충분히 이루어지지 못한다면 이는 인간의 전인적 발달에 걸림돌이 되는 셈이다.

이런 점에서 수업 시간에 일상적으로 이루어지는 모둠 활동은 매우 중요한 의미를 갖는다. 모둠 활동은 단지 자기가 모르는 문제를 동료 학생들과 함께 협력하며 해결하는 지식 습득의 측면에서만 의미가 있는 것이 아니라, 동료 학생들과 사회적 관계성을 형성하며 청소년기에 꼭 필요한 선도 활동을 수행한다는 점에서도 의미가 있다. 그렇기 때문에 모둠 활동은 지식을 탐구하는 효

---

37. V. V. Davydov(2008), 《Problems of Developmental Instruction : A Theoretical and Experimental Psychological Study》, Nova Science Publisher, Inc ; 정현선 옮김(2014), 《발달을 선도하는 교수·학습》, 솔빛길.

율적인 방법론으로서뿐 아니라 동료 학생들과 사회적 관계를 형성하는 측면에서도 의미 있게 이루어져야 한다. 또한 지식을 탐구하고 이를 다양한 방식으로 표현하는 기회를 충분히 제공함으로써 생산적 노동 활동, 사회적 조직 활동, 예술적·신체적 표현 능력이 발휘되는 계기로 삼아야 한다.

예를 들어 2장에서 언급했던 A중학교 국어 교과에서의 '시집 만들기'는 이러한 점에서 매우 의미 있는 활동이라고 볼 수 있다. A중학교의 국어 교과에서는 학생들이 자신의 경험을 시로 표현하고 이를 동료 학생들과 서로 나누며 모둠별로 함께 시집을 만드는 과정에서 동료 학생들의 삶을 더욱 이해하는 경험을 하였다. 이러한 활동은 이 시기 학생들이 경험해야 할 선도 활동에 해당한다. 학생들은 이 과정을 통해 동료 학생들과 의미 있는 사회적 관계성을 형성하였으며, 창조적인 노동과 예술 활동을 통해 자신의 잠재력을 계발하는 기회를 가질 수 있었다.

C중학교의 창의적 체험활동 역시 학생들의 참여와 성장에 의미 있는 교육과정을 제공하였다. 학생들은 교실에서 수동적으로 지식만 습득하는 것이 아니라 일본군 위안부 할머니들의 아픔에 동참하는 의미에서 직접 피켓을 제작하고 자발적으로 율동을 연습하고 집회 발언까지 준비하였다. 그리고 위안부 할머니들을 위한 수요 집회에 참석해 준비한 율동을 공연하고 할머니들을 응원하는 발언까지 함으로써 교실을 넘어선 사회적 활동에 참여하게 되었다.

청소년기 학생들을 교실에만 있게 하고 수동적으로 교사의 수업만 받게 하는 것은 오히려 발달의 지체 현상을 낳게 한다. 청소년기 학생들은 사회 활동을 하는 과정에서 성취와 실패를 경험하고, 이를 통해 자신이 사회 속에서 얼마나 중요한 역할을 하는 존재인지를 인식하면서 새로운 성장의 단계로 도약해야 한다. 청소년기 학생들에게 학교가 제공해야 할 것은 학습을 통한 지식 습득만이 아니라 다양한 사회 활동을 자유롭게 수행해 볼 수 있는 기회를 최대한 제공하는 것이다. 이러한 기회를 동아리 활동이나 체험활동뿐 아니라 일상적인 수업 속에서 풍부히 구현해야 한다. 그리고 이러한 사회적 관계성의 형성은 자아를 인정받고 정체성을 확인하는 중요한 토대가 된다.

평가를 통해 드러나는 교육의 역할

4장

평가와 관련해 유명한 일화가 전해지고 있다. 미국의 어느 학교에 아메리카원주민 아이들이 전학을 왔다. 시험 시간, 백인 아이들은 다른 아이들이 자기 답안지를 보지 못하도록 책상 가운데에 책가방을 올리고 시험을 볼 준비를 했다. 그런데 아메리카원주민 아이들은 책상을 돌려 둥그렇게 모여 앉는 것이 아닌가. 선생님은 "지금 시험을 볼 건데 뭘 하고 있는 거야?"라며 야단을 쳤다. 그러자 아메리카원주민 아이들은 무슨 영문인지 몰라 어리둥절해 하다가 "선생님, 저희들은 어려운 문제가 있을 때마다 함께 도와 가며 해결하라고 배웠어요."라고 대답했단다.

이와 유사한 일이 핀란드에서도 일어나고 있다. 2007년 방영된 MBC 스페셜 〈열다섯 살, 꿈의 교실 ─ 제2부 꼴찌라도 괜찮아〉에 나온 내용이다. 시험 시간이 되었는데도 핀란드 학생들의 얼굴에는 여유가 넘쳤다. 책상을 시험 대형으로 맞추지도 않고 그냥 그 자리에서 문제를 풀었고, 먼저 문제를 푼 학생들은 답안지를 선생님께 제출하고 교실 밖으로 나갔다. 그런데 한 학생이 선생님에게 어떤 방식으로 문제에 접근하면 되느냐고 질문을 했다. 선생님은 그 학생에게 문제에 접근하는 요령을 설명했다. 게다가 그 학생이 잘못된 답을 적으면 다시 한 번 생각해 보라고 일러 주기까지 했다. 그런데도 항의하는 학생이 한 명도 없었다. 우리로서는 상상하기 어려운 풍경이었다.

아메리카원주민 아이들과 핀란드 아이들이 시험을 대하는 태도에는 하나의 공통점이 있다. 시험은 경쟁의 과정이 아니라 협력의 과정이라는 점이다. 아메리카원주민 아이들의 시험에는 학생과 학생 사이의 협력, 핀란드 아이들의 시험에는 교사의 도움이 있다. 그리고 이러한 협력은 '어떤 학생이 혼자서 해결할 수 있는 과제'와 '어떤 학생이 동료 학생이나 교사의 도움을 받아 해결할 수 있는 과제' 사이의 간극에 주목해 이를 '근접발달영역'이라 칭했던 비고츠키의 교육학 이론과 맞닿아 있다. 즉 어떤 아이가 현재 무엇을 할 수 있고 무엇을 못 하는가만 주목하는 것이 아니라, 그 아이가 동료 학생이나 교사의 도움이 있다면 어디까지 해낼 수 있는가에 주목하는 것이다. 이를 '성장 지향 평가'라 할 수 있다.

대학이 평준화된 프랑스의 대학 입학 자격 시험인 바칼로레아에서는 "정치에 관심을 두지 않고도 도덕적으로 행동할 수 있는가?"와 같은 간단한 문항 하나만 주고 이에 대해 학생들이 자유롭게 자신의 생각을 펼치는 방식으로 시험을 치른다. 20점 만점에 10점만 넘으면 누구나 합격하고 자신이 원하는 국공립 대학 어디에나 입학할 수 있는데, 그 합격 비율은 약 80%라고 한다. 프랑스의 대학 입학시험은 학생을 서열화하는 절차가 아니라 학생들의 철학적 사고 능력을 평가하는 절차에 다름 아니다. 그래서 중·고등학교 교육은 입시 교육에 의해 왜곡되지 않은 채 학생들의 다양한 능력과 재능을 키울 수 있고, 그 결과 프랑스 사회의 높은 인문사회학적 소양이 유지될 수 있는 것이다.

중요한 것은 '평가 방법'이 아니라 '평가의 철학'과 '평가의 사회학'이다. 평가 철학에 따라 평가 방법도 달라진다. '학교 시험이란 상급 학교 진학을 위한 공정한 자료를 제공하는 절차'라는 평가 철학에서는 평가 방법도 주로 '변별력 확보'에 관심을 둔다. 반면 '평가란 교육목표에 따른 교육과정을 확인하고 교수-학습의 피드백에 도움이 되는 자료를 제공하는 절차'라는 평가 철학에서는 평가 방법도 교육목표, 교육과정, 수업에 의미 있게 활용하는 데 주로 관심이 맞춰진다. '평가의 사회학'이란 현재 일상적으로 진행되고 있는 평가 방식을 사회학적으로 성찰하는 것이다. 여기서는 특히 "어떤 평가 방식이 누구에게 유리한가?", "특정한 평가 방식이 어떤 사회적 영향을 낳는가?" 하는 점을 묻게 된다. 이러한 평가의 사회학은 교사의 일상적인 교육적 실천을 성찰하는 데에도 중요한 도움이 될 것이다.

1. 평가의 사회학

교육사회학에서는 학교교육을 자본주의 계급 구조를 재생산하는 도구로 본다. 학생들은 교육과정을 통해 지배계급의 이데올로기나 통제 방식을 신체적·정신적으로 익히게 되고, 학교교육은 우리 사회의 불평등 구조를 재생산하는 역할을 한다. 부모의 부와 권력이 학벌을 매개로 또다시 자녀에게 대물림되기 때문이다. 이러한 구조를 정당화하는 핵심적인 장치가 바로 '평가'다. '평가'란 사회적 지위를 배분하기 위해 '사람들을 나누고 줄 세우는' 방식이나 마찬가지다.

이는 한국이나 다른 나라나 비슷하다. 하지만 한국은 유독 '시험의 공정성'이라는 신화가 절대적인 영향력을 갖고 있다. 예를 들어 대학 입학 여부를 '선착순'이나 '추첨'으로 결정한다면 이에 동의할 사람은 거의 없을 것이다. 반대로 대학 입학 여부를 '수능'이라는 시험 하나로 결정하는 것에 대해서는 별다른 문제 제기가 없다. 지금도 일부 지역이 고등학교 비평준화로 남아 있는 것도 이러한 '시험의 공정성'에 대한 사회적 신뢰 때문이다.

그런데 샌델(Sandel)은 시험의 공정성에 대해 근본적인 의문을 던진다. 그는 "하버드대학에 합격한 학생은, 하필이면 19세의 나이에, 하필이면 하버드대 입시가 요구하는 특정한 능력을 가진 학생에 불과하다."고 말한다.[1] 다른 말로 바꾸어서 만약 하버드대가 다른 능력을 요구했다면, 혹은 20세의 나이에 그 능력을 발휘하게 되었다면 그 학생은 하버드대에 입학할 수 없었다는 것이다.

특정한 평가 방식은 특정한 사회경제적 토대를 반영한다. 과거의 대학 입학 학력고사는 '대량생산-대량소비'를 핵심 원리로 하는 '테일러-포드주의 시스템'을 반영한 평가 방식이다. 주어진 매뉴얼대로 차질 없이 작업을 수행하는 노동자를 길러 내는 것을 우선시하던 당시의 사회적 산물인 것이다. 반면에 수능이나 논술은 '다품종 소량생산'을 핵심 원리로 하는 '포스트 포드주의 시스템'을 반영한 평가 방식이다. 주어진 정답을 찾기보다 자신의 판단에 따라 스스로 부가가치를 창출하는 노동자를 원하는 사회의 산물이다. 향후에는 평가 방식이 OECD에서 말하는 '핵심 역량'을 중심으로 재편될 수도 있다. 이는 평생 직업이 사라진 불안정 시대를 맞아 스스로 자신의 삶을 개척해 갈 역량을 필요로 하는 미래 사회의 요구를 반영한 것이다. 이처럼 '무엇을 어떻게 평가하느냐'는 다분히 사회학적인 문제다.

---

1. M. Sandel(2009), 《Justice : What's the Right Thing to Do?》, 'Farrar Straus & Giroux ; 김명철 옮김(2014), 《정의란 무엇인가》, 김영사.

(1) 평가의 결과로 나타나는 '분리'

평가에서 '분리'란 평가의 결과로 학생들이 어떻게 나뉘는가 하는 문제다. 분리가 강한 평가는 학생들의 차이를 명확히 재고자 한다. 그렇기 때문에 차이를 명확히 측정하기 어려운 인간의 역량, 예를 들어 감수성이라든지 사회적 소통 능력 등에 대해서는 관심을 두지 않는다. 차이를 측정하기 쉬운 영역, 예를 들어 단편적 지식의 습득에 주로 관심을 둘 뿐 아니라 그 차이를 극대화하고자 한다. 이러한 평가는 모든 학생을 일등부터 꼴찌까지 한 줄로 줄 세우는 데 목적이 있다. 그 결과 다음과 같은 특징이 나타난다.

① 학생들의 성취 정도보다 석차에 관심을 둔다.

② 주로 단편적인 지식을 묻는다.

③ 시험 범위가 많다.

④ 난도가 높다.

⑤ 짧은 시간 안에 많은 문항을 풀어야 한다.

⑥ 총점이 높다(심지어 동점자가 나오지 않도록 소수점 배점도 한다).

과거 고등학교 내신 평가가 절대평가에서 상대평가로 전환될 때의 교실 풍경을 떠올려 볼 필요가 있다. 모든 학생의 성적을 정규분포곡선에 끼워 넣기 위해, 동점자가 생겨 1등급 학생이 줄어드는 것을 예방하기 위해, 소위 공부 잘하는 학생이 우연한 계기로 2등급으로 밀려나지 않도록 여러 가지 방법이 동원되었다. 시험의 난도는 매우 높아져서 영어나 수학의 경우 평균 점수가 30~40점 나오는 경우도 있고, 동점자가 나오는 것을 막기 위해 심지어 소수점 배점까지 생겼다. 이러다 보니 자연스럽게 시험 범위는 많아지고, 이에 따라 진도 나가는 속도도 빨라졌다. 학생들 사이에는 1점 차이도 매우 예민해 하는 분위기가 형성되었고, 시험 난도가 어려워지다 보니 영어와 수학을 포기하는 이른바 '영포자', '수포자'가 속출했다.

이러한 방식의 평가는 학생들의 점수와 석차에만 관심이 있을 뿐 교육적으로 의미 있는 정보를 제공해 주지 못한다. 또한 이러한 방식의 평가는 교육과정과 수업에도 영향을 미쳐 시험에서 측정될 수 있는 지식만을 강조하게 되고, 교육과정의 양과 난이도는 부담스러워지고, 배움이 느린 학생들을 전혀 배려하지 않은 채 빠른 속도의 진도 나가기식 수업을 진행하게 된다. 이는 사회학적으로 볼 때, 컨베이어벨트를 빨리 돌려 여기에 적응하지 못하는 학생은 탈락시키는 효과를 낳게 된다.

이제는 '성취평가제'라는 이름의 절대평가가 도입되어 이러한 모습에서 어느 정도 탈피했다고 볼 수 있다. 그러나 여전히 상대평가의 잔재는 강하게 남아 있다. 그 이유는 고등학교 입학시험이나 대학교 입학시험 같은 입시의 영향력이 여전히 크고, 학교에서의 평가 역시 여전히 분리에 대한 욕망에서 자유롭지 못하기 때문이다.

반대로 분리가 약한 평가는 외면적으로 다음과 같은 특징을 지닌다.

① 석차보다는 학생들의 성취 정도에 관심을 둔다.

② 지식의 습득 여부뿐 아니라 다양한 자질과 역량에 관심을 둔다.

③ 시험의 난도가 상대적으로 낮다.

④ 시험 범위가 상대적으로 좁다.

⑤ 총점이 낮고, 학생들에게 점수를 후하게 부여한다.

절대평가는 단순히 학생들의 석차를 매기지 않는다는 의미만 있는 것이 아니다. 절대평가는 정해진 학습목표에 학생이 얼마나 도달했느냐를 평가하는 것이자, 동시에 모든 학생이 학습목표에 도달할 수 있다는 신뢰를 전제로 한다. 따라서 석차를 매기지 않더라도, 시험의 난도가 지나치게 높다든가 점수를 촘촘히 매긴다든가 하는 방식은 절대평가의 취지와 어울리지 않는다.

이러한 절대평가의 취지를 살리기 위해서는 지금의 평가 관행을 상당 부분 바꾸어야 할 필요가 있다. 절대평가는 학생들 간의 상대적 지위, 즉 석차에 관심을 갖는 대신 어느 학생이 주어진 학습목표에 얼마나 도달했는가에 관심을 갖는다. 그리고 그 결과를 바탕으로 학생들의 수준을 판단하고 이를 교육과정이나 수업을 개선하는 자료로 활용한다. 이러한 절대평가는 모든 학생이 학습목표에 도달할 수 있다는 신념을 전제로 한다. 예를 들어 평균 점수가 70점 나왔다면, 이는 학생들이 주어진 학습목표에 70% 도달했다는 것을 의미하고, 나머지 30%를 마저 보완하는 데에 관심을 두는 것이다.

분리가 강한 평가는 학생들의 차이를 명확히 측정하기 쉬운 영역인 단편적 지식에 주로 관심을 둔다. 반면 분리가 약한 평가는 다른 영역에도 관심을 둔다. 그렇기 때문에 분리가 약한 평가는 수행평가의 취지와 어울린다. 수행평가를 통해 단편적 지식의 습득뿐 아니라 다양한 창의력, 감수성, 소통 능력 등을 평가해 볼 수 있기 때문이다. 이렇게 된다면 다소 학업 능력이 부족한 학생들도 수행평가를 통해 다른 측면의 능력을 발휘할 기회를 보장받을 수 있게 된다.

그런데 수행평가를 강조하는 것은 자칫 또 다른 문제에 봉착할 수도 있다. 왜냐하면 수행평가는 기본적으로 사회적 자본과 문화적 자본이 풍부한 학생—예를 들어 어려서부터 독서나 문화 활동을 쉽게 접할 수 있었던 학생들, 동료 집단에서 리더로 인정받으면서 사회적 의사소통 능력을 키워 온 학생들—에게 유리한 평가 방식일 수 있기 때문이다. 사회적 관계 맺기가 익숙하지 않은 학생들은 모둠별 활동에서 또다시 소외될 수도 있고, 독서 경험을 꾸준히 해 볼 기회가 없었던 학생들은 책을 읽는 것 자체를 두려워할 수 있다. 이러한 점을 간과한 채 수행평가 비중을 높이면 오히려 사회적 자본과 문화적 자본이 부족한 계층의 학생, 부모의 보살핌이나 사교육의 혜택을 받지 못하는 학생들을 소외시키는 결과를 낳을 수 있다.

그래서 중요한 것이 '학교에서 끝내는 수행평가'다. 만약 수행평가가 과제 부여 방식으로 진행된다면 이는 학생들에게 추가적인 학습 부담을 부과하는 것이자 사교육의 혜택을 받을 수 있거나 가정 여건이 좋은 학생들에게만 유리한 결과를 낳을 수 있다. 수업 시간의 활동과 자연스럽게 연결되면서도, 교사가 학생들의 활동을 꾸준히 지원해 줄 수 있는 방식의 수행평가가 이루어져야 사회경제적으로 불리한 처지에 있는 학생들도 교육 활동에 참여하고 자신의 능력을 계발할 수 있는 기회가 보장된다.

이렇게 볼 때 평가의 사회학적 측면에서 중요한 것은 "평가 방식이 사회경제적으로 불리한 학생들, 배움이 느린 학생들도 배려하고 있는가?", "평가의 결과로 모든 학생이 자신이 인정받고 있다는 느낌을 가질 수 있는가?" 하는 점이다. 예를 들어 학생 서열화에 관심을 두게 되면 시험의 문항 수도 많아지고 난도도 높아지게 된다. 따라서 뒤처지는 학생들을 배려하기 위해서는 교육과정의 양을 적정화하는 동시에 시험의 문항 수, 난도 등에서도 지금보다 훨씬 부담을 줄일 필요가 있다. 그래야 학생들이 평가를 통해 자신의 가치를 정당하게 인정받을 수 있다.

(2) 평가를 통해 실현되는 '통제'

통제(framing)가 강한 평가란 쉽게 말해 학생들을 하나의 틀 (frame)에 강하게 가두어 놓은 평가를 말한다. 다른 말로 평가가 이루어지는 질서, 규범 등이 강한 평가를 의미한다고 볼 수 있다. 대체로 분리가 강한 평가는 자연스럽게 평가가 이루어지는 통제도 강해지게 된다. 통제가 강한 평가의 외면적 특징은 다음과 같다.

① 이미 정해진 하나의 답을 찾는 것을 중시한다.
② 동일한 시간에 모든 학생이 동일한 문항으로 평가받는다. (이른바 국가수준 학업성취도 평가)
③ 평가를 치르는 방식이 엄격하다(상호 감시적 분위기, 엄격한 채점 기준 등).
④ 평가를 무기로 학생을 통제한다.

통제가 강한 평가에서는 학생들이 스스로 정답을 창출하는 과정보다 이미 정해진 정답을 골라 내는 결과를 중시한다. 그리고 평가를 진행하는 질서나 규범이 엄격히 정해져 있어서, 정해진 시간 안(예를 들어 50분 동안 30문항을 풀어야 하는 것)에 엄격한 질서(예를 들어 자료를 참고할 수 없고 오로지 자신의 기억력만으로 답을 골라야 하는 것)에 따라 평가가 진행된다. 또한 평가가 학생을 통제하는 하나의 무기(예를 들어 "이거 시험에 나오니까 잘 들도록 해.", "떠들면 태도 점수 깎는다.")로 작용하기도 한다.

반면에 통제가 약한 평가의 외면적 특징은 다음과 같다.

① 정답의 개방성이 보장된다.

② 국가수준 학업성취도 평가보다는 교사별 평가, 정기적인 심험보다는 상시 평가가 이루어진다.

③ 평가를 치르는 방식이 자유롭다.

④ 교사나 학생들이 평가에 대해 예민하지 않다.

통제가 약한 평가는 학생들이 스스로 지식을 창출하거나 활용하는 과정을 중시한다. 대표적인 것이 수행평가나 논술형 평가다. 하지만 수행평가나 논술형 평가 역시 하나의 정답을 중시하는 형태로 이루어진다면 별 의미가 없다. 통제가 약한 평가는 무엇보다 '정답의 개방성'을 중시한다. 즉 하나의 정답을 찾는 것이 아니라 다양한 정답이 있을 수 있다는 것을 인정하고 그것을 찾아 나가는 과정, 혹은 이미 주어진 지식을 활용해 새로운 아이디어를 창출하거나 이를 사회적 실천으로 연결하는 과정을 중시한다.

그렇기 때문에 수행평가, 논술형 평가에서 '엄격한 채점 기준'을 적용하는 것은 바람직하지 않다. '엄격한 채점 기준'을 고집하다 보면 당연히 '정답의 개방성'을 보장할 수 없게 되고, 교사들의 입장에서는 학생에게 점수를 '부여하는 것'보다 학생의 점수를 '깎는 것'에 관심을 갖게 된다. 흔히 '채점 기준'이라 번역되는 '루

블릭(Rublic)'도 사실상 '답안 작성 요령'이라는 개념에 가깝다. 수행평가나 논술형 평가에서 학생들에게 너무 막연한 과제를 제시하면 이를 아예 포기하는 학생이 생겨나고, 결과적으로는 배움이 느리거나 사회문화적 자본이 부족한 계층의 학생들에게 불리한 결과가 나온다. 이를 방지하기 위해 학생들에게 도움을 제공하는 차원에서 제시되는 것이 루블릭이다. 즉 이는 학생들에게 답안 작성의 방향을 안내하는 길잡이 역할을 하는 것이지, 감점이 되는 요인을 예고하는 역할을 하는 것이 아니다. 그래서 가급적이면 '채점 기준'은 완화하는 것이 좋고, 또한 학생들이 답안을 작성하는 요령을 친절하게 안내하는 방식으로 제시하는 것이 바람직하다.

통제가 약한 평가는 평가를 치르는 방식 역시 유연하다. 예를 들어 수행평가를 너무 엄격한 방식으로 진행하면, 일종의 '통제적 평가'와 같은 역할을 하게 된다. 마치 교실에 폐쇄회로(CC)TV가 달려 있어 학생들의 일거수일투족을 감시하듯, 수행평가를 무기로 학생들의 일상을 감시하게 될 수도 있다. 이른바 '태도 점수'를 무기로 학생들의 일상을 관리 통제하거나 혹은 매 시간 수업이 수행평가를 염두에 두고 진행됨으로써 '평가가 교육과정을 지배하는' 현상이 일상화될 수도 있다. 만약 교사가 "이거 수행평가에 반영되니까 열심히 해."라는 말을 습관적으로 한다면, 학생들도 "이거 수행평가에 들어가요? 이거 시험에 나와요?" 하는 질문을 자주 하게 되고, 결과적으로 '시험에 나와야만 공부하는' 문화가 자리 잡는다. 당연히 '배움의 즐거움' 자체에 몰입하는 문화는 점차 사라지게 된다.

우리 사회는 유독 평가에 대한 신화가 강한 편이다. 이는 한편으로 볼 때 긍정적인 현상일 수도 있다. 이는 우리 사회가 한 사람의 선천적인 지위(신분, 가문, 계급)보다 능력의 결과를 중시하는 능력주의 원리를 중시하기 때문일 수도 있다. 이러한 원리를 중시하다 보니 우리 사회에는 '표준화된 시험에 따른 성적'을 가장 공정한 경쟁의 방식으로 선호하는 문화가 정착되었다.

그러나 이제는 이러한 신화에서 벗어날 때가 되었다. 흔히 이야기하듯 이제 '개천에서 용 나는 시대'는 지났다고 할 수 있다. 시험 성적으로 신분 상승을 꾀하기보다 사회의 불평등한 구조 자체에 문제를 제기해야 할 때가 온 것이다. 또한 전통적인 평가 방식이 교육과정 및 수업에 미치는 폐해가 너무 크다. '일제고사 방식의 상대평가'는 '강한 분리, 강한 통제'의 평가 방식을 낳을 수밖에 없고, 이는 교육과정과 수업을 획일화하며, 그 속에서 배움이 느리거나 사회경제적으로 열악한 계층의 학생들을 소외시킨다. 그리고 학생들은 일상적인 교육과정과 수업에서 불평등의 논리, 억압의 논리를 내면화하게 된다.

특히 교육과정-수업-평가 영역 중 가장 혁신의 정도가 더디고 힘든 영역이 평가라 할 수 있다. 입시의 영향과 과거의 관행이 그만큼 뿌리 깊기 때문이다. 따라서 교육과정-수업-평가가 혁신되기 위해서는 평가 혁신의 과제가 가장 절실하다고 볼 수 있다.

2. 평가 유형에 따른 특징

　교육과정이나 수업 영역에 비해 평가 영역은 외형적으로 볼 때 학교별로 나타나는 차이가 작다. 입시 위주의 교육 풍토가 가장 직접적으로 영향을 미치는 영역이 평가이기 때문이다. 그럼에도 각 학교의 교사나 학생들의 평가에 대한 인식은 조금씩 차이가 나타난다. 여기서는 교사와 학생들의 평가에 대한 인식에 주목해 그 차이를 알아보고자 한다. 해당 학교의 수업을 참관하고 인터뷰를 진행하면서 교사와 학생의 평가에 대한 인식을 확인해 보았다. 이를 통해 확인한 A중학교, B중학교, C중학교의 평가 특징은 대략 다음과 같다.

〈표 24〉 연구 대상 학교 평가의 특징

항목	거의 나타나지 않음	때때로 나타남	일관되게 나타남
[지식-평가] 정답의 개방성이 보장되는 평가가 이루어지고 있다.		A중학교	
		B중학교	
			C중학교
[학생-학생] 학생 간 성적 격차가 적고, 학생 서열에 대해 관심을 두고 있지 않다.	A중학교		
		B중학교	
		C중학교	
[수업-평가] 수업 과정에서 자연스럽게 평가가 이루어지고 있다.		A중학교	
		B중학교	
			C중학교
[학생-평가] 모든 학생이 학습목표(성취기준)에 도달하도록 돕는 평가가 이루어지고 있다.	A중학교		
		B중학교	
		C중학교	

세 학교의 평가 특징을 대략적으로 분석해 본 결과, 일정한 차이는 존재하지만 앞서 분석한 '교육과정의 특징'과 '수업의 특징'에 비해서는 학교 간 차이가 상대적으로 적게 나타났다. 그 이유는 혁신학교 5년 차를 맞아 교육과정 및 수업에서 여러 가지 새로운 모습을 보이고 있는 C중학교의 경우에도 평가 영역에서는 이상적인 측면에 비추어 보면 상대적으로 미약한 측면이 있기 때문이다. 이는 여전히 입시 경쟁 등 외적 조건이나 기존의 평가 관행이 많은 영향을 미치고 있기 때문이기도 하다. 세 학교의 평가 특징에 대한 세부적인 분석은 다음과 같다.

(1) 시험을 어떻게 보는가? – 폐쇄적 평가, 개방적 평가

　시험을 어떤 방식으로 보느냐에 대해서는 크게 두 가지 관점이 있을 수 있다. 하나는 학생들의 학업성취 정도를 엄정하게 판별하기 위해 가급적 난도를 높이고 채점 기준을 명확히 함으로써 정답과 오답을 정확히 나누는 방식이다. 다른 하나는 학생들의 다양한 특성을 확인하는 데 초점을 두고 난이도는 가급적 적정한 수준을 유지하면서 정답의 개방성을 보장하는 방식이다. 번스타인의 통제(framing) 개념을 활용하자면, 전자는 평가에서 강한 통제가 형성되는 폐쇄적 평가 방식이라 할 수 있고 후자는 약한 통제가 형성되는 개방적 평가 방식이라 할 수 있다.

학생들의 실력을 점수로 엄격하게 판별해야 해.	학생들의 다양한 특성을 제대로 확인해야 해.
가급적 난도를 높여야 잘하는 학생과 못하는 학생을 분명하게 나눌 수 있어.	수업 시간에 적극적으로 참여한 학생이라면 누구나 해결할 수 있는 문제를 내야 해.
수행평가, 논술형 평가는 채점 기준을 엄격히 해야 평가의 공정성을 확보할 수 있어.	수행평가, 논술형 평가는 정답의 개방성이 보장되는 다양한 형태로 진행해야겠어.
↓	↓
폐쇄적 평가	개방적 평가

　평가에서 '통제'는 '정답의 개방성'이 얼마나 보장되는가 하는 것을 의미한다. 수업에서 통제가 강한 경우 교사의 일방적인 지식 전수가 중시되고 학생들은 이를 수동적으로 수용하는 것과 마찬가지로, 평가에서 통제가 강한 경우 이미 교사로부터 습득한 지식을 학생들이 얼마나 제대로 드러내는지를 중시하게 된다. 여러 개 답안 중 하나의 정답을 고르는 선다형 평가는 통제가 강한 평가의 대표적인 예다. 지식에 대한 구성주의적 관점에서 본다면 정답이란 존재하지 않는 것이나 마찬가지이기 때문에, 선다형 평가는 사실상 '정답으로 인정되지 않는 것을 제외하는 능력'을 평가하는 것이나 마찬가지다.

　반대로 수행평가와 논술형 평가는 정답의 개방성을 보장하는 평가 방식에 해당한다. 수행평가는 지식의 적용과 활용 과정을, 논술형 평가는 지식의 구성 및 표현 과정을 중시한다는 점에서 그러하다. 그렇기 때문에 흔히 평가 혁신의 지표로 수행평가와 논술형 평가의 비율을 보기도 한다. 그렇다고 하여 모든 수행평가나 논술형 평가가 정답의 개방성을 보장하는 것은 아니다. 이른바 쪽지 시험 형태의 수행평가나, 엄격한 채점 기준을 적용하는 논술형 평가는 사실상 정답의 개방성을 보장하고 있다고 할 수 없다.

평가에 대한 인식이 전환되면서 이제 상당수 학교에서 선다형 위주의 지필 평가뿐 아니라 수행평가와 논술형 평가가 활발히 시행되고 있다. 또한 각 시도 교육청에서는 정책적으로 수행평가를 의무적으로 반영하도록 규정하고 있다. 시도에 따라 약간의 차이는 존재하나 대체로 총점 중 수행평가 비율을 30~50% 정도 반영하는 추세다. 연구 대상 학교인 A중학교, B중학교, C중학교 역시 약간의 차이는 존재하지만 국어, 영어, 수학, 사회, 과학 등 이른바 주지 교과에서는 30~50% 정도를, 음악, 미술, 체육 등의 교과에서는 50~80% 정도를 수행평가로 반영하고 있었다.

그러나 중요한 것은 수행평가의 형식적 반영 비율이 아니다. 선다형 평가에서는 확인할 수 없는 학생의 다양한 잠재력과 역량을 수행평가를 통해 얼마나 제대로 평가하느냐가 중요하다. 그리고 이러한 영역은 기본적으로 엄격한 계량화가 불가능하기 때문에, 정답의 개방성을 보장하여 학생들의 고차원적 사고력이나 표현 능력, 실제적 상황에서의 적용 능력 등을 확인하는 것이 필요하다.

우리 음악과에서는 수행평가 80%, 지필 평가 20%를 반영하고 있어요. 지필 평가는 학기당 1회만 치르고 있고, 모두 서술형·논술형 문제만 보고 있어요. 음악, 미술, 체육 교과가 모두 마찬가지입니다. 이 부분에 대해서는 음미체 교사가 모두 합의를 봤어요. 음미체를 암기식으로 공부해서 선다형 평가를 치르는 것은 의미가 없다고 생각했기 때문입니다. 논술형 평가도 외워 쓰는 방식이 아니에요. 예를 들어 하나의 악보를 제시하고 "공연 상황을 가정하고 이것을 어떻게 연주하는 것이 좋은지를 서술하라."는 식의 문제를 줘요. "이 민요의 배경 전설을 적고 그 전설과 이 곡의 분위기가 어떻게 연결되는지를 서술하라."는 문제를 낸 적도 있습니다.

— C중학교 음악 교사 인터뷰(2014. 9. 15.)

일반적으로 음악, 미술, 체육 교과는 '실기 과목'으로 인식되고 있다. 그렇기 때문에 대부분 학교에서는 예체능 교과의 경우 수행평가 비율이 높고, 해당 교과에서 배우는 활동을 직접 수행평가에 반영하는 경우가 많다. 그 대신 지필 평가에서는 기본적인 개념을 익히고 이를 제대로 암기하고 있는지 여부를 평가하는 것이 일반적이다. 그러나 C중학교에서는 예체능 교과의 지필 평가에서도 정답의 개방성이 보장되는 논술형 평가를 적극적으로 도입하고 있다. 위에서 언급한 음악 교사의 인터뷰 내용에 나오는 평가 문항은 예체능 교과에서도 정답의 개방성을 보장하는 논술형 평가가 가능하다는 것을 잘 보여 주고 있다. 실제 공연 상황을 염두에 두고 이에 지식을 적용하는 문항이라든지, 배경지식을 적극적으로 활용하여 예술적 교양을 표현하는 문항 등이 그러하다.

C중학교에서는 이러한 논술형 평가를 수행평가의 일환으로 정규 수업과 적극적으로 연계하는 모습을 보이고 있다.

> 　　교사가 입실을 하더니 수행평가를 실시한다고 이야기를 해 주었다. 각 반별로 동일한 논술형 평가 문항을 각각 별도의 수업 시간에 진행하는 방식이었다. 교사는 10분 동안 이전에 배웠던 내용을 다시 교과서와 학습활동지를 보며 복습을 할 시간을 부여하였다. 그러고는 논술형 문제지를 배부하고, 교과서와 학습활동지를 참고하여 답안을 작성할 것을 지시하였다.
> 　　글쓰기 주제는 "경쟁을 강조하는 사회의 문제점을 비판하기"였다. 몇 가지 작성 조건에 따라 자신의 생각을 글로 표현하는 방식이었다. 학생들은 모두 열심히 답안 작성에 임했다. 다소 어려운 주제일 수도 있으나 아예 답안 작성을 포기하는 학생은 1명뿐이었다. 약 20분간 논술형 평가가 진행되었다. 미리 답안을 작성하고 책상에 엎드려 쉬는 학생도 있고, 4~5줄만 쓴 채 갈피를 잡지 못하는 학생도 있었다. 나머지 학생들은 대부분 주어진 시간 동안 최선을 다해 답안을 작성하는 모습을 보였다.
> 　　　　　　　　　　　　　　　― C중학교 2학년 5반 국어 수업 참관 일지(2014. 7. 02.)

　　이와 같은 방식의 논술형 평가는 정답의 개방성을 보장하는 평가의 모습을 지니고 있다. 평가 문항은 수업 시간에 배운 자료를 바탕으로 몇 가지 간단한 조건에 따라 자신의 견해를 자유롭게 적는 것이다. 한 가지 정답을 고르거나 이미 학습한 내용을 외워 쓰는 것이 아니라는 점에서 정답의 개방성을 보장하고 있다. 또한 시험이 시작되기 전에 다시 한 번 복습할 기회를 주고, 교과서와 학습활동지를 참고하여 답안을 작성하는 이른바 '오픈 북' 방식의 평가라는 점에서 '엄격한 시간 제한, 엄격한 분위기'를 강조하는 일반적인 지필 평가와는 달리 약한 통제를 형성하고 있었다. 평가 문항의 난이도도 적당해 보였다. 교과서나 학습활동지를 베껴 쓰면 되는 쉬운 문항도 아니었고, 그렇다고 너무 어려워서 학생들이 포기할 만한 수준도 아니었다. 수업 시간에 배운 내용과 자료를 바탕으로 자신의 생각을 확장하여 글로 표현하는 평가 활동이 진행된다는 점에서 수업과 평가가 잘 연계되고 있었다. 그렇기 때문에 아예 포기하는 학생이 거의 없이 모든 학생이 적극적으로 참여하고 있었던 것으로 보였다.

하지만 수행평가나 논술형 평가의 경우에도 채점에서는 '엄격한 채점 기준'을 선호하는 경우가 많다. 다음과 같은 B중학교에서의 수행평가 결과 통지 방식이 그러하다.

교사는 지난 시간에 수행했던 모둠별 수행평가 결과에 대해 설명해 주었다. 수행평가는 '사이버 폭력의 문제점을 알리는 포스터 만들기'였다. 교사는 모둠별로 만들어 낸 수행평가 결과에 대해 무엇을 잘했고, 무엇이 부족한지 간단하게 설명해 주었다. 예를 들어 "이 모둠은 주어진 조건을 잘 지켰는데, 특별히 창의적인 면이 보이지 않아 1점 감점입니다."라고 설명해 준다. 학생들은 조용히 듣고만 있을 뿐 별다른 반응을 보이지 않았다.

— B중학교 1학년 7반 도덕 수업 참관 일지(2014. 6. 11.)

위에 제시한 B중학교의 경우에도 수업 과정에서 자연스럽게 수행평가와 그 결과에 대한 피드백이 진행되고 있음을 확인할 수 있다. 그러나 교사의 피드백은 수행평가의 채점 기준에 따른 평가 이외에는 별다른 언급이 없었다. 예를 들어 채점 기준만으로는 포착될 수 없는 작품의 질적 특성이라든지, 이에 대한 교사의 비평적 감상에 대한 언급은 이루어지지 않았다. 또한 다른 모둠 학생들의 작품에 대한 학생들의 감상을 교환하는 과정도 이루어지지 않았다.

평가의 개념을 '교육 비평'의 개념으로 확장한 아이즈너(Eisner)에 의하면 평가에서 교사에게 필요한 덕목은 대상의 복잡하고 미묘한 질적 차이를 감지할 수 있는 '교육적 감식안'이다.[2] 이러한 안목에 따라 마치 비평가들이 예술작품을 바라보듯 학생들의 다양한 표현활동의 결과를 비평하여 이를 학생들에게 알기 쉬운 언어로 알려 주는 것을 '교육 비평'이라고 한다. 이러한 관점에 의하면 평가는 특정한 목표를 미리 설정하고 이를 기준으로 이루어질 필요가 없다. 학습목표란 수업이나 평가에 반드시 앞서 설정될 필요는 없고, 오히려 수업 과정 속에 학생과 상호작용을

---

2. E. W. Eisner(1979), 《The educational imagination : on the design and evaluation of school programs》, New York Macmillan College Publishing Company ; 이해명 옮김(1999), 《교육적 상상력 : 교육과정의 구성과 평가》, 단국대학교출판부.

하면서 수립하여 이를 평가의 준거로 삼을 수도 있다. 아이즈너는 이렇게 '결과적으로 나타난 학습목표'를 '표현적 목표'라고 불렀다. 평가란 이러한 예술적 교육과정의 결과를 확인하고 공유하는 역할을 하는 것이다.

그러나 대부분 학교 현장에서는 이러한 교육 비평 단계에까지 평가에 대한 인식이 확장되고 있지는 못하다. 이는 '정답의 개방성'을 보장한 형태의 평가가 시행되기는 하지만 정작 채점은 타일러식의 '명시적이고 세분화된 행동 목표'에 따른 평가 기준에 따라 이루어지기 때문이라 볼 수 있다. 여전히 블룸(Bloom)의 행동주의적 교육목표분류학에 따른 이원목적분류표를 작성하도록 교육부 훈령에서 규정하고 있고, 평가 결과에 대한 민원의 소지를 없애기 위해 사전에 명확한 채점 기준을 제시하는 것이 뿌리 깊은 관행으로 남아 있다. 정답은 개방적으로 작성하도록 하였으나 채점은 폐쇄적으로 이루어지는 모순은 향후 반드시 극복해야 할 과제라고 할 수 있다.

(2) 시험을 언제 보는가?
– 결과 중심의 평가, 과정 중심의 평가

그동안 일반적인 평가의 관행은 '정해진 진도'에 따라 '교사 위주의 수업'을 진행하고 이에 따라 학생의 '지식의 암기' 정도를 확인하여 점수 및 석차를 매기는 것이었다. 이는 수업이 끝난 후 이루어지는 '결과 중심의 평가'라고 할 수 있다. 이러한 평가 방식은 평가의 결과에 따라 학생들에게 부여되는 점수 이외에는 의미 있는 정보를 제공해 주지 못한다.

반면에 '과정 중심의 평가'는 평가가 수업 과정과 별도로 존재하는 것이 아니라 유기적으로 결합되어 있다. 이에 따라 학생의 학습 과정을 진단하고 의미 있는 정보를 확보해 이를 다시 수업에 피드백하는 방식의 평가를 의미한다. 번스타인의 분리 개념을 활용하자면, '결과 중심의 평가'는 수업과 평가 사이에 강한 분리가, '과정 중심의 평가'는 수업과 평가 사이에 약한 분리가 이루어지는 경우에 해당한다.

〈표 26〉 평가에 대한 상반된 관점 2 – 시험을 언제 보는가?

학사 일정에 정해진 정기 고사 일정에 맞춰 진도를 나가고, 진도가 끝나면 시험을 보는 게 당연한 거 아니야?	간단한 시험을 통해 학생들이 무엇을 알고 모르는지 미리 확인해 봐야지(진단평가).
	수업 시간에 학생들이 학습활동을 하도록 하고, 그 결과를 평가에 반영하면서 다시 수업 시간에 활용해야지(형성평가).
	수업 시간에 학습활동한 내용을 다시 정기 고사에 반영해 학생들의 실력을 종합적으로 확인해야지(총괄평가).

↓	↓
결과 중심의 평가	과정 중심의 평가

일반적으로 평가 기능에 따른 평가의 유형은 '진단평가(diagnostic evaluation)', '형성평가(formative evaluation)', '총괄평가(summative evaluation)'로 분류된다. 이 중 진단평가는 학생의 특징을 파악해 학생에게 맞는 적절한 수업을 전개하기 위한 목적으로 이루어지는 평가이고, 형성평가는 교수-학습의 진행 과정에서 교수-학습의 극대화를 위해 필요한 정보를 수집하여 수업의 개선 및 학생의 학업성취 향상을 위해 활용하는 것을 목적으로 이루어지는 평가다. 총괄평가는 교수-학습의 결과 학생의 학업성취가 어느 정도 달성되었는지 총괄적으로 평가하는 목적을 지녔다.

현행 교육부 훈령인 〈학교생활기록 작성 및 관리지침〉에 의하면 중·고등학교에서의 평가는 '지필 평가'와 '수행평가'로 구분된다. 이 중 지필 평가는 교사들의 공동 출제에 의한 일제식 평가 방식으로 치러지지만, 수행평가의 경우 교사의 자율성이 보장되며 그 방식이 자유로운 편이다. 최근 교육부 훈령이 개정되어 교과의 특성에 따라 지필 평가를 보지 않고 수행평가만 실시할 수도 있게 되었다.

교육부에서는 수행평가를 '교과 담당 교사가 학습자들의 학습 과제 수행 과정 및 결과를 직접 관찰하고, 그 관찰 결과를 전문적으로 평가하는 방법'[3]이라 규정하고 있다. 따라서 수행평가는 형성평가와 총괄평가의 기능을 종합적으로 포괄할 수 있는 평가라고 할 수 있다. 그렇기 때문에 수행평가는 '결과 중심의 평가'보다 '과정 중심의 평가' 방식으로 이루어져 수업과 자연스럽게 연계되는 것이 바람직하다.

수행평가가 수업 과정과 무관하게 별도 과제를 내주는 방식으로 이루어지거나, 특정한 날짜를 정해 모든 학생이 동시에 치르는 일제고사 방식으로 진행되는 것은 수행평가의 본래 취지에 부합하지 않는다. 이 경우 오히려 학생들에게 추가적인 학습 부담을 안겨 주게 되며, 수행평가의 결과가 다시 수업에 의미 있는 정보로 활용되기도 어렵다.

A중학교, B중학교, C중학교 교사들은 대체로 이러한 수행평가의 필요성에 대해 공감을 하고 있었다. 그리고 가급적 지필 평가보다는 수행평가를 활성화하고, 수행평가의 경우에도 수업 시간에 끝내는 방식으로 진행하는 것이 바람직하다는 것에 동의하였다. 다음 설문조사 결과와 교사 인터뷰에는 그러한 인식이 어느 정도 잘 나타나 있다.

---

3. 교육부(2014), 〈학교생활기록 작성 및 관리지침〉, 교육부 훈령 제29호.

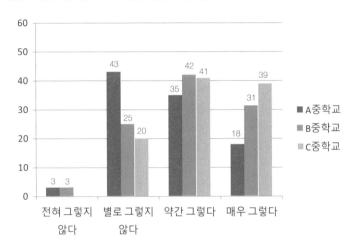

〈그림 27〉 평가에 대한 교사들의 인식 1 (단위 : %)

설문 : 나는 지필 평가보다 수행평가를 선호한다.

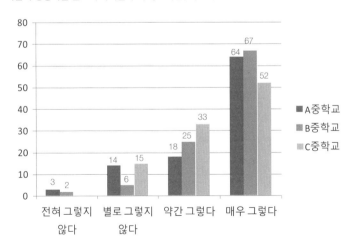

〈그림 28〉 평가에 대한 교사들의 인식 2 (단위 : %)

설문 : 나는 수행평가를 별도의 과제를 주지 않고 수업 시간에 끝내는 방식으로 진행하고 있다.

앞의 설문 조사 결과에 의하면 B중학교와 C중학교 교사들이 수행평가를 선호하는 비율이 A중학교에 비해 상대적으로 높았다. 이는 B중학교와 C중학교에서 교사 중심의 강의식 수업보다 학생 활동 중심의 수업을 활발히 하는 것과도 연관되는 내용이다. 한편 세 학교 교사들은 공통적으로 수행평가를 별도의 과제로 주지 않고 수업 시간에 끝내는 방식으로 진행하는 것이 바람직하다는 인식을 보였다.

> 저는 수행평가를 50%, 지필 평가를 50%로 반영하고 있어요. 수행평가는 주로 학생들이 활동한 내용을 누적하여 평가하는 방식입니다. 수업 시간에 모두 이루어지니까 아이들의 불만도 없고 점수 차이도 크지 않아요. 이번 2학기부터는 지필 평가 횟수를 2회에서 1회로 줄이기로 했습니다. 활동 위주의 수업을 하다 보니 굳이 지필 평가를 두 번이나 볼 필요가 없어요. 지필 평가를 자주 보면 시험에 맞추어 수업을 하게 되지만, 수업 시간에 수행평가를 하면 그것 자체가 공부가 되고 진도에 크게 얽매이지 않아 학생들의 부담도 줄어들게 돼요.
>
> — B중학교 도덕 교사 인터뷰(2014. 9. 22.)

> 수행평가에서는 학생들의 참여도를 중시합니다. 모둠별로 학생들끼리 상호평가를 시키기도 하고요. 다른 모둠의 작품을 학생들이 평가하게 하고 그것을 교사 평가와 함께 반영하여 점수를 부여합니다. 그렇게 해도 학생들이 반발하지는 않아요. 우리 학생들은 1점을 가지고 서로 헐뜯는 분위기는 없어요.
>
> — B중학교 미술 교사 인터뷰(2014. 9. 22.)

평가에서는 수행평가가 더 중요하다고 생각해요. 중국어 수업은 학생들이 흥미를 가지고 말문을 트는 것이 중요하다고 생각하기 때문이에요. 물론 채점에 어려움이 있지만요. 1학기 때에는 일정한 시기를 정해 놓고 수행평가를 했는데, 2학기 때에는 방식을 바꿔서 수시로 수행평가를 시행하고 있어요.

— C중학교 중국어 교사 인터뷰(2014. 9. 15.)

위에 언급한 교사들의 발언에는 수행평가의 중요성을 인식하고 이를 수업 시간에 일상적으로 활용하려는 의지가 잘 드러나 있다. B중학교 도덕 교사의 경우에는 지필 평가 횟수를 줄이고 수행평가의 비중을 더 늘리려는 모습을 보였다. 지필 평가가 진도에 맞춘 수업, 획일화된 수업을 유도하기 때문에 수행평가를 통해 학생 활동 중심의 수업을 활성화하기 위해서였다. B중학교의 미술 교사는 수행평가 시 결과물보다는 과정을 중시하는 모습을 보였다. 학생들의 참여도를 중심으로 평가하는 모습, 교사의 일방적인 평가뿐 아니라 학생들의 상호평가도 존중하는 모습을 보였다. C중학교의 중국어 교사 역시 수행평가를 활성화함으로써 학생 활동 중심의 수업을 유도하려는 모습을 보였다. 특히 일정한 시기를 정해 놓고 진행하는 수행평가에서 벗어나 상시 평가 형태로 수업 중에 일상적으로 수행평가를 진행하려는 의지를 나타냈다.

다음은 수업 과정에서 수행평가가 자연스럽게 연계되고 있는 C중학교의 사례다.

이번 시간에는 영어-음악 통합 수행평가가 진행되었다. 뮤지컬 〈레미제라블〉에 나오는 'Do you here the people sing?' 노래를 부르는 시간이었다. 영어 수업 시간에 음악 교사가 함께 참여하여 수행평가를 진행했는데, 'Democracy'를 주제로 한 다양한 학습활동이 진행되는 과정에서 이 노래의 가사를 영어로 배우는 수업이 진행되었다. 음악 시간에는 뮤지컬의 특성에 대해 학습을 한 후 모둠별로 이 노래를 함께 불렀다.

모둠별로 학생들이 발표를 시작했다. 1절은 학생들이 한 소절씩 번갈아 부르고, 2절은 모든 학생이 제창을 하는 방식이었다. 이 속에서 학생들에 대한 개별 평가와 모둠별 종합 평가가 함께 이루어졌다. 영어 교사는 학생들이 얼마나 영어 가사를 제대로 표현하고 있는지를, 음악 교사는 학생들의 가창 능력을 중심으로 평가하였다. 학생들의 발표가 끝날 때마다 다른 학생들이 박수를 쳐 주며 격려를 해 주었고, 교사들은 각 모둠의 발표를 평가하면서 피드백을 제공하였다.

— C중학교 2학년 1반 영어 수업 참관 일지(2014. 5. 26.)

위의 수행평가는 영어 및 음악 시간에 진행되었던 수업과 자연스럽게 연계되어 있다. 영어 시간에는 'Democracy(민주주의)'를 주제로 한 다양한 학습활동이 진행되는 가운데 이 노래의 가사를 영어로 배우는 수업이 진행되었고, 음악 시간에는 뮤지컬의 특성에 대해 배우면서 노래를 직접 부르는 학습활동이 진행되었다. 그리고 영어 수업 시간에 음악 교사가 참여해 두 교과 간 통합 수행평가가 진행되었다. 학생들이 모둠별로 열심히 준비한 간단한 공연을 마치면 교사는 즉각 점수를 부여하며 모둠별로 무엇을 잘하고 무엇이 부족한지 평가했다.

이 시간에는 C중학교의 '교육과정-수업-평가'의 흐름뿐 아니라 교과를 넘어선 교사들의 협력까지 압축적으로 드러나 있었다. 영어와 음악 교과 간 통합이 나타나 있고, 음악 시간에 뮤지컬 노래를 부르는 과정을 통해 교과와 학생 활동의 통합이 나타나 있으며, 영어 시간에 민주주의라는 사회적 가치를 배우는 교과와 실천의 통합이 나타나 있다. 또한 두 교과가 함께 교육과정을 계획하고 수행평가를 진행하는 협력적 모습이 나타났다.

학생들도 대체로 이러한 수행평가에 대해 높은 만족도를 보였다. 이는 상대적으로 수행평가가 활성화되지 않는 A중학교 학생들도 마찬가지였다. 다음의 설문조사에도 나타나 있듯이 학생들은 대체로 지필 평가보다 수행평가를 선호하고 있으며, 학교 간 선호도 차이는 거의 나타나지 않았다.

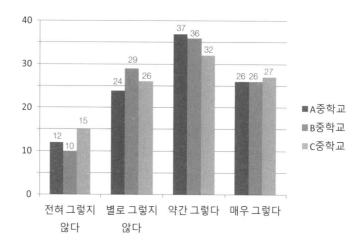

〈그림 29〉 평가에 대한 학생들의 인식 1 (단위 : %)

설문 : 나는 지필 평가보다 수행평가의 비중을 늘리는 것이 좋다.

수업을 참관한 결과나 교사들을 인터뷰한 결과 대체로 학교 현장에서 수행평가가 정착되고 있음을 확인할 수 있었다. 교사들은 수행평가의 중요성을 알고 이를 수업 과정에서 일상적으로 연계하려는 노력을 보였으며, 이를 통해 교육과정을 재구성하고 학생 활동 중심의 수업을 진행하고자 하였다. 수행평가는 심적 부담이 상대적으로 적을 뿐 아니라 학생들이 직접 협력해 활동을 하는 가운데 의미 있는 체험을 할 수 있으며 그 교육적 체험도 오래 지속될 수 있기 때문이다.

따라서 '과정 중심의 평가'라는 취지를 제대로 살리기 위해서는 수업과 평가 사이의 분리가 거의 사라진 상태를 지향해야 한다.

이는 교사는 학생들에게 의미 있는 과제를 부여하고, 학생들은 평가에 대한 부담감이 거의 없는 상태에서 이를 흥미롭게 수행하고, 그 과정이 온전히 반영된 평가를 통해 학생들에게 다시금 피드백되는 상태를 의미한다.

(3) 시험을 왜 보는가?
– 서열을 위한 평가, 성장을 위한 평가

전통적으로 시험의 목적은 상급학교에 진학할 학생과 그렇지 않은 학생을 나누는 데 초점을 맞춘다. 학생 개개인이 무엇을 잘하고 무엇을 모르는지를 확인하는 것보다 그 학생이 몇 점이고 석차가 몇 등인지에 관심을 갖는다. 이를 선별 중심의 평가관이라고 할 수 있다.

반면에 학생이 학습목표에 얼마나 도달했는지를 알아보기 위한 것에 목적을 두는 평가관도 있다. 다른 학생과의 상대적 석차는 산출하지 않거나 아예 관심을 두지 않을 수도 있다. 학생들에게 부족한 면은 무엇인지 확인하고 모든 학생이 보다 성장하고 발달하도록 지원하는 데 목적을 두는 것을 성장 중심의 평가관이라고 할 수 있다.

〈표 27〉 평가에 대한 상반된 관점 3 - 시험을 왜 보는가?

시험을 봐야 상급학교 진학에 필요한 자료를 산출할 수 있으니까.	시험을 봐야 학생들이 예전보다 얼마만큼 나아졌는지 알 수 있으니까.
시험을 봐야 누가 1등이고 꼴찌인지 알 수 있으니까.	시험을 봐야 학생들이 부족한 부분을 교사가 알고 이를 다시 지도할 수 있으니까.
↓	↓
선별 중심의 평가	성장 중심의 평가

번스타인의 '분리'의 개념을 활용하자면, '선별 중심의 평가'는 학생과 학생 사이에 강한 분리가, '성장 중심의 평가'에는 학생과 학생 사이에 약한 분리가 형성된 것이라 할 수 있다.

학생과 학생 사이에 강한 분리가 이루어지는 평가는 학생 간 차이를 정확히 측정하는 데 관심을 둔다. 그리고 이러한 평가는 학생들의 상대적 위치, 즉 서열을 확인하는 데 그 목적이 있다. 예를 들어 전교 석차를 매기는 상대평가는 분리가 매우 강한 평가라고 할 수 있다. 학생은 평가의 결과를 통해 의미 있는 성취를 이루기보다는 오히려 좌절감을 경험하고 학습 의욕을 상실하게 된다.

반면에 학생과 학생 사이에 약한 분리가 이루어지는 평가는 학생들의 차이를 측정하는 대신 학생들이 학습목표에 얼마나 도달했는지에 관심을 둔다. 그렇기 때문에 평가 결과 나타나는 학생들의 성취도 격차를 가능한 한 좁히고자 한다. 또한 모든 학생이 주어진 목표에 도달할 때까지 최대한 기회를 제공하고 지원해 주는 식으로 평가가 이루어진다. 그리고 평가 결과를 학생들의 학업성취 수준을 확인하고 이를 교육과정이나 수업을 개선하는 자료로 활용한다. 학생들은 평가 결과를 통해 의미 있는 성취감을 느끼고 더 나은 발달과 성장을 도모하게 된다.

초등학교에서는 오래전부터 학생의 성적이나 석차를 산출하지 않고 종합적인 발달 상황을 기록하여 통지하는 방식으로 평가가 이루어져 왔다. 반면에 중등학교에서는 고등학교 입학 시험과 대학교 입학 시험 등 입시 제도 때문에 성적과 석차를 산출하는 상대평가 방식이 오랫동안 지속되어 왔다. 그러나 2011년부터 '성취평가제'라는 이름의 절대평가가 중학교에서부터 도입됨으로써 이러한 관행에서 벗어날 계기가 형성되었다. 하지만 외적인 제도가 바뀌어도 기존의 관행은 쉽게 바뀌지 않는다. 하나의 관행이 정착되면 그 관성적 속성이나 학습효과 등으로 인해 좀처럼 변화가 이루어지지 않는 '경로 의존성'이 형성된다. 예를 들어 수행평가가 도입되어도 수행평가에 적합한 방식으로 수업이 바뀌는 것이 아니라 교과서 위주의 수업은 그대로 유지된 채 수행평가는 별도의 과제 형태로 부가되는 현상이 그러하다. 초등학교에서는 학교생활기록부에 성적을 기재하지 않도록 되어 있음에도 여전히 학생들의 성적을 산출하는 관행이 남아 있는 것도 마찬가지 현상이다.

중등학교에 도입된 성취평가제란 명칭의 절대평가도 마찬가지다. 성취평가제도가 도입된 지 4년여의 시간이 지난 현재에도 대부분 학교에서는 교사와 학생들이 다른 학생들의 석차를 암암리에 알고 있는 실정이다. 형식적으로는 상대평가가 사라졌으나 내면적으로는 상대평가의 요소가 남아 있는 셈이다.

〈그림 30〉 평가에 대한 교사들의 인식 3 (단위 : %)

설문 : 나는 수업 시간에 다룬 내용이 시험에 나온다는 말을 학생들에게 자주 하는 편이다.

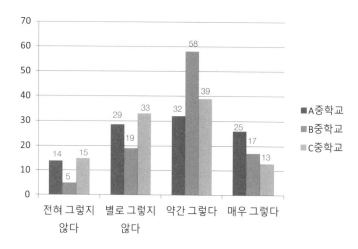

〈그림 31〉 평가에 대한 교사들의 인식 4 (단위 : %)

설문 : 나는 내 교과에서 학급별로 어느 학생이 1등인지 잘 알고 있다.

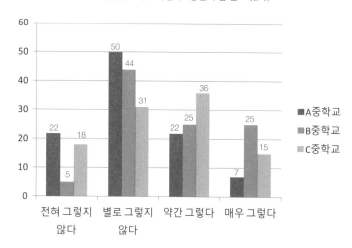

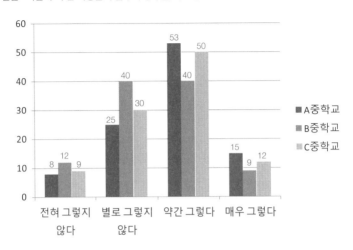

〈그림 32〉 평가에 대한 학생들의 인식 2 (단위 : %)

설문 : 나는 우리 반 학생들의 점수나 등수를 어느 정도 알고 있다.

가장 이상적인 절대평가의 모습은 단순히 석차를 산출하지 않는 것뿐 아니라, 학생 간 성취도 격차가 좁혀지고, 나아가 타인의 점수나 등수에 대한 관심이 거의 사라진 단계에 해당할 것이다. 그러나 절대평가가 도입된 이후에도 점수나 등수에 대한 관심이 여전히 사라지지 않고 있는 것이 지금의 학교문화다. 이는 A중학교, B중학교, C중학교 모두에서 관찰되는 모습이었다.

이러한 설문조사 결과에 따르면 학생들의 생활기록부에 실제로 석차가 기재되지 않는데도 세 학교의 교사와 학생들은 점수나 석차에 대해 어느 정도 관심을 보였고, 관심의 정도 역시 학교별로 별다른 차이가 없었다. 이는 이미 절대평가가 도입된 지 몇 해가 지났지만 교사나 학생의 의식과 학교문화에 성적이나 석차를 중시하는 관행이 잔존해 있음을 말해 준다. 또한 교사가 일상적으로 학생들에게 시험에 대해 언급하는 것도 학교별로 별다른 차이를 나타내지 않았다. 이는 시험을 염두에 두고 수업을 진행하는 관행이 여전하다는 것을 의미한다.

> 교사는 수업을 시작하기 전에 먼저 중간고사 논술형 평가 점수를 확인해 주었다. 혹시 채점에 오류가 있는지 학생들에게 직접 확인하게 하는 절차였다. 어떤 학생은 "누가 점수 제일 높아요?"라고 질문을 했다. 이에 대해 교사는 "이 반에는 100점은 없어."라고 대답하였다.
>
> — B중학교 3학년 6반 1교시 과학 수업 참관 일지(2014. 5. 14.)

> 이번 시간에도 교사는 중간고사 논술형 평가 점수를 확인해 주었다. 그러고는 3학년 전체 평균이 74점이고, 이 학급 평균은 71점이라고 말해 주었다.
>
> — B중학교 3학년 6반 2교시 국어 수업 참관 일지(2014. 5. 14.)

> 이번 시간에도 교사는 학생들에게 중간고사 논술형 평가 점수를 확인해 주었다. 그러더니 "너희 반 잘했더라. 수학 2등이야. 다음에는 우리 반이 더 잘할 거야."라는 말을 하였다.
>
> — B중학교 3학년 6반 5교시 수학 수업 참관 일지(2014. 5. 14.)

이날은 B중학교의 1차 지필 평가(중간고사)가 끝난 직후였다.

지필 평가가 끝나면 교사들은 논술형 평가 채점 결과를 학생들에게 알려 주고 혹시 채점에 오류가 있거나 이의가 있는지 확인하는 절차를 거친다. 그런데 B중학교의 교사와 학생들은 자연스럽게 누가 1등을 했는지, 어느 학급의 평균 점수가 더 높은지에 대해 관심이 많았다. 학생들이 묻지 않았는데도 오히려 교사가 먼저 이야기하는 모습도 보였다. 현행 절대평가 제도 속에서는 학급별 1등 학생, 학급 간 평균점수는 아무런 의미가 없다. 그럼에도 이러한 점수나 등수에 대해 관심을 갖는 것이 여전한 학교문화로 남아 있었다.

> 교사가 입실하자 학생들은 교정에 꽃이 예쁘게 피었다며 야외 수업을 하자고 요청하였다. 그러자 교사는 지난 시간에 진도를 제대로 못 나갔다며 다른 학급과 보조를 맞춰야 시험 진도를 맞출 수 있다고 했다. 그러면서 "나와 이야기를 하다 보면 무엇이 시험에 나올지 파악할 수 있어요."라고 이야기해 주었다.
>
> — C중학교 1학년 1반 과학 수업 참관 일지(2014. 4. 2.)

교사는 지난 시간에 배운 내용을 학생들에게 확인하게 했다. 학생들이 제대로 기억을 못하자 교사는 "지난 시간에 배운 내용도 시험 범위"라고 이야기하였다. 학생들이 "시험 문제는 학습활동지에서만 나와요?"라고 묻자 교사는 교과서와 학습활동지 모두 시험에 반영된다고 대답했다. 교사는 수업을 진행하면서 "지금 내가 말하는 게 다 시험 문제예요."라는 이야기를 여러 차례 반복하였다.

— C중학교 2학년 8반 음악 수업 참관 일지(2014. 4. 16.)

교육과정 재구성과 학생 중심의 협력학습이 일상적으로 이루어지는 C중학교에서도 평가에 대한 관념은 상대적으로 자유롭지 못했다. 특히 일제고사 방식으로 진행되는 지필 평가를 앞둔 시점에서는 C중학교 교사들도 시험 범위를 염두에 둔 진도 나가기식 수업을 진행하고 있었다. 더욱이 수업 시간에 다룬 내용이 곧바로 시험문제에 반영된다는 논리로 학생들의 학습을 독려하는 모습을 보였다. 이러한 C중학교의 모습은 절대평가가 도입된 이후에도 일제고사 방식으로 치러지는 지필 평가로 인해 어쩔 수 없이 진도 나가기식 수업을 진행할 수밖에 없음을 나타낸다. 또한 앞에서 제시한 설문조사 결과를 통해서도 확인할 수 있듯이 C중학교 교사나 학생들 역시 학생들의 점수나 등수에 대한 인식이 강하게 남아 있음을 알 수 있었다.

절대평가는 단순히 석차를 산출하지 않는 것만을 의미하는 것이 아니다. 절대평가는 모든 학생이 성취기준에 도달할 수 있다는 신뢰를 전제로, 개별 학생이 주어진 성취기준에 얼마나 도달했는지 여부를 판단한 후, 미흡한 부분을 보완할 수 있도록 지원하는 데 그 의미가 있다. 또한 굳이 석차를 매길 필요가 없기 때문에 지나치게 높은 난도로 변별력을 확보하려는 노력 대신 수업 시간에 충실히 학습에 임한 학생이라면 누구나 해결할 수 있는 정도의 난이도를 유지함으로써 학생들의 과도한 시험 부담을 덜어 주는 효과를 거둘 수도 있다. 그러나 여전히 학교 현장에서는 이러한 취지가 제대로 반영되지 못하고 있었다.

> 저자 선생님의 학교에서는 성취평가제 이후 긍정적인 변화가 있었나요?
>
> 교사 전반적으로 등급 비율을 맞추는 것 외에는 별다른 의미가 없었어요. 학교에서 A등급이 20% 이상 나오게 하라고 요구하니까 문제를 굉장히 쉽게 내는 변화만 있었어요. 시험의 난이도가 쉬워지는 게 수업에 긍정적인 효과를 주는 것이 아니라, 오히려 허접한 문제만 많이 출제되는 역효과가 생겼어요.
>
> 저자 그래도 성취기준을 염두에 두고 수업을 하는 등의 효과는 있지 않나요?
>
> 교사 우리 국어과의 경우 예전부터 논술형 문제를 많이 냈어요. 예를 들어 〈전우치전〉을 배우고 나서 "전우치가 오늘날 나타나면 무슨 일을 하게 될지 상상해서 써 보세요."라는 문제를 출제했는데, 이는 사실 교육과정에서 제시한 성취기준에 딱 들어맞는 것은 아니에요. 성취기준에 억지로 맞추는 문제를 낸다고 해서 그것이 좋은 문제라고 볼 수도 없고, 오히려 교사들이 새로운 발상으로 문제를 출제하는 데 걸림돌이 될 수도 있어요.
>
> 저자 그렇다면 성취평가제가 도입된 것이 학교에는 별다른 의미가 없었다는 건가요.
>
> 교사 우리 학교의 경우 성취기준이 교육과정을 재구성한다든

가 수업의 질을 개선하는 쪽으로 활용된 것은 전혀 아니에
요. 절대평가가 도입되면서 문제를 대충 출제해도 용인되는
분위기가 형성되어, 오히려 역효과만 생겼어요.

— A중학교 국어 교사 인터뷰(2014. 10. 13.)

위 교사의 발언에 의하면 현행 성취평가제는 절대평가의 취지
를 살리는 방향으로 학교 현장에 적용되기보다 오히려 두 가지
측면에서 부정적 효과를 낳았다. 석차나 등급을 산출하지 않아
도 되자 문제를 쉽게 출제하는 경향이 생겼고, 이것이 학생들의
학습의욕을 독려하는 효과를 낳은 것이 아니라 평가 문항에 대한
전문적 고민을 방기해도 되는 분위기를 형성하는 부정적 효과를
낳은 것이다. 또한 성취평가제에서 말하는 '성취기준'이 특별히
단위 학교의 교육과정 재구성을 유도하는 효과를 가져오지도 않
았고, 이전부터 수행평가나 논술형 평가를 활발히 진행해 온 교
사의 입장에서 볼 때에는 오히려 불필요한 제약을 가하는 효과를
낳았다.

절대평가의 본래적 취지는 학생들 간의 변별력 확인이 아닌,
일정한 학습목표에 도달하기까지 각 학생의 성장과 발달 과정에
관심을 갖도록 하는 데 있다. 예를 들어 오래전부터 절대평가가
정착되어 온 초등학교의 경우 학생들의 성취 정도를 간략히 평가
한 후 학생들의 발달과 성장 정도를 서술식으로 기재하는 통지
방식을 사용하고 있다. 이러한 절대평가의 취지를 제대로 살리기
위해서는 평가를 통해 확인하고자 하는 목표를 설정한 후 학생들

이 설정한 목표에 얼마나 도달했는지를 중심으로 평가를 진행해야 한다.

여기서 중요한 것은 학생들이 일정한 기준에 도달하지 못한 정도를 확인한 후 이를 보충할 수 있는 실질적인 지원 방안을 마련해야 하는 것이다. 물론 이러한 취지는 현재 중등학교의 관행상 매우 낯선 것일 수도 있으며, 여러 가지 여건상 실현하기 어려운 이상일 수도 있다. 하지만 일부에서는 이러한 학생의 성장과 발달을 독려하는 방식의 평가가 이루어질 가능성을 보이고 있다.

이전 시간부터 진행되어 온 학생들의 학습활동이 모두 끝났다. 지도에 나타난 '축척'의 원리를 익히는 학습활동이었다. 교사는 "이 정도면 여러분이 충분히 이해했나요?"라고 학생들에게 확인한 후 "그럼 이제 수행평가를 진행해도 될까요?"라고 물었다. 학생들은 그렇다는 반응을 보였다.

교사는 먼저 간단한 양식의 평가지를 나눠 주었다. 그리고 그 동안 진행했던 학습활동지를 변형한 문항을 각자 출제해 보라고 지시하였다. 교사는 학생들이 출제한 문항을 모두 걷고 이를 다시 무작위로 학생들에게 나눠 주었다. 그리고 나서는 자신이 받은 문항 중에 심각한 오류가 있는지 학생들에게 확인하게 했다. 몇 명 학생이 문제가 이상하다고 이야기하자 교사는 그 학생들에게 다가가 문항을 수정해 주었다.

학생들은 약 10분 동안 각자 받은 문항에 대한 답안을 작성하였다. 그리고 답안 작성을 마친 학생들은 바로 교사에게 제출을 했다. 교사는 학생들의 답안을 받는 즉시 채점에 들어갔다. 먼저 답안을 제출한 학생에게는 조용히 자습을 할 것을 지시하였다. 교사는 학생들의 답안에 대한 채점을 곧 끝냈고 학생들에게 전반적인 피드백을 주었다. "여러분은 대부분 올바른 답안을 작성하였고, 몇 명 학생은 잘못된 답안을 작성했어요. 특히 축척의 단위를 잘못 쓴 학생들이 몇 명 있네요."라고 말을 한 후 "틀린 학생의 이름을 부를 테니, 다시 도전할 학생은 나와 보세요."라고 이야기하였다. 호명을 받은 다섯 명의 학생이 교사 앞으로 나와 다시 답안을 작성하였다. 교사는 이 학생들의 답안을 모두 확인한 후 "이제 모든 학생이 기준에 도달했어요."라고 말해 주었다.

― C중학교 2학년 2반 지리 수업 참관 일지(2014. 3. 18.)

　이러한 수행평가 방식은 수업과 연계된 평가, 교사별 평가, 학생의 성장과 발달을 독려하는 평가의 가능성을 모두 보여 주고 있다. 먼저 이 수행평가는 수업의 흐름에 자연스럽게 연계되는 방식으로 진행되고 있었다. 학생들은 수업 시간에 지도에 나타난 축척의 원리를 학습했으며, 학습한 내용을 바탕으로 학습활동지에 제시된 과제를 변형한 문항을 출제하였다. 그리고 다른 학생들이 출제한 문항을 직접 해결하는 과정이 수행평가에 반영되었다.

　다음으로 이 수행평가는 교사별 평가의 요소를 보이고 있다. 이 수행평가는 교사가 학생들이 관련된 학습활동을 충분히 이해했다고 판단하는 시점에서 실시되었다. 이는 특정한 날 모든 학생이 동일한 문항을 대상으로 평가를 진행하는 일제고사 방식의 평가를 지양하고, 교사의 전문적 판단과 역량에 따른 교사별 평가 방식을 지향하는 것이라고 볼 수 있다. 이처럼 수행평가는 교사별 평가 방식으로 진행하는 것이 본래 취지에 부합하며, 일부 시도 교육청은 〈학업성적관리 시행지침〉에 "수행평가는 교사별 평가로 실시할 수 있다."[4]고 명시함으로써 이를 제도적으로 뒷받침하고 있다.

이 수행평가에 나타난 가장 중요한 특징은 '모든 학생이 학습 목표에 도달할 수 있도록 독려하는 평가'다. 일반적인 평가의 관행은 일정한 시간을 제한하고 그 시간에 맞춰 모든 학생이 답안을 제출해야 하는 방식으로 진행된다. 그러나 이 수행평가는 모든 학생이 과제를 해결할 수 있는 시간적 여유를 충분히 주었을 뿐 아니라 실수를 했을 때 이를 만회할 수 있는 기회를 다시 제공하는 방식으로 진행되었다. 이는 마치 앞에서 제시했던 핀란드 아이들의 시험 풍경을 연상하게 하는 장면이었다. 이를 통해 학생들은 자신이 제대로 알지 못하는 것이 무엇인지 분명히 확인했고, 여기에 다시 도전하는 과정을 통해 그 문제를 제대로 이해하는 경험을 할 수 있었다. 이는 또한 배움이 느린 학생들도 충분히 배려하는 방식의 수행평가라 할 수 있다. 그 결과 이번 시간에는 모든 학생이 만점을 받을 수 있었다. "이제 모든 학생이 기준에 도달했어요."라는 교사의 발언은 학생의 성장과 발달을 독려하는 절대평가의 취지를 압축적으로 표현하고 있다.

---

4. 경기도교육청(2015), 〈학업성적관리 시행지침〉.

3. 평가를 통한 학생의 성장과 발달

지금까지는 학교 현장에서 진행되는 평가의 유형을 '폐쇄적 평가'와 '개방적 평가', '결과 중심의 평가'와 '과정 중심의 평가', '선별 중심의 평가'와 '성장 중심의 평가'로 나누고 그 특징을 번스타인의 '분리'와 '통제'의 개념을 활용하여 살펴보았다.

이러한 평가 유형에 관심을 갖는 이유는 평가의 양상에 따라 학생들이 학교의 질서에서 차지하는 위치가 달라지기 때문이다. 학생들의 서열화에 관심을 두는 분리가 강한 평가가 일상적으로 이루어지는 학교에서는 학생들이 자신의 위치와 정체성을 주로 학업성적에 의해서 확인하게 된다. 반면 학생들의 성취 정도에 관심을 두는 분리가 약한 평가가 일상적으로 이루어지는 학교에서는 학생들이 자신의 위치와 정체성을 학업성적 이외의 다양한 영역에서도 확인할 수 있게 된다.

특히 평가는 사회의 거시적인 질서가 핵심적으로 관철되는 영역이다. 교육사회학적 관점에서 볼 때 학교는 부모의 부와 권력이 학벌을 매개로 자녀에게 대물림되는 불평등한 구조가 재생산되는 장이다. 이러한 구조를 정당화하는 핵심적인 장치가 바로 평가다. 분리 및 통제가 강한 평가는 사회적 지위를 배분하기 위해 사람들을 나누고 줄 세우는 장치나 마찬가지다. 그렇기 때문에 교육과정이나 수업 영역에 비해 평가의 변화는 상대적으로 어럽다. 특히 입시 위주의 경쟁 교육 풍토가 강한 한국의 경우 혁신 학교에서조차 평가 혁신의 속도는 다른 영역에 비해 더딘 편이다.

이런 점에서 볼 때 평가의 유형을 성찰한다는 것은 학생들을 점수로 나누고(분리) 통제하는 방식(통제)에서 벗어나 평등하고 민주적인 질서를 형성함으로써, 학생들로 하여금 자신의 위치를 새롭게 확인하게 하고 전인적인 발달과 성장을 도모하도록 하는 의미가 있다.

(1) 집단 속에서의 위치 확인

평가는 그 방식에 따라 학생들의 상대적인 위치를 결정하는 역할을 하게 된다. 여기서 생각해 봐야 할 문제는 무엇을 기준으로 학생들을 나누느냐 하는 것과, 얼마나 그 차이를 강하게 두느냐 하는 것이다.

분리가 강한 평가는 학생들 간의 차이를 정확히 측정하여 서열화하는 데 관심을 둔다. 그렇기 때문에 계량화가 가능한 영역을 기준으로 학생들의 차이를 측정하게 된다. 따라서 분리가 강한 평가에서는 계량화가 어려운 영역, 예를 들어 감수성이라든지 사회적 의사소통 능력과 같은 질적 영역보다 단편적 지식의 습득과 같이 계량화가 가능한 영역을 주로 평가 기준으로 삼게 된다.

또한 분리가 강한 평가는 가급적 학생들 사이의 격차를 두드러지게 하는 데 관심을 둔다. 예를 들어 시험의 총점을 100점으로 매기는 것은 우리에게 매우 익숙한 관행이다. 이는 1등부터 100등까지 학생을 서열화할 수 있다는 것을 전제로 한다. 또한 과거의 관행처럼 학생들을 전교 1등부터 한 줄로 석차를 매기는 것 역시 학생들 사이의 격차를 최대화하는 강한 분리의 원리가 작동하고 있는 평가 방식이라 할 수 있다.

분리가 강한 평가는 통제가 강한 평가를 유도한다. 작은 점수 차이로도 학생들의 서열이 달라지기 때문에 평가 문항의 변별력이나 평가 방식의 엄격성이 강조된다. 자연스럽게 평가 문항의 난도는 높아지고, 평가를 치르는 방식은 엄격해지며(상호 감시적 분위기, 엄격한 채점 기준), 정답의 개방성은 보장되지 않는다.

이러한 강한 분리가 형성되어 있는 평가에서는 단편적 지식의 습득 정도에 따라 모든 학생을 서열화하게 된다. 따라서 학생과 학생 사이의 분리(우등생/열등생)가 강해지고, 평가 결과에 따라 능력별 학급 편성이 이루어지기도 한다. 분리가 강한 평가의 결과가 학생과 학생 사이의 분리가 강한 수업을 형성하게 되는 것이다.

학생들은 이러한 평가 결과에 따라 집단 속에서의 자신의 위치를 확인하게 된다. 그리고 그러한 위치에 따른 자기의 역할과 정체성을 부여받게 된다. 강한 분리의 원리가 일상적인 문화로 자리 잡은 학교일수록 학업성취 수준이 낮은 학생에 대한 배제와 차별의 논리가 일상화되어 있다. 학업 질서에 순응하고 이에 따라 좋은 성과를 거둔 학생들은 가시적 · 비가시적 보상 체계(상, 혜택, 인정 등)가 주어지는 반면, 그렇지 못한 학생들은 집단 속에서 자신의 정당한 위치와 역할을 확인하지 못한 채 소외를 경험하게 된다. 집단 속에서 자신의 위치를 인정받은 학생들은 우월감을 느끼지만, 그렇지 못한 학생들은 존재 가치를 인정받지 못해 좌절감을 경험하며 학습 의욕을 상실한 채 수업을 기피하게 된다.

> 저자 여러분은 지필 평가가 좋아요? 수행평가가 좋아요?
> 학생1 지필 평가는 너무 부담돼요. 1년에 시험이 네 번이나 있잖아요? 집에서 공부하라는 압박을 많이 받아요.
> 학생2 지난 번 지필 평가 보고 나서 '중'반에서 '하'반으로 떨어졌어요. 시험 한 번 잘못 봐서 완전 망했어요.
> 저자 그럼 수행평가는요?
> 학생1 공부 못하는 애들도 열심히만 하면 점수를 받을 수 있어서 좋아요.
> 학생2 국어처럼 글쓰기나 만들기 같은 걸로 수행평가 하면 좋아요.
>
> — A중학교 2학년 7반 학생 인터뷰(2014. 8. 27.)

> 저자 여러분은 지필 평가와 수행평가 중 뭐가 더 좋아요?
> 학생1 수행평가요.
> 학생2 지필 평가는 순위 매기는 것 같아서 싫어요.

학생1 우리 성적 이야기는 하지 말자.

저자 수행평가는 순위 안 매기는 것 같아요?

학생2 수행평가는 대체로 점수를 잘 받으니까 순위 매긴다는 느낌이 없죠.

학생3 지필 평가만 하면 공부 잘하는 애들만 좋고, 못하는 애들은 아예 성적이 저조해지고. 수행평가는 성적이 안 좋은 애들도 참여만 하면 어느 정도 점수를 받으니까요.

학생1 공부라는 게 선생님이 설명한 대로만 외우는 거는 아니니까, 활동적인 수행평가를 많이 하는 게 좋은 것 같아요.

— B중학교 3학년 5반 학생 인터뷰(2014. 9. 24.)

저자 여러분은 지필 평가와 수행평가 중 뭐가 더 좋아요?

학생1 수행평가가 좋아요. 지필 평가는 한 번 망치면 끝이지만, 수행평가는 다음에 잘하면 되니까요.

학생2 시험 때만 아니라 평상시에 잘하는 것을 보려고 하는 게 수행평가니까 그게 옳다고 봐요.

학생3 지필 평가 없이 수행평가만 보면 좋겠어요. 부담도 적고, 공부 잘하는 애나 못하는 애나 이것저것 하면서 점수 잘 받을 수 있어요. 우리가 직접 해 보는 거니까 재미도 있고 더 오래 기억에 남아요.

— C중학교 2학년 1반 학생 인터뷰(2014. 8. 20.)

이러한 인터뷰에도 언급되어 있듯이 세 학교 학생들은 공통적으로 지필 평가보다 수행평가를 선호하였다. 지필 평가에 대해서는 공통적으로 시험에 대한 부담감, 점수와 서열을 매기는 것에 대한 거부감, 공부 잘하는 학생들과 그렇지 못한 학생들 사이의 격차 발생 등 부정적인 의견을 피력하였다.

특히 A중학교 학생은 지필 평가의 결과에 따라 수준별 이동 수업 학급 편성이 결정되는 것에 대해 "완전 망했다."고 표현하면서 심한 부담감을 표현하였으며, C중학교 학생 역시 "지필 평가는 한 번 망치면 끝"이라며 이와 비슷한 느낌을 표현하였다. B중학교 학생은 절대평가제 도입 이후에도 여전히 지필 평가에 대해 "순위 매기는 느낌"을 갖고 있었으며 "공부 잘하는 애들에게만 좋은 시험"이라는 인식을 갖고 있었다.

반면에 학생들은 수행평가에 대해서는 공통적으로 긍정적인 인식을 나타냈다. 이 중에 주목할 만한 것은 학생들이 수행평가에 대해 상대적으로 부담감을 적게 느끼고 있을 뿐 아니라 수행평가를 "공부 못하는 애들도 열심히만 하면 점수를 받을 수 있는 시험"으로 인식하고 있다는 점이다. 이는 지필 평가가 "공부 잘하는 애들에게만 좋은 시험"이라는 인식과 상반된 것이다. 학생들이 이렇게 생각하는 이유는 수행평가는 "참여만 하면 어느 정도 점수를" 받을 수 있으며, "선생님이 설명한 대로 외우기만 하는 것"이 아니라 "공부 잘하는 애나 못하는 애나 이것저것 하는 것", "국어처럼 글쓰기나 만들기를 하는 것"으로 인식하고 있기 때문이다.

이는 학생들이 선호하는 수행평가가 지필 평가에 비해 상대적으로 분리 및 통제가 약한 평가라는 점을 알려 준다. 지필 평가는 기본적으로 주어진 문항을 얼마나 맞혔는가에 따라 점수가 부여되는 양적 평가다. 따라서 절대평가 체제라 할지라도 학생 간 비교와 서열화가 상대적으로 수월하다. 반면에 수행평가는 학생들이 주어진 과제를 얼마나 열심히 참여하여 해결했는가를 중심으로 점수가 부여된다. 또한 지식의 습득 정도를 확인하는 것이 아니라 지식의 실제적인 활용을 중시하며, 글쓰기나 발표, 창작, 협력 등 다양한 요소를 반영할 수 있기 때문에 지필 평가에서는 점수가 좋지 않은 학생도 수행평가 영역에서는 자신의 또 다른 역량을 발휘할 수 있는 가능성이 부여된다.

저자 선생님은 수행평가를 하실 때 무엇을 중시하나요?

교사 저는 수행평가에서 학생들의 참여도를 중시해요. 모둠별로 학생들 상호평가를 시키기도 하고요. 학생들에게 다른 모둠의 작품을 평가하게 하고 그것을 교사 평가와 함께 반영하여 점수를 부여합니다.

저자 그렇게 해도 학생들이 반발하지는 않나요?

교사 특별히 반발하는 경우는 없어요. 수행평가를 할 때에는 서로 헐뜯는 분위기가 없어요. 오히려 서로 칭찬하는 분위기예요. 올해 딱 한 명 반발하는 학생이 있었는데, 알고 보니 다른 과목에서는 다른 애들보다 점수를 잘 받았는데, 이 과목만 그렇지 못했나 봐요. 이 과목은 수행평가 비중이 높다 보니 지필 평가에서 점수를 잘 받는 학생이 상대적으로 불리하다고 생각하는 것 같아요.

— B중학교 미술 교사 인터뷰(2014. 9. 22.)

위의 교사 인터뷰에도 언급되어 있듯이 교사들은 수행평가를 통해 상대적으로 분리 및 통제가 약한 평가를 치르는 경우가 많다. 학생들의 참여도나 지식 이외에 다양한 역량을 중시하는 수행평가에서는 학생 간 서열 격차가 명확하게 나타나지 않는다. 이렇게 되면 인지적 영역에서 다소 학습 능력이 부족한 학생들도 비인지적 영역에서는 다른 측면의 능력을 발휘할 기회를 보장받게 된다. 학생들은 대체로 이러한 방식의 수행평가를 선호한다. 반면 "수행평가 비중이 높으면 지필 평가에서 점수를 잘 받는 학생이 상대적으로 불리하다."는 생각을 하는 학생도 존재하는데, 이는 오히려 수행평가가 분리 및 통제가 약한 평가 방식이라는 점을 입증하는 셈이다.

이러한 점에서 볼 때 수행평가를 시행할 때는 가급적 학생들 간 점수 급간 차이를 크게 두지 않는 것이 타당하다. 학생들의 사고력이나 창의력, 학업에 대한 태도 등을 촘촘하게 점수로 변별하는 것은 바람직하지도 않을 뿐 아니라 현실적으로도 불가능하기 때문이다. 100점 만점이 관행으로 되어 있는 지필 평가와 달리 수행평가는 학생들 간 급간을 줄이는 것이 가능하다. 예를 들어 수행평가의 영역은 10점 만점으로 설정하고 이에 따라 9점, 8점 정도로만 점수를 부여하며, 그 대신 학생들 간 상호평가나 교사의 피드백에 따라 학생들의 다양한 잠재력을 확인하는 평가 방식을 취할 수 있다. 이는 마치 스웨덴에서 3단계 평정 척도(통과, 우수, 매우 우수)에 따라 등급을 부여하고, 언어적 척도에 따라 학생들의 다양한 특징을 서술식으로 통지하는 평가 방식을 취하는 것[5]과 유사한 방식이다. 그래야 학생들에게 긍정적인 보상을 주어 학생들이 더 잘할 수 있도록 독려할 수 있다.

그런데 수행평가를 강조하다 보면 자칫 다른 문제에 봉착할 수도 있다. 왜냐하면 수행평가는 기본적으로 사회적 자본과 문화적 자본이 풍부한 학생들, 예를 들어 어려서부터 독서나 문화 활동을 쉽게 접할 수 있었던 학생들이나 동료 집단에서 리더로 인정받아 오면서 사회적 의사소통 능력을 키워 온 학생들에게 유리한 평가 방식일 수 있기 때문이다. 독서 경험을 꾸준히 해 볼 기회가 없었던 학생들은 책 읽기 자체를 두려워할 수도 있고, 사회적 관계 맺기가 익숙하지 않은 학생들은 오히려 모둠 활동에서 또다시 소외될 수도 있다. 이러한 점을 간과한 수업이나 평가 방식은 오히려 사회경제적으로 불리한 계층의 학생들, 부모의 보살핌이나 사교육의 혜택을 받지 못하는 학생들을 소외시킬 수 있다.

따라서 중요한 것은 '학교에서 끝내는 학습활동', '학교에서 끝내는 수행평가'다. 만약 수행평가가 수업 과정에서 자연스러운 방식으로 이루어지지 않은 채, 과제 부여 방식으로 진행된다면 이는 학생들에게 추가적인 학습 부담을 부과하는 것이자 사교육의 혜택을 받을 수 있거나 가정 여건이 좋은 학생들에게만 유리한 결과를 낳을 수 있다. 또한 교사가 모둠 활동을 진행하는 경우

---

5. 이윤미·손지희(2010), 〈스웨덴의 평가 방법〉, 한국교육연구네트워크 엮음, 《일제고사를 넘어서》, 살림터.

에도 별다른 교육적 개입을 하지 않거나 명확한 역할을 부여하지 않은 채 학생들에게만 과제 해결을 맡기는 경우 이미 동료 학생들로부터 리더로 인정받고 있는 학생들만 학습활동의 주도권을 행사하고 배움이 느린 학생들은 소외될 수 있다. 따라서 평가는 수업 시간의 학습활동과 자연스럽게 연결되면서도 교사가 실제로 학생들의 학습활동을 충분히 지원해 주는 방식으로 이루어져야, 배우는 속도가 느린 학생들도 학습활동에 참여하면서 자신의 역량을 계발할 수 있는 기회가 보장된다.

이렇게 볼 때 평가에서 중요한 것은 '평가 방식이 사회경제적으로 불리한 학생들, 배움이 느린 학생들도 배려하고 있는가?', '평가의 결과로 모든 학생이 자신들이 인정받고 있다는 느낌을 가질 수 있는가?' 하는 점이다. 그래야 학생들이 평가 결과에 따라 집단 속에서 자기 자신의 위치와 역할이 있다는 점을 확인하고, 자신의 가치를 정당하게 인정받으면서 잠재력을 발휘할 수 있게 된다.

(2) 모든 학생의 성장을 위한 지원

평가에 대한 새로운 인식이 확산되면서 과거 측정 위주의 전통적 이론에서 탈피해 '상대평가에서 절대평가로의 변화', '양적 평가에서 질적 평가로의 변화', '선별을 목적으로 하는 평가보다 교수-학습의 개선으로의 평가', '정적 평가에서 상호작용을 중시하는 역동적 평가'로의 변화가 이루어지고 있다. 그리고 이러한 평가의 변화는 궁극적으로 '학생 개개인의 발달과 성장을 지원하는 평가'를 지향하고 있다.

발달과 성장을 중시하는 평가는 학생들이 현재 무엇을 알고 무엇을 모르는가를 중시하는 것이 아니라, 학생들이 앞으로 얼마나 더 성장할 잠재능력을 지니고 있는가를 중시한다. 이러한 관점은 비고츠키나 번스타인의 이론에서도 확인할 수 있다.

비고츠키의 '근접발달영역' 이론은 학생들이 현재 도달해 있는 실제적 발달 수준을 넘어 교사나 동료 학생들과의 상호작용 및 협력에 의해 새롭게 발전할 수 있는 잠재적 발달 가능성을 중시한다. 이러한 관점에 따르면 평가에서도 학생들이 제한된 시간 안에 주어진 과제를 혼자 힘으로 얼마나 해결할 수 있는가를 확인하는 것을 넘어, 여타의 조건 속에서 얼마나 잠재적 능력을 발휘할 수 있는가를 확인할 필요가 있다. 이러한 근접발달영역에 바탕을 둔 연구는 '역동적 평가'의 가능성에 주목을 한다.[6] 예를 들어 학생들에게 단 한 차례 기회를 주고 능력을 평가하는 것이 아니라 여러 번 기회를 준다든가, 교사가 감독자가 아닌 적극적인 도움을 주는 조력자의 역할을 할 때 학생들에게 어떠한 변화와 발전이 생기는지를 확인하는 평가다. 이는 학생의 잠재된 능력을 최대한 끌어 내어 발달과 성장을 지원하는 방식의 평가라 할 수 있다.

번스타인은 약한 분리 및 통제를 지니고 있는 학교를 '역량 모델(competence model)'로, 강한 분리 및 통제를 지니고 있는 학교를 '수행 모델(performance model)'로 구분하였다.[7] 수행 모델에서는 학생들이 기존의 학업질서나 교사의 지시에 따라 주어진 학습과제를 수행하는 것을 중시한다. 이 경우 평가는 학생들에게 '없는 것', 즉 '부족한 능력'이 무엇인지 확인하는 절차에 해당한다. 반면에 역량 모델에서는 학생들에게 잠재되어 있는 역량을 계발하는 것을 중시한다. 이 경우 평가는 학생들에게 '있는 것', 즉 '이미 지니고 있는 역량'을 얼마나 발휘할 수 있는가를 확인하는 절차에 해당한다.

이렇게 학생들의 잠재적 역량을 중시하는 평가는 약한 분리 및 통제를 지니게 되며, 절대평가 및 수행평가 방식으로 시행되게

---

6. 한순미(1997), 〈역동적 평가의 문제와 발전방향〉, 《교육평가연구》 10(2), pp. 53~79.
   이종승·정연희(2001), 〈비고츠키의 ZPD 평가 방법에 관한 연구〉, 《교육평가연구》 14(2), pp. 127~153.

7. B. Bernstein(1996), 《Pedagogy, symbolic control and identity : Theory, research and critique》, London Taylor & Francis.

된다. 현재 중·고등학교에서 연차적으로 확대되고 있는 절대평가의 취지는 소극적인 차원과 적극적인 차원으로 나누어 생각할수 있다. 소극적인 차원에서 볼 때 절대평가는 석차를 산출하지않는다는 점이 상대평가와 다른 점이다. 그러나 단지 석차를 산출하지 않고 점수만으로 학생의 학업성취 정도를 통지하는 것은학생의 발달과 성장이라는 차원에서 볼 때에는 별다른 의미가없다. 적극적인 차원에서 볼 때 절대평가의 취지는 모든 학생이학습목표에 도달할 수 있다는 신념을 전제로, 자신의 부족한 부분을 보완하고 잠재적 능력을 최대한 발휘하도록 돕는 데에 있다.

수행평가도 마찬가지다. 수행평가는 학생들이 배운 내용을 실제로 활용하는 능력을 중시한다는 점에서 약한 분리 및 등급화를지향한다. 그러나 수행평가가 별도의 과제를 부여하는 방식으로치러지거나 정답의 개방성을 보장하지 않고 엄격한 채점 기준만적용한다면 이러한 취지를 살리기 어렵게 된다. 그렇게 되면 학생들은 자신의 다양한 잠재적 능력을 발휘하고 성장과 발달을 경험하기 어렵게 된다.

저자 여러분은 수행평가를 어떤 방식으로 하는 게 좋아요?
학생1 수행평가가 한꺼번에 몰리는 건 너무 힘들어요.
학생2 맞아요. 어떤 선생님은 책을 안 가져오거나 떠들면 무조
  건 수행평가 점수를 깎기도 해요.
학생1 플러스 점수를 많이 주셨으면 좋겠어요.

저자 플러스 점수가 뭐예요?

학생2 우리가 수업 시간에 열심히 하면 점수를 더 주시는 거
요.

— B중학교 3학년 5반 학생 인터뷰(2014. 9. 22.)

저자 수행평가는 보통 어떤 방식으로 진행하고 있나요?

교사 저는 수업 시간에 정적 강화의 일환으로 학생들이 잘할
때 점수를 부여하고 있어요.

저자 일종의 태도 점수인가요?

교사 그렇게 볼 수 있죠. 하지만 보통 선생님들은 수업 시간에
떠드는 학생들의 점수를 깎는 방식으로 태도 점수를 부여하
잖아요. 저는 점수를 깎는 방식이 아니라 부여하는 방식으로
해요. 문제를 잘 설명하거나, 친구들을 잘 가르쳐 주거나 하
는 경우에요.

저자 참여와 협력을 중심으로 점수를 부여하시는군요.

교사 친구들을 잘 가르쳐 준 학생뿐 아니라 질문을 열심히 한
학생에게도 점수를 줘요. 공부를 못하는 학생들은 수업 시간
에 그냥 가만히 있기만 하잖아요. 그러니까 모르는 것을 질
문하는 것도 중요하다고 보고 점수를 부여해요. 제가 관찰하
지 못하는 경우에도 아이들이 이야기해 주면 점수를 줘요.

저자 학생들이 점수에 민감하지 않은 모양이죠?

교사 대체로 그런 편이에요. 점수를 받고 싶으면 자기가 더 열
심히 하면 되지 굳이 경쟁적으로 하지는 않아요.

— B중학교 수학 교사 인터뷰(2014. 9. 22.)

상당수 학교에서는 '태도 점수'라는 이름으로 학생들의 수업 태도를 수행평가에 반영하기도 한다. 보통 책을 가져오지 않거나 수업 태도가 좋지 않은 학생들에게 감점을 하는 방식이다. 이는 수행평가가 일종의 학생 통제 수단으로 활용되는 사례다. 이는 '감시적, 통제적 평가'로서 수행평가 본래의 취지에 부합하지 않는다.

앞에서 언급한 학생들과 인터뷰를 살펴보면 학생들은 '한꺼번에 몰리는 수행평가', '책을 안 가져오거나 떠들면 점수를 깎는 수행평가'에 대해 거부감을 갖고 있었다. '한꺼번에 몰리는 수행평가'란 수행평가가 수업 과정에서 자연스럽게 이루어지는 것이 아니라 특정한 날을 정해 놓고 일제고사 방식과 유사한 형태로 치러지는 것을 말한다. '점수를 깎는 수행평가'는 수행평가가 학생들의 일상을 통제하는 방식으로 이루어지는 것을 의미한다.

그러나 앞서 언급한 교사는 학생들의 참여나 협력을 중시하는 방식의 평가를 실시하고 있었다. 특히 수업 시간에 소극적인 모습을 보이는 학생들을 배려하는 수단으로 수행평가를 활용하고 있었다. 친구들을 잘 가르쳐 주는 학생뿐 아니라 자기가 모르는 것에 대해 적극적으로 질문을 하는 학생에게도 점수를 부여함으로써 학생들의 학습 의욕을 불러일으키고 성장을 독려하는 모습을 보이고 있었다.

C중학교에서는 일부이긴 하지만 보다 적극적으로 학생들을 배려하고 잠재적인 역량을 발휘할 수 있는 기회를 제공하는 방식의

평가가 이루어지고 있었다. 이는 앞에서 언급했듯이 평가를 시행하기 전에 학생들이 배운 내용을 다시 복습할 수 있게 시간을 주고, 평가가 끝나면 교사가 학생들의 답안을 확인한 후 부족한 부분이 있는 학생들에게는 다시 답안을 추가로 작성할 수 있는 기회를 제공하면서 모든 학생이 기준에 도달할 때까지 기다려 주는 방식의 수행평가다.

> 저자 선생님이 진행하신 수행평가가 매우 인상적이었는데, 그런 방식을 어떻게 해서 준비하게 되셨나요?
>
> 교사 예전 학교와 달리 이 학교에 오고 보니 여기서는 모든 학생을 포기하지 않겠다는 분위기가 있어서 거기에 영향을 받았어요. 예전에는 제한된 시간을 정해 놨는데, 그러면 안 될 것 같고 계속 기회를 주어야 할 것 같았어요. 엄정한 평가의 입장에서 볼 때는 우유부단한 것으로 보일 수도 있겠으나, 실패한 아이들에게도 계속 기회를 주게 되었어요.
>
> 저자 먼저 문제를 푼 학생들이 항의를 하는 일은 없나요?
>
> 교사 없어요. 이 학교 학생들은 다 같이 협력하는 분위기이니까요.
>
> — C중학교 지리 교사 인터뷰(2014. 3. 18.)

C중학교 교사의 평가 진행 방식은 '제한된 시간'이나 '엄정한 평가'를 중시하는 평가 관행에서는 벗어나 있다. 이 교사의 평가 방식은 "모든 학생을 포기하지 않겠다는 분위기"가 정착되어 있는 학교문화에서 영향을 받은 것으로, "실패한 아이들에게도 계

속 기회를 주는" 것이다. 이는 '강한 분리'에 따라 학생들의 점수를 매기는 것에 관심을 두는 평가가 아니라 "모든 학생이 성취기준에 도달할 수 있다."는 신뢰를 바탕으로 배움이 느린 학생들도 배려하며 기다려 주는 평가 방식이다. 또한 '강한 통제' 속에서 능력이 부족한 학생들을 가려 내는 것이 아니라 '약한 통제' 속에서 학생들의 성장과 발달을 독려하는 평가 방식이다.

평가에서 '약한 분리'가 집단 속에서의 자신의 위치를 확인하는 것과 관련이 깊다면, '약한 통제'는 자신의 잠재된 역량을 발휘할 가능성을 확보하는 것과 관련이 깊다. 이러한 평가 방식에서는 학생들이 시험을 볼 때마다 실패와 좌절감을 반복해서 경험하는 것이 아니라 "학교가 나를 배려해 주고 있다."는 신뢰감과 "나도 해낼 수 있다."는 성취감을 함께 느낄 수 있게 된다. 이런 과정을 통해 학생들은 배움에 적극적으로 참여하면서 발달과 성장을 도모하게 된다.

교육과정-수업-평가의 코드를 바꾸자

— 배제와 통제를 넘어,
　　평등하고 민주적인 교실을 위하여

　혁신학교 운동이 확산되면서 교육과정-수업-평가를 혁신하는 분위기가 확산되고 있다. 과거에는 '국가 수준의 획일적 교육과정 → 교사 중심의 일제식 수업 → 서열과 변별을 위한 평가'가 일반적이었다면 이제는 '교사의 자율적 전문성에 의한 교육과정 재구성 → 학생의 참여와 협력을 보장하는 수업 → 학생의 성장과 발달을 위한 평가'의 방향으로 나아가고 있다.

　이 책에서 제시한 세 중학교의 모습을 살펴보면 교육과정-수업-평가에서 전통적인 패러다임과 혁신적인 패러다임이 공존하고 있음을 알 수 있다. 그리고 이는 혁신학교 운동의 확산 및 정착 속도와 일정한 상관관계가 있음을 확인할 수 있다. 물론 혁신학교인 C중학교의 사례가 가장 바람직하고 일반 학교인 A중학교는 그렇지 않다고 단언할 수는 없다. A중학교에도 C중학교에는 없는 장점이 존재하며, C중학교에서도 극복해야 할 한계가 존재한다. 다만 이 책은 단위 학교의 교육과정-수업-평가를 성찰할 수 있는 방법론적 틀을 제시하고, 그 구체적인 사례를 정리하고자 했을 따름이다.

이상의 논의를 바탕으로 교육과정-수업-평가의 혁신 방향을 정리하면 다음과 같다.

1. 참된 배움을 보장하는 교육과정
   ① 지식-탐구-실천의 통합적 학습 기회 제공
   ② 분절적 교과의 경계를 넘어선 통합적 교육과정
   ③ 학생의 삶, 사회적 가치와 연결된 교육과정

2. 참여와 협력이 있는 수업
   ① 학생의 참여가 보장되는 배움 중심의 수업
   ② 이질 집단의 협력을 기본 원리로 하는 수업
   ③ 배움이 느린 학생을 배려하는 수업

3. 성장과 발달을 위한 평가
   ① 수업 과정에서 이루어지는 평가
   ② 등급화는 약하고, 정답은 열려 있는 평가
   ③ 지필 평가 축소 및 폐지, 수행평가 등 대안적 평가 활성화

이를 위한 성찰적 과제와 실천의 방향을 제언하면 다음과 같다.

첫째, 교육과정-수업-평가에 대한 분절적 시각에서 벗어나 교육과정-수업-평가의 새로운 패러다임에 입각한 통합적 시각을 가져야 한다. 과거에는 교육과정과 수업, 평가를 별개 영역으로 여기거나 단편적 지식 위주의 교육과정 편성, 교사 중심의 일방적 수업, 지식 암기 정도를 측정하는 평가가 이루어졌다. 학생들은 이러한 교육과정-수업-평가의 관행 속에서 배움의 과정에 별다른 의미를 찾지 못한 채 '무관심', '간극', '소외' 같은 비주체적인 모습을 보여 왔다.

그러나 최근 혁신학교 운동이 확산되면서 교육과정-수업-평가에서 새로운 양상이 나타나기 시작했다. 학생들의 삶이나 사회적 현실을 적극적으로 반영하며 교과 내 주제-탐구-표현의 통합적 구성, 교과와 교과 간 통합적 연계가 적극적으로 모색되고 있으며, 이러한 교육과정이 학생들의 참여와 협력을 중시하는 수업 속에서 구현되고 있다. 또한 교육과정-수업과 자연스럽게 연계되면서도 정답의 개방성이 보장되고 학생의 성장과 발달을 돕는 평가도 이루어지고 있다. 이러한 교육과정-수업-평가는 대체로 약한 분리와 약한 통제의 양상을 보이고 있다. 교육과정-수업-평가의 새로운 양상이 보다 확산되어 학생들의 참여와 성장을 적극적으로 독려해야 할 것이다.

둘째, 교육과정-수업-평가에 대한 통합적 시각을 바탕으로, 이 속에서 학생들이 겪게 되는 실질적인 경험을 중시해야 한다. 교육과정이란 '학교에서 배운 경험의 총체'이자 이에 대한 '실존적 체험과 비판적 성찰'이라 할 수 있다. 교육 당국 차원에서 편성한 교육과정이나 교사의 입장에서 가르친 내용이 반드시 학생들이 실제로 겪는 교육 경험과 일치하는 것은 아니다. 그렇기 때문에 학교에서 명시적으로 의도하지는 않았지만 학생들이 은연중에 배우게 되는 경험을 지칭하는 '잠재적 교육과정'이라든지, 선택과 배제의 논리에 따라 학생들에게 가르치지 않은 '영 교육과정' 등의 개념은 학생들의 입장에서 실제로 구현된 교육과정의 양상을 비판적으로 성찰하는 데에 도움이 된다.

학교에서는 특히 적잖은 수의 학생이 수업을 기피하는 모습을 확인할 수 있었다. 학생들이 수업 시간에 잠을 자는 등 적극적으로 수업을 기피한다든가 겉보기에는 수업에 참여하고 있는 것처럼 보이더라도 실질적으로는 수업에서 소외되어 있다면 교육 당국이나 교사 차원에서 설계한 교육과정은 별다른 의미를 갖지 못하게 된다. 이러한 현상을 단지 교사나 학생의 개인적인 문제로 환원하기보다 사회학적인 문제로 성찰할 필요가 있다. 이는 거시적으로 볼 때는 입시 위주의 경쟁 교육이 학생들을 구조적으로 소외시키는 문제이며, 미시적으로 볼 때는 교육과정-수업-평가 속에서 일상적으로 관철되고 있는 배제와 통제의 코드가 학생들을 배제시키는 양상이다.

따라서 교육과정-수업-평가가 바람직한 방향으로 변화하기 위해서는 단순히 새로운 교육 프로그램을 도입한다든가 기술공학적 차원에서 수업 기술을 변화시키는 것만으로는 부족하다. 교육과정-수업-평가 속에 나타나고 있는 일상적 질서 자체가 학생들을 어떻게 참여시키거나 배제하는지, 그 속에서 학생들은 어떤 경험을 하고 있는지에 대한 성찰이 필요하다. 이 책에서 제시한 '분리'와 '통제'의 강약에 따른 유형 분석은 특히 학교와 교사가 교육과정-수업-평가의 일상적인 질서를 성찰하는 데에 도움이 될 것이다.

셋째, 교육과정의 혁신에서는 단순한 모방적 차원, 매개적 차원을 넘어 전문적 차원에서의 교육과정 재구성이 필요하다. 이를 위해서는 협소한 교과의 장벽을 넘어 교과와 학생의 관련성, 교과와 교과 사이의 연계성을 구축하고 교과 및 학교를 넘어선 사회적 가치를 반영하려는 적극적인 노력이 필요하다. 번스타인의 '분리' 개념은 이러한 점에서 의미가 있다. '강한 분리'는 범주와 범주 사이의 절연을 낳고 통합적·연계적 사고와 실천을 가로막으며, '약한 분리'는 기존의 질서와 경계를 넘어 통합적·연계적 사고와 실천을 유도한다. 교육과정은 교과 내에서는 지식, 탐구, 표현활동이 유기적으로 연계되도록 해야 하며, 교과와 교과 사이에는 의미 있는 주제를 중심으로 한 통합이 이루어져야 한다. 또한 교과의 지식과 학생들의 삶이 유기적으로 연결되어야 하며, 이를 바탕으로 학생들이 학교, 학교를 넘어선 사회, 미래의 삶에 대한 가치 지향적 실천을 지향할 수 있도록 해야 한다.

이러한 교육과정 재구성을 위해서 교사는 주어진 교육과정을 있는 그대로 실행하는 기능인이 아니라 자신의 교육철학과 학생의 삶에 대한 이해를 바탕으로 의미 있는 교육과정을 창조하는 실천가로 자리 잡아야 한다. 특히 교사에게는 교사로서 사회화되어 온 과정을 넘어서는 전문성과 실천이 요구된다. 대부분 교사는 교과 중심의 교육과정 속에서 성장해 왔으며, 교사 교육의 과정에서도 분과적 학문 중심의 교육과정을 경험해 왔기 때문에 이와 같은 요구에 취약한 것이 사실이다. 교사에게 필요한 것은 주어진 교육과정을 효율적으로 실행하는 절차적 지식이 아니라 학생들과의 상호작용을 통해 형성되는 실천적 지식, 학생들이 살아갈 미래 사회를 통찰하는 비판적 지식이다. 따라서 교육과정 재구성에서 교사에게 요구되는 것은 당면한 시대적 과제에 대해 끊임없이 비판적으로 성찰하는 태도, 학생들이 살아갈 미래 사회에 대한 안목을 바탕으로 교육과정을 새롭게 창조하는 역량이다.

 넷째, 교사와 교사의 협력을 기반으로 하는 전문적 학습공동체 구축을 통해 수업 혁신을 이루어야 한다. 단순한 수업 기법의 변화가 아니라 교육과정-수업-평가 전반에서 혁신이 이루어지려면 개별 교사 차원을 넘어 교사와 교사가 협력하여 구축하는 전문적 학습공동체가 필요하다. 그동안 학교 수업은 개별 교실 차원에서 교사와 학생들 간에 진행되는 영역으로 인식되어 왔다. 그러나 여러 혁신학교의 사례를 놓고 볼 때 수업 혁신은 교사들의 자발성과 협력에 의한 공동체적 실천을 통해 학교의 구조와 문화 자체가 총체적으로 변화할 때 가능하다는 점을 알 수 있다.

예를 들어, 최근 확산되고 있는 모둠별 협력학습의 경우에도 이것이 개별 교사 차원에서 수업에 도입되는 건 큰 의미가 없다. 모둠별 협력학습은 단순히 하나의 수업모델로서가 아니라 학교 전체의 문화와 구조 자체가 협력과 소통의 원리로 재구조화되는 차원에서 도입될 때 의미가 있다. 교사 간 협력이 선행되어야 학생 간 협력이 가능하고, 학생 간 협력이 있어야 모든 학생의 참여가 보장될 수 있는 것이다.

이러한 점에서 볼 때 본문에서 언급했던 B중학교에서 여러 교과 교사들이 모여 다른 교과의 학습활동지를 함께 검토하는 모습이나 C중학교 교사들이 학생들의 수업 참여 양상에 대한 관찰을 중심으로 공개수업 연구 모임을 일상적으로 진행하는 모습은 매우 의미가 있다. 이러한 전문적 학습공동체의 공동체적 실천이 있을 때 모든 교사의 수업에서 일관된 수업 혁신의 원리가 적용될 수 있다. 물론 이러한 공동체적 실천이 특정한 수업모델을 모든 교과 수업에 획일적으로 적용하는 것을 의미하지는 않는다. 학생들의 배움을 중심에 놓는 수업, 학생들의 참여와 협력을 일상적으로 실현하는 수업, 이러한 참여와 협력을 지원하는 교사의 역할 등과 같은 철학이 공동체적으로 이루어져야 한다는 것이다.

다섯째, 수업이 이루어지는 시간과 공간의 변화, 학습활동지 활용 및 모둠 활동 도입 등을 통한 수업 혁신의 구체적인 방법론이 모색되어야 한다. 본문에서 언급했던 것처럼 현재 중등학교

수업은 획일적 시간표와 고정된 교실 등으로 상징되는 시간과 공간을 외적 조건으로 하고 있다. 이러한 시간과 공간을 근본적으로 바꾸기 위해서는 한국 공교육의 시스템 자체가 바뀌어야 한다. 일정한 한계가 존재한다 할지라도 수업이 진행되는 시간과 공간에 대한 새로운 상상력이 필요하다. 45~50분 단위로 이루어지는 수업 속에서도 분절적 · 직선적 시간의 흐름을 극복하고 변화와 반복이 이루어지는 시간으로 재구성할 수 있다. 나아가 블록 타임제 도입 등 새로운 실험을 모색할 필요가 있다. 또한 교실 책상의 'ㄷ'자 배치나 모둠별 배치 등 교실 내 공간에 변화를 주어 유동적 · 관계적 공간을 형성하는 것도 가능하다.

또한 교육과정 재구성의 구현물이자 학생 학습활동의 매개체로 볼 수 있는 학습활동지의 중요성은 더욱 강조되어야 한다. 학습활동지는 기존의 교과서 중심의 수업을 뛰어넘어 학생들에게 의미 있는 교육과정을 제공하고 학생 활동 중심의 수업을 구현하는 데 도움을 준다는 점에서 의미가 있다. 또한 이 과정을 통해 교사는 기존의 교육과정에 대한 통념을 극복하고 교사들 간의 협력을 통해 교육과정 재구성 및 수업 설계의 전문성을 발휘할 수 있게 된다.

상당수 학교에서 모둠 활동은 학생들의 수업 참여와 학생 간 협력을 유도하고, 이를 바탕으로 학생들이 사회적 상호작용을 수행하는 방식으로 활용되고 있다. 그러나 여전히 모둠 활동을 통한 협력학습의 철학과 원리는 충분히 공유되지 못하고 있는 상황이다. 앞에서도 제시했듯이 모둠 활동을 통한 협력학습이 원활하게 이루어지려면 교사가 이에 알맞는 협력적·도전적 과제를 제시하고, 학생들이 서로 협력하며 과제를 해결하는 문화를 자연스럽게 형성해야 한다. 또한 모둠 활동은 단지 원활한 수업을 위한 보조적 역할로서가 아니라 학생들이 이 속에서 타인과 협력을 배우는 기회로, 나아가 학교의 문화와 구조 자체가 협력과 소통의 원리로 재구조화되는 방안으로 활용될 때 의미가 있다.

여섯째, 상대적으로 변화의 속도가 더딘 영역인 평가 혁신을 위한 각별한 노력이 필요하다. 지금의 학교 현장에서는 교육과정-수업 영역에서의 혁신이 이루어진 이후에도 평가 영역에서 여전히 과거의 패러다임이 잔존하고 있는 것이 보편적인 현상이다. 특히 입시 위주의 경쟁 교육 풍토가 뿌리 깊은 한국의 현실에서 평가 영역은 교육과정이나 수업 영역에 비해 변화의 속도가 상대적으로 더딜 수밖에 없다는 것도 부인할 수 없다.

이러한 모습은 혁신학교 정착기에 접어들었다고 평가받는 C중학교에서도 마찬가지였다. 절대평가가 도입되고, 수행평가나 논술형 평가 등이 확대되어 이를 통한 과정 중심의 평가가 일상적으로 이루어지는 가운데서도 여전히 상대평가적 요소라고 볼 수 있는 점수나 석차에 대한 관심이 높은 편이었다. 또한 학생 활동 중심의 협력 수업이 일상적으로 이루어지는 가운데에도 시험 범위를 염두에 둔 진도 나가기식 수업은 여전히 병행되고 있었다. B중학교에서도 '시험 기간 직전의 수업'과 '시험 기간 이후의 수업' 양상은 사뭇 달랐다. 평소에는 학생들의 협력학습 위주로 수업이 진행되다가도 시험 기간이 다가올수록 시험 범위에 대한 부담으로 진도 나가는 속도가 빨라지고 교사 위주의 강의식 수업이 진행되는 양상이 중심을 이루었다.

이처럼 평가의 영향력이 막강하기 때문에 반대로 평가의 변화가 교육과정 및 수업의 변화에 미치는 영향력도 크다. 따라서 수행평가나 논술형 평가의 시행, 절대평가 도입 등 제도적·절차적 차원을 넘어 '학생의 발달과 성장을 지원하는 평가'라는 평가의 본래 취지를 회복하려는 목적의식적인 노력이 요구된다고 할 수 있다. 그러기 위해서는 다양한 방식의 대안적 평가 방안이 적극적으로 모색되어야 한다. 예를 들어 지필 평가 횟수를 줄이거나 폐지하고 수행평가를 확대하되, 여기에 교사별 평가 요소를 적극적으로 도입하며, 이를 통해 교사별 교육과정이 구현될 수 있도록 할 필요가 있다. 또한 절대평가의 도입을 계기로 학생의 점수나 등수에 대한 관심을 넘어 학생의 성취 정도를 파악하고 이에 대한 지원 방안을 모색한다는 평가의 본질을 회복해야 한다. 나아가 비고츠키의 '근접발달영역' 이론에 따라 '학생들이 현재 도달한 실제적 발달 수준'뿐 아니라 '학생들이 교사나 동료 학생의 도움을 받아 도달할 수 있는 잠재적 발달 수준'까지를 평가하는 '역동적 평가', '성장 지향 평가'를 도입할 필요가 있다. 이는 '모든 학생이 학습목표에 도달할 수 있다'는 신념을 전제로 학생들이 과제를 해결할 때까지 기다리며 학생들의 잠재된 능력을 최대한 끌어내 발달과 성장을 지원하는 방식의 평가를 의미한다.

특히 평가는 학생들이 학교 안에서 자신의 위치를 확인하는 영역이자 사회의 권력과 통제의 코드가 직접적으로 관철되는 장이기도 하다. 따라서 평가를 혁신한다는 것은 학생들을 일정한 기준과 틀에 따라 서열화하는 방식에서 벗어나, 학생들이 자신의 존재 가치를 정당하게 인정받고 발달과 성장을 도모할 기회를 제공하는 것을 의미한다.

일곱째, 교육과정-수업-평가에서 특히 배움이 느린 학생이나 사회경제적으로 불리한 처지에 있는 학생에 대한 우선적인 관심과 배려가 필요하다. 그리고 이러한 관심과 배려를 통해 학교교육을 불평등한 사회구조를 재생산하는 장이 아닌 평등하고 민주적인 공간으로 만듦으로써 사회정의를 지향해야 한다.

이러한 차원에서 교사에게 요구되는 덕목은 자신의 교육과정 유형이나 수업, 평가 방식에 따라 학생의 사회경제적 배경에서 오는 격차를 일정 부분 보정할 수 있다는 것을 알고 이를 실천하는 것이다. 예를 들어 배움이 느린 학생을 배려하기 위해 교육과정의 난이도를 조정하고, 수업 시간에 진도 나가는 속도를 늦추며 협력학습을 도입하는 것, 사회경제적으로 불리한 처지에 있는 학생에게 또 하나의 부담을 주는 평가 방식을 지양하는 것 등이 교사들이 구체적으로 실천해야 할 사항이다.

이를 통해 학교의 질서와 수업의 규범 자체를 소외되는 학생 없이 모두가 자신의 존재를 인정받을 수 있는 구조로 변화시켜야 한다. 사회정의의 핵심적인 요소를 '동등한 참여'로 본 정치철학자 프레이저(Fraser)는 이와 관련해 '분배'와 '인정'이란 두 가지 차원의 정의가 실현되어야 한다고 보았다. 그는 물질적 자원의 동등한 분배와 함께 계급, 인종, 성 등 다양한 정체성을 지닌 사람들이 동등한 가치로 존중받는 '인정의 정치학'을 제시하였다.[1]

이러한 분배와 인정은 학교에서 학생들의 참여 양상을 고찰하는 데도 도움이 되는 범주가 된다. 사회에서 경제적 자원이 분배되는 구조와 마찬가지로 학교에서도 점수나 등수, 상과 벌, 학급 내에서의 위치와 같은 무형의 자원이 분배되는 구조가 존재한다. 이러한 분배 구조에 따라 학생들은 학교에서 일정한 지위와 역할을 부여받고 이에 따른 자아 인식과 정체성을 형성하게 된다. 오로지 학업성취 수준이나 규범 준수 여부 등을 기준으로 인정 구조가 형성되어 있는 학교는 매우 폐쇄적인 질서를 가졌다고 할 수 있다. 반면에 성적이나 규범 이외의 영역에서도 인정을 받을 수 있는 구조를 가진 학교에서는 상대적으로 배움이 느린 학생, 사회경제적으로 불리한 처지에 있는 학생, 학교의 질서나 규범에 동의하지 않는 학생들이라도 타인으로부터 인정받고 자신의 위치와 역할을 확인하며 새로운 자아 정체성을 형성할 수 있게 된다.

교육과정-수업-평가의 변화를 통해서도 이러한 인정 구조의 변

---

1. N. Fraser & A. Honneth(2003), 《Redistribution or recognition : a political-philosophical exchange》, London Verso ; 김원식 · 문성훈 옮김(2004), 《분배냐 인정이냐》, 사월의책.

화가 일정 정도 이루어질 수 있다. 세 학교를 대상으로 참여관찰을 수행한 결과 비록 일정한 구조적 한계는 존재하더라도 교육과정-수업-평가의 변화에 따라 학생들의 참여 양상이 상당히 달라질 수 있음을 확인하였다. 교육과정-수업-평가에서 약한 분리와 약한 통제가 형성된다면, 배움이 느린 학생이나 사회경제적으로 불리한 처지에 있는 학생도 자신의 능력이나 처지와 무관하게 존재를 인정받을 수 있는 여지가 생긴다. 이를 통해 학생들은 교실이라는 작은 사회 속에서 참여와 협력의 방법, 타인을 인정하는 방법을 배우며 자신의 정체성을 새롭게 형성할 수 있는 기회를 얻게 된다.

이 연구는 학교가 기존 사회질서를 재생산하는 영역에서 벗어나 평등하고 민주적인 영역을 창출할 가능성을 모색하고자 하는 문제의식에서 시작되었다. 비록 학교가 기존 사회질서에서 완전히 자유롭고 독립적인 영역을 창출하지는 못하더라도 사회경제적으로 불리한 처지에 있는 학생들을 배려할 수 있는 상대적 자율성의 영역을 확장할 수는 있다. 그리고 이는 교육과정-수업-평가의 영역에서 일상적으로 작동하는 분리와 통제의 방식을 비판적으로 성찰하는 것에서부터 시작된다. 교육과정-수업-평가의 혁신은 결국 학생들이 학교가 자기를 위해 존재한다는 것과 학교에서 배우는 것이 자신의 삶에 의미가 있다는 것을 깨닫고, 수업에 적극적으로 참여하면서 자신의 위치와 역할을 인정받고 발달과 성장을 도모하는 것을 목적으로 한다. 학생들이 학교에서 배워야 할 것은 참여와 소통, 협력과 인정, 발달과 성장이다.

인생의 소중한 것들을 나는 학교에서 배웠지.
서로를 있는 그대로 인정하는 법과 삶의 주인공으로 참여하는 법.
타인을 배려하고 협력하는 법과 함께 사는 세상을 만들어 가는 법.
그중에서도 내가 살아가는 데 가장 도움을 준 것은
이 많은 법들 속에 내가 가진 가능성을 최대한 펼쳐 내는 법.

— 유하의 시, 〈학교에서 배운 것〉을 패러디하며

〈참고 문헌〉

강이수(1997), 〈공장체제와 노동규율〉, 김진균·정근식 외, 《근대주체와 식민지 규율권력》, 문화과학사.

경기도교육청(2015), 〈학업성적관리 시행지침〉.

교육부(2014), 〈학교생활기록 작성 및 관리지침〉, 교육부훈령 제29호, 2014.1.16.

길현주(2014), 〈수업 혁신을 통해 본 '문화'로서의 교사들의 전문적 학습공동체〉, 한국교육연구네트워크 엮음, 《혁신학교에 대한 교육학적 성찰》, 살림터.

김성천(2007), 〈교사자율연구 모임을 통해서 본 교직문화의 새로운 가능성〉, 《한국 교육》 34(3), pp. 51~74.

김영순·오영훈·김미라(2012), 〈창의적 체험활동 운영 실태에 관한 연구〉, 《열린교육연구》 20(2), pp. 285~304.

김영천(2012), 〈교육과정 이론화의 다양한 연구 패러다임들〉, 《교육과정 이론화》, 아카데미프레스.

김　용(2012), 《교육개혁의 논리와 현실》, 교육과학사.

김정안 외(2013), 《주제 통합 수업》, 맘에드림.

김현섭(2013), 《수업을 바꾸다》, 한국협동학습센터.

남경운·서동석·이경은(2014), 《아이들이 몰입하는 수업 디자인》, 맘에드림.

박현숙(2012), 《교사는 수업으로 성장한다》, 맘에드림.

박현숙·이경숙(2014), 《어! 교육과정? 아하! 교육과정 재구성!》, 맘에드림.

백병부(2010), 〈학습부진 학생에 대한 수준별 하반 편성 및 특별보충수업의 교육적 효과〉, 고려대학교 박사 학위논문.

백병부·송승훈·남미자·이경아(2013), 《경기도 혁신고등학교 성과 분석》, 경기도교육연구원.

서경혜(2009), 〈교사 전문성 개발을 위한 대안적 접근으로서 교사학습
　　공동체의 가능성과 한계〉, 《한국교원교육연구》 26(2), pp. 243~276.

서울특별시교육청(2012), 《기분 좋은 설렘, 서울 혁신학교 이야기》

성열관(2012), 〈교수적 실천의 유형학 탐색 : Basil Bernstein의 교육과
　　정 사회학 관점〉, 《교육과정연구》 30(3), pp. 71~96.

성열관(2015), 〈마이클 애플의 교육사상과 실천적 쟁점〉, 《교육비평》
　　제35호, pp. 122~150.

성열관·이순철(2011), 《혁신학교》, 살림터.

성열관·이형빈(2014), 〈'수업 시간에 자는 중학생' 연구 : 수업참여 기
　　피 현상에 대한 근거이론〉, 《교육사회학연구》 24(1), pp. 147~171.

손우정(2012), 《배움의 공동체》, 해냄.

송순재(2011), 《상상력으로 교육에 말 걸기》, 아침이슬.

심성보(2008), 〈대화의 기능과 교실의 대화적 공간으로의 변화〉, 《민
　　주화 이후의 공동체 교육》, 살림터.

심성보(2014), 〈더불어 사는 시민 역량 강화를 위한 민주 시민교육〉, 한
　　국교육연구네트워크 엮음, 《새로운 사회를 여는 교육자치혁명》, 살
　　림터.

엄기호(2013), 《교사도 학교가 두렵다》, 따비.

오늘의 교육 편집위원회(2011), 《교육불가능의 시대》, 교육공동체벗.

이규철(2013), 《수업 딜레마》, 맘에드림.

이승원(2005), 《학교의 탄생》, 휴머니스트.

이윤미(2015), 〈교육으로 사회를 변화시킬 수 있는가? : 마이클 애플과
　　비판적 교육학〉, 《교육비평》 제35호, pp. 151~179.

이윤미·손지희(2011), 〈스웨덴의 평가 방법〉, 한국교육연구네트워크
　　엮음, 《일제고사를 넘어서》, 살림터.

이윤미·백병부·성열관·송순재·이형빈·정광필(2013), 《서울교육
　　발전을 위한 학교 혁신 방안 연구 : 혁신학교 운영성과를 중심으로》,

서울특별시의회 연구용역 최종보고서.

이종승·정연희(2001), 〈비고츠키의 ZPD 평가 방법에 관한 연구〉, 《교육평가연구》 14(2), pp. 127~153.

이혁규(2013), 《누구나 경험하지만 누구도 잘 모르는 수업》, 교육공동체 벗.

이형빈(2014), 〈학생의 수업참여 및 소외 양상에 대한 현상학적 연구〉, 《교육과정연구》 32(1), pp. 25~51.

이형빈(2014), 〈교사 전문성 향상을 위한 교사학습공동체 구축 방향에 대한 연구〉, 《교육발전연구》 29(2), pp. 53~80.

이형빈(2014), 〈학급당 학생 수 감축 효과에 대한 참여관찰 연구〉, 《교육비평》 33, pp. 213~237.

이형빈(2015), 〈교사는 어떤 의미의 전문가인가〉, 《오늘의교육》 제24호, pp. 180~193.

이형빈(2015), 〈소설과 드라마를 통해 본 학교 질서의 변화와 학생 참여 양상 연구〉, 《열린교육연구》 23(3), pp. 241~269.

이혜정·백병부·홍섭근·이대식(2013), 《경기도 학습부진 학생 실태와 지원 방안》, 경기도교육연구원.

윤양수·원종희·장군(2015), 《수업의 정치》, 살림터.

조용환(2000), 〈'교실 붕괴'의 교육인류학적 분석 : 학교문화와 청소년 문화의 갈등을 중심으로〉, 《교육인류학연구》 3(2), pp. 43~66.

조한혜정(2000), 《학교를 찾는 아이 아이를 찾는 사회》, 또하나의문화.

초등교육과정연구모임(2011), 《행복한 혁신학교 만들기》, 살림터.

한순미(1997), 〈역동적 평가의 문제와 발전방향〉, 《교육평가연구》 10(2), pp. 53~79.

함영기(2014), 《교육 사유》, 바로세움.

佐藤學(2000), 《'學び'から逃走する子どもたち》, 東京 世織書房 ; 손우정·김미란 옮김(2003), 《배움으로부터 도주하는 아이들》, 북코리아.

佐藤學(2010), 《敎育の方法》 ; 박찬역 옮김(2011), 《아이들을 어떻게

가르칠 것인가》, 살림터.

L. Althusser(1970), 《Soutenances d'Amien》; 김동수 옮김(1991), 《아미엥에서의 주장》, 솔.

M. W. Apple & J. A. Beane(1995), 《Democratic Schools》, Alexandria, Virginia : Association for Supervision and Curriculum Development.

M. Apple(2012), 《Can education change society》, New York Routledge ; 강희룡·김선우·박원순·이형빈 옮김(2014), 《교육은 사회를 바꿀 수 있을까?》, 살림터.

M. Bakhtin(1981), 《The dialogic imagination》, Austin University of Texas Press ; 전승희·서경희·박유미 옮김(1998), 《장편소설과 민중언어》, 창작과비평사.

B. Bernstein(1975), 《Class, codes and control volume 3 : Towards a theory of educational transmissions》, Second edition, London Routledge & Kegan Paul.

B. Bernstein(1996), 《Pedagogy, symbolic control and identity : Theory, research and critique》, London Taylor & Francis.

S. Bowles & H. Gintis(1976), 《Schooling in capiralist America : educational reform and the contradiction of economic life》, New York Basic Books ; 이규환 옮김(1986), 《자본주의와 학교교육》, 사계절.

J. Bruner(1960), 《The process of education》, New York Vintage ; 이홍우 옮김(2005), 《교육의 과정》, 배영사.

V. V. Davydov(2008), 《Problems of Developmental Instruction : A Theoretical and Experimental Psychological Study》, Nova Science Publisher, Inc.; 정현선 옮김(2014), 《발달을 선도하는 교수-학습》, 솔빛길.

Susan M. Drake(1998), 《Creating Integrated Curriculum》, Corwin ; 박영무 · 허영식 · 유제순 옮김(2009), 《교육과정 통합의 기초》, 교육과학사

J. Dewey(1938), 《Experience and education》, New York Collier Macmillan ; 엄태동 옮김(2001), 《존 듀이의 경험과 교육》, 원미사.

E. W. Eisner, (1979), 《The educational imaginagion : on the design and evaluation of school programs》, New York Macmillan College Publishing Company ; 이해명 옮김(1999), 《교육적 상상력: 교육과정의 구성과 평가》, 단국대학교 출판부.

M. Foucault(1975), 《Surveiller et punir : Naissance de la prison》, Paris Gallimard ; 오생근 옮김(2003), 《감시와 처벌》, 나남.

N. Fraser & A. Honneth(2003), 《Redistribution or recognition : a political-philosophical exchange》, London Verso ; 김원식 · 문성훈 옮김(2004), 《분배냐 인정이냐》, 사월의책.

P. Freire(1970), 《Pedagogy of the oppressed》, New York Herder and Herder ; 남경태 옮김(2009), 《페다고지》, 그린비.

A. Hargreaves & D. Shirley(2009), 《The persistence of presentism》, Teachers College Record, 111, pp. 2505~2534.

A. Hargreaves(2003), 《Teaching in the knowledge society》 ; 곽덕주 · 양성관 · 이지현 · 이현숙 · 장경윤 · 조덕주 · 황종배 옮김(2011), 《지식사회와 학교교육》, 학지사.

R. Jakobson(1987), 《Language in literature》, Cambridge, Mass Belknap Press ; 신문수 옮김(1989), 《문학 속의 언어학》, 문학과지성사.

A. Kohn(1986), 《No contest: The case against competition》, Mariner Books ; 이영노 옮김(2009), 《경쟁에 반대한다》, 산눈.

J. Kozol(1981), 《On being a teacher》, New Yok Oneworld

Publications ; 김명신 옮김(2011), 《교사로 산다는 것》, 양철북.

Dan C. Lortie(1972), 《Schoolteacher : a sociological analysis》 ; 진동섭 옮김(1993), 《교직사회 : 교직과 교사의 삶》, 양서원.

H. Mehan(1979), 《Learning lessons : Social organization in the classroom》, Cambridge, Mass Harvard University Press.

M. McFadden & G. Munns(2002), 《Student engagement and the social relations of pedagogy》, 《British Journal of Sociology of Education》, 23(3), pp. 357~366.

M. Newmann and Associates(1996), 《Authentic Achievement : Restructuring schools for intellectual quality》, San Francisco Jossey-Bass Publishers, pp. 21~48.

N. Noddings(1992), 《The challenge to care in schools》, Teachers College Press ; 추병완·박병춘·황인표 옮김(2002), 《배려교육론 : 인간화교육을 위한 새로운 접근》, 다른우리.

OECD(2012), 《Equity and quality in education : Supporting disadvantaged students and schools》, OECD Publishing.

Pinar(1975), 《Curriculum theorizing : The reconceptualists》, Berkely, CA McCutchan Publishing Cororation.

Ralph W. Tyler(1949), 《Basic principles of curriculum and instruction》, Chicago University of Chicago Press.

M. Sandel(2009), 《Justice : What's the Right Thing to Do?》, Farrar Straus & Giroux ; 김명철 옮김(2014), 《정의란 무엇인가》, 김영사.

D. A. Schön(1983), 《The reflective practitioner : How professionals think in action》, New York Basic Books.

L. A. Shepard(2000), 《The role of assessment in a learning culture》, 《Educational Researcher》, 29(7), pp. 4~14.

J. Smyth(2000), 《Teachers' work in a globalizing economy》, London and NewYork Routledge Falmer.

J. P.Sullivan(2010), 《Emergent learning》, Massachusetts Lap Lambert Academic Publishing ; 현인철·서용선·류선옥 옮김(2013), 《세 학급이 들려주는 창조적 집단지성학습》, 씨아이알.

D. Tanner & L. Tanner(1995), 《Curriculum development : Theory into practice》, Columbus, OH Merrill.

L. S. Vygotsky(1978), 《Mind in Society》, Cambridge, MA Harvard University Press ; 정회욱 옮김(2009), 《마인드 인 소사이어티》, 학이시습.

G. Wells(2007), 《Semiotic mediation, dialogue and the construction of knowledge》, Human development, 50(5), pp. 244~274.

M. F. D. Young(1998), 《The curriculum of the future》, London Falumer ; 한진상·박비주 옮김(2013), 《교육과정의 미래》, 공동체.

삶과 교육을 바꾸는
맘에드림 출판사 교육 도서

수업을 살리는 교육과정
서우철 외 지음 / 값 16,500원

최근 교육과정을 재구성하는 논의가 활발한 가운데, 이 책에서는 개별 교과목과 교과서의 형식에 얽매이지 않고 아이들의 발달을 고려하여 주제를 중심으로 교육과정을 재구성하여 통합적으로 운영하는 방법과 구체적인 실천 사례를 설명하고 있다.

어! 교육과정? 아하! 교육과정 재구성!
박현숙 · 이경숙 지음 / 값 16,500원

교육과정 재구성을 고민하는 교사를 위한 현장 지침서. 이 책은 저자들이 학교현장에서 교육과정 재구성이라는 화두를 고민하고, 실행한 사례들이 담겨져 있다. 주제통합수업, 교과 통합수업, 범교과 주제 학습, 교과 체험학습, 프로젝트 수업 등을 세밀하게 소개하면서 교육과정 재구성 작업의 노하우를 펼쳐 보인다.

리셋, 교육과정 재구성
서울신은초등학교 교육과정연구회 모임 지음 / 값 16,000원

서울형 혁신학교인 서울신은초등학교 교사들이 1학년부터 6학년까지 모든 학년의 교육과정을 재구성하고 실천한 경험을 모두 담았다. 진정한 학습이란 몸과 마음을 통해 경험함으로써, 생각이나 감정을 다른 사람과 주고받음으로써, 과거 경험을 새로운 지식으로 다시 생각함으로써 실현된다는 점을 잘 보여주고 있다.

교과를 꽃피게 하는 독서 수업
시흥 혁신교육지구 중등 독서교육 연구회 지음 / 값 16,500원

이 책은 지난 5년 동안 진행된 혁신교육지구 사업의 일환으로 학교에서 고군분투하며 독서교육을 이끌어왔던 독서지도사들이 실천 경험을 엮어낸 것으로 청소년기 학생들에게 장래 진로, 사랑, 우정, 삶의 지혜를 찾는 데 도움을 주는 독서교육을 잘 보여주고 있다.

교실 속 생태 환경 이야기

김광철 지음 / 값 15,000원

아이들이 자연과 친해지고 즐길 수 있도록 교육하는 것은 쉬운 일이 아니다. 특히 도시에서는 더욱 어렵다. 그래서 이 책은 도시 지역 학교에서도 쉽게 실천에 옮길 수 있는 다양한 생태·환경교육을 폭넓게 다루고 있다. 이 책에서 저자는 계절에 따라 할 수 있는 20가지 환경교육 프로그램을 제시한다.

이제는 깊이 읽기

양효준 지음 / 값 15,000원

아이들은 교과서에 수록된 작품이나 이야기 전체를 읽지 못한 상태에서 단편적인 지문만 읽고 이해를 해야 하기 때문에 책을 읽으면서 생각하고 공감할 수 있는 기회와 흥미를 찾을 수 없게 된다. 이 책은 이러한 문제를 개선하기 위해서 한 권이라도 책 전체를 꾸준히 읽어가는 방법인 '깊이 읽기'를 대안으로 소개한다.

인성의 기초가 되는 초등 인문학 수업

정철희 지음 / 값 15,500원

이 책은 아이들의 올바른 인성교육을 위한 새로운 방법으로써 인문학 수업을 제시하고 있다. 이 책에서 설명하고 있는 인문학 수업은 교사가 신화, 문학, 영화, 그림, 역사적 인물의 일대기 등에서 이야기를 찾아 아이들에게 제시하고, 토의와 토론을 통해 자신의 생각을 발전시키는 수업이다.

땀샘 최진수의 초등 글쓰기

최진수 지음 / 값 17,000원

글쓰기가 아이들에게 필요한 중요한 것이 되려면 먼저 솔직하게 써야 한다. 모르는 것은 '모른다', 잘못은 '잘못이다', 싫은 것은 '싫다'고 솔직하게 드러낼 때 글쓰기는 아이가 성장하는 디딤돌이 될 수 있다. 지도하는 사람과 지도받는 사람이 따로 있는 것이 아니라 함께 쓰고, 함께 나누면서 서로 성장을 돕는 것이다.

성장과 발달을 돕는 초등 평가 혁신

김해경 · 손유미 · 신은희 · 오정희,
이선애 · 최혜영 · 한희정 · 홍순희 지음 / 값 15,500원

이 책은 혁신학교에서 평가를 실천해온, 현장 교사 8명의 지혜와
경험을 모아놓은 것이다. 이 책을 통해 평가는 시험이 아니며
교육과정과 수업의 연장으로서 아이들의 잠재력을 측정하고
적절한 조언을 제공한다는 원래의 목표를 회복할 수 있을 것이다.

당신의 교육과정-수업-평가를 응원합니다

천정은 지음 / 값 14,500원

이 책은 빛고을혁신학교인 신가중학교에서 펼쳐진, 학교교육
혁신 과정과 여전히 완성되지 않은 그 결과를 다루고 있다. 저자인
천정은 선생님은 이 책을 통해 자신의 수업이 앞으로도 교육의
본질에 더 가깝게 계속 혁신되기를 바라고 있다.

에코 산책 생태 교육

안만홍 지음 / 값 16,500원

오늘날 인류가 에너지와 자원을 대량으로 소비하는 생활양식은
자연을 파괴하고 수많은 환경 문제를 야기하고 있다. 이 책은
그러한 생태 교육을 위해 필요한 내용을 다루고 있다. 아이들이
지구 환경을 다시 복원하기 위해서 갖춰야 할 것은 오감을 통해
스스로 자연을 느끼고, 자연의 소중함을 배우는 것이다.

뮤지컬 씨, 학교는 처음이시죠?

박찬수 · 김준성 지음 / 값 12,000원

각고의 노력으로 학교 뮤지컬을 개척한 경험과 노하우를 소개한
책. 뮤지컬은 학생들의 삶을 보다 풍요롭게 만듦으로써 학교교육
위기의 대안으로 크게 주목받고 있다. 현장에서 바로 적용하고 고
민할 수 있는 현재진행형의 살아 있는 지식이 담겨 있다.

평가의 재발견

고영희 · 윤지영 · 이루다 · 이성국 · 이승미 · 정영찬
감수 및 지도_허숙(경인교육대학교 명예 교수) / 값 16,000원

이 책은 진정한 교육평가란 무엇인가를 다룬다. 교육평가란 교사의 가르침을 포함하여 교육목표에 이르기까지 교육 활동 전반을 대상으로 평가하는 것이다. 각자 최대한의 학업성취를 이루도록 학생의 발달을 돕는 것이 이 책의 목적이다.

수업심리학을 만나다

윤상준 지음 / 값 15,000원

이 책은 학생 중심 수업을 만들어갈 때 학생들 각자의 내면, 즉 심리적 특성을 고려하지 않으면 절반의 성공밖에 거둘 수 없음을 조언한다. 아울러 교사들이 수업심리학의 관점에서 교육과정과 수업, 평가를 바라봄으로써 진정한 의미의 학생 중심 수업을 실현할 수 있도록 열린 시각을 갖게 해줄 것이다.

교실 속 유튜브 수업

김해동 · 김수진 · 김병련 지음 / 값 15,500원

교실에서 이뤄지는 유튜브 수업은 학생들을 단지 미디어 수용자에서 참여자로, 소비자에서 생산자로 자리매김할 기회를 준다. 이 책은 이를 위한 충실한 안내자로서 주제, 유튜브, 스토리, 촬영, 편집, 제작, 홍보에 이르기까지 거의 모든 과정을 다룬다.

프로젝트 수업으로 교육과정을 다시 디자인하다

기애경 · 조은아 · 송영범 · 김성일
옥진우 · 한난희 지음 / 값 17,000원

이 책은 일회성 이벤트가 아니라 교실에서 항시적으로 실천할 수 있는 지속 가능한 프로젝트 수업 방식을 제안한다. 무엇보다 실제 교육과정에 기반한 프로젝트 수업을 제안하고 있다. 특히 기존 교육과정에서 제안하는 수업 주제를 바탕으로 학생들의 자발적 탐구를 가능케 하는 질문들을 이끌어내는 것에 주목한다.

인문학적 관점에서 생각하고 판단하는 힘!
가치융합, 사회통합을 지향하는

맘에드림 생각하는 청소년 시리즈

공간의 인문학

한현미 지음 / 값 12,000원

이 책은 청소년들이 공간을 창조하는 행위인 건축에 대해
자신의 삶과 연관 지어 인문학적 성찰을 할 수 있도록 쓰였다.
이 책을 통해 인간의 삶에 행복을 주는 것은 값비싸고 화려하고
멋져보이는 공간이 아니라 견고하고 유용하며 아름다운
공간이라는 것을 이해할 수 있을 것이다.

십대들을 위한 생각연습

정종삼·박상욱 지음 / 값 12,000원

이 책은 청소년들이 스스로를 더 깊이 있게 이해하고, 아울러
자신에게 있어 타인, 사회, 국가, 세계사 어떤 의미를 갖는지
생각해보는 데 도움을 준다. 이를 통해 모두가 함께 잘 살 수 있는
세상은 어떤 세상인지 진지하게 고민해볼 수 있다면 우리 사회의
미래도 분명 따뜻하고 희망적일 것이다.

모두, 함께, 잘, 산다는 것

김익록·박인범·윤혜정·임세은
주수원·홍태숙 지음 / 값 10,000원

이 책은 청소년들에게 사회적 경제를 쉽고 재미나게 전달하기 위해
만들어졌다. 사회적 경제에 대한 호기심을 이끌어내는 것에서
시작해서 무엇보다 청소년들이 일상 속에서 직접 실천해볼 수 있는
여러가지 활동들을 제시한다. 이를 통해 모두, 함께, 잘, 산다는
것의 진짜 의미를 깨닫게 될 것이다.

십대들을 위한 맛있는 인문학

정정희 지음 / 값 12,000원

이 책은 과거와 현대의 다양한 먹거리와 그 속에 담긴 이야기들을
전한다. 저자는 청소년들이 좋은 음식의 의미를 생각해보고,
현대사회의 고장난 먹거리체계에 관심을 기울이기를 바란다.
나아가 그러한 문제의식을 바탕으로 좋은 먹거리가 더 많이
생산될 수 있도록 하는 데 작은 힘이나마 보탤 수 있기를 바란다.

지리는 어떻게 세상을 움직이는가?

옥성일 지음 / 값 13,500원

미래 사회의 주역인 우리 청소년들에게는 한반도와 동북아를
뛰어넘어 한층 더 넓은 시야로 세계를 바라보면서 국제 질서를
냉철하게 분석할 수 있는 능력이 요구된다. 이 책은 글로벌
시대에 꼭 필요한 냉철한 시각과 분석력을 키워줌은 물론 우물 안
개구리의 사고방식에서 벗어나 한층 넓은 시야를 가질 수 있게
도와줄 것이다.

쉬는 시간에 읽는 젠더 이야기

김선광 · 이수영 지음 / 값 12,000원

청소년은 건강한 비판정신을 바탕으로 사회문제에 관해 치열하게
논쟁할 수 있어야 한다. 이는 앞으로 그들이 더 나은 삶을
살아가고, 이 사회의 민주주의가 성숙해지는 데 밑거름이 될
것이다. 필자들은 이 책을 통해서 청소년들이 성 차별과 혐오,
페미니즘에 대한 왜곡 등에 대해 건강한 논쟁을 시작할 수 있는
기회를 마련해준다.

폭염의 시대

주수원 지음 / 값 10,000원

기후변화는 단지 기후 문제일까? 저자는 기후변화, 나아가
기후위기의 시대를 살아가는 오늘날의 청소년들에게 기후변화의
실태와 사회문제로 이어지는 기후변화의 심각성을 이야기한다.
이 책은 폭염시대를 살아가는 청소년들의 의식을 한층 성장시킬
뿐만 아니라, 타인의 아픔에도 귀 기울일 줄 아는 성숙한 시민으로
성장하는 데 분명 도움을 줄 것이다.

경제를 읽는 쿨한 지리 이야기

성정원 지음 / 값 13,500원

지리의 눈으로 세상 구석구석을 살펴보는데, 특히 경제에 초점을
맞추었다. 그저 달달 외우기 바쁜 지루한 암기과목으로서의
지리가 아니라, 지리의 각 요인과 경제 사이의 역동적 상호작용이
만들어낸 흥미진진한 결과들을 살펴봄으로써 자연스럽게 경제를
이해하고 나아가 세상을 바라보는 새로운 눈을 뜨게 될 것이다.

독자 여러분의 소중한 원고를 기다립니다

맘에드림 출판사는 독자 여러분의 소중한 원고를 기다리고
있습니다. 원고가 있으신 분은 momdreampub@naver.com으로
원고의 간단한 소개와 연락처를 보내주시면 빠른 시간에 검토해
연락을 드리겠습니다.